영혼을 깨우는 철학이야기

최홍순 지음

소피아

영혼을 깨우는
철학 이야기 PHILOSOPHE

지은이 • 최홍순
펴낸곳 • 소피아
펴낸이 • 김종현
표지 디자인 • 이미지라인
초판 1쇄 발행 • 2007년 11월 10일
등록 • 1995년 9월 22일 (제1-1932호)
주소 • 일산구 대화동 1946~12
전화 • (02) 338~4168, 팩스 • (02) 6442~4168
E-mail • kj9694@hanmail.net

정가 15,000원
ISBN 13 • 978-89-89080-21-3 03100
ISBN 8 • 89-89080-21-5 03100

영혼을 깨우는 철학이야기

PHILOSOPHE

머 리 말

많은 분들이 '철학이 어렵다' 고 하는 이유가 무엇일까요? 그것은 한마디로 말해서 각각의 철학자가 쓰는 용어를 분명히 이해하지 못해서 그럴 것입니다. 마치 우리가 중동의 어느 나라나 아프리카의 어느 나라에 갔을 때, 그 나라 말을 쓸 줄 모른다면, 그들의 말을 알아 들을 수 없는 것과 마찬가지입니다. 그런 의미에서 난해한 철학자의 사상을 무조건 쉽게 이해시키려드는 자세나 무조건적으로 세속화시키려는 태도는 사실 위험 천만한 시도라 할 수 있을 것입니다. 그것은 마치 어떤 외국어를 아주 단시일 내에 마스터 시키려는 태도와 비슷하기 때문입니다.

지금 이 땅에는 참으로 많은 종류의 철학개론서, 입문서들이 널리 퍼져 있습니다. 제목도 다양하며, 그 내용도 제목 못지 않게 다채롭습니다. 예를 들어, 『철학을 좋아하게 만드는 책』, 『철학이 알고 싶어요』, 『미래로 가는 철학여행』, 『철학은 내 친구』, 『어린이와 함께 철학하기』, 『내게 맞는 철학자는 누구』, 『철학은 99개의 눈을 가졌다』, 『알기 쉬운 철학의 세계』, 『만화로 보는 철학여행』, 『소피의 세계』, 『철학풀이 철학살이』, 『삶과 철학』, 『철학의 뒤안길』, 『꼬리에 꼬리를 무는 철학』, 『철학 사냥』, 『철학으로 가는 길』, 『벗겨본 철학, 입혀본 철학』, 『철학적 사색에의 길』, 『철학적 사유의 소학교』, 『아빠와 함께 떠나는 철학여행』, 『원숭이는 왜 철학교사가 될 수 없을까』, 『철학학교』, 『철학콘서트』, 『웃기는 철학』, 『철학통조림』, 『철학 읽어주는 남자』 등등이 그것입니다.

나름대로 각각의 특징들을 지니고 있어서 어떤 책은 철학사를 중심으로 전개되기도 하고, 또 어떤 책은 철학자를 중심으로 기술하기도 합니다. 또 어떤 책은 철학적 문제를 중심으로 논의하기도 하죠. 철학의 내용을 만화로 재미있게 그려낸 책도 있고, 어린아이와 같은 순수한 마음으로 철학을 이해하도록 만든 책도 있습니다.

이토록 많은 철학 입문서들이 있음에도 굳이 또 하나의 철학서를 출간할 필요가 있는가에 대해 오래 생각했습니다. 철학 관련 강의를 시작한지 어언 20여년이 넘었는데 불행하게도 그 많은 철학서들을 교재로 활용했음에도 불구하고 필자의 마음에 꼭 와 닿는 책을 발견하지 못했습니다.

"왜 그럴까?" 생각했습니다. 그리고 하나의 결론을 내렸습니다.

결국 '철학을 한다' 는 것은 수많은 철학적 지식의 습득과 더불어 스스로 철학적 문제에 대해 씨름하고 고민하고, 삶의 현장에서 그 문제를 피부로 느껴 가면서 하나 하나 풀어 나가는 것입니다.

따라서 보다 생동감 있고 살아 있는 철학서, 그러면서도 읽기에 부담이 덜 되는 책을 필자 스스로 써보기로 결심했습니다. 칸트의 말처럼 '철학' 을 가르치는 것이 아니라, '철학함' 을 가르치려면 강의하는 사람의 철학과 사상이 스며 들어간 철학책이 아니고서는 학생들에게 설득력을 지닐 수 없다고 느꼈던 것입니다.

다시 말해 필자 스스로가 수많은 다른 책에 만족을 못할 만큼 교만해서가 아니라, 철학이라는 학문의 특성상 자신의 철학이 깃든 저술로 강의를 하지 않으면, 그러한 철학 강의는 그저 수박 겉핥기 식의 언어의 장난에 불과하다는 결론 아래 이 책을 내놓게 된 것입니다.

이 책은 두 가지의 목표를 지니고 있습니다. 하나는 철학이라는 학문을 처음으로 접하게 되는 수많은 학생들에게 가능한 한 스스로의 힘과 노력으로 철학함의 참맛을 느끼게 하는 것이요, 다른 하나는 철학이라는 학문을 전혀 접해 본 적 없는 일반인들에게도 철학적 관념이 가져다 주는 학문적 부담을 최대한 줄이면서 체계적으로 철학을 스스로 할 수 있도록 만들어 주는 일입니다.

이 책은 종래의 철학 개론서들과는 몇 가지의 차이점을 갖고 있습니다.

첫째, 대부분의 철학 입문서들이 모든 철학사적 내용이나, 철학적 문제에 대해서 아주 세세히 설명하고 풀어 나가는 방식을 사용하고 있는데 비해서, 이 책은 어찌 보면 다소 불친절할 만큼 아주 세세한 설명은 해 주고 있지 않습니다. 다시 말해 이 책을 읽는 독자 스스로 철학의 주요 문제를 직접 풀어보도록 유도하고 있다는 말입니다. 철학은 단순히 유명한 철학자들이나 사상가들의 그럴듯한 문구만을 외우는 데 그치는 것이 아니라, 실제적으로 철학적 문제를 독자 스스로 접해 보고, 씨름하고 고민하는 데 그 큰 의미가 있다고 필자는 생각합니다. 남의 이야기에도 관심을 기울여야 하지만, 스스로 생각하고 사유하는 능력을 키우지 않고서는 철학함의 재미를 느낄 수 없다는 말씀을 꼭 드리고 싶습니다.

둘째, 이 책의 서술 방식은 거의 구어체口語體를 사용하고 있습니다. 왜냐하면 딱딱하게 서술되어 있는 철학 책의 경직함을 배제하고 가능한 한 철학 강의를 직접 듣는 듯한 효과를 내기 위해서는 문어체보다는 구어체가 훨씬 낫다는 판단에서 그러한 결정을 내렸습니다. 이러한 효과는 독자 여러분들께서 직접 책을 읽어보시면서 느껴 보시기 바랍니다.

셋째, 이 책의 마지막 두 장章에 걸쳐 내면적 치유에 관련된 내용 한 장과 다양한 주제의 필자의 철학 논문을 실은 철학연습의 장을 한 장으로 엮어보았습니다. 독자 여러분의 수준에 따라, 혹은 책의 전반 부분을 다 읽은 독자께서 조금 한 단계 높은 철학적 사색을 원하고자 할 때, 인내심을 갖고 읽어 보시면 조금 더 깊은 철학의 맛을 느끼도록 배려해 보았습니다. 특히 철학과 내면 치유에 관련된 내용은 종래의 철학 입문서에서는 거의 찾아 보기 어려운 부분일 것입니다.

집필을 끝내고 나니, 너무나 부족한 부분이 많아서 어찌할까 여러 날 망설였습니다. 동양철학 부분, 한국철학 부분, 현대철학의 새로운 경향, 철학개념 소사전, 철학 고전 원문 등 더 넣고 싶은 부분이 많이 있었습니다만, 필자의 욕심만 부리다 보면 오히려 독자들에게 지나친 부담이 되어서 철학의 근본 이해 자체를 손상시킬 수 있다는 생각이 들어서 그 내용은 차제에 다른 책으로 묶어볼까 생각합니다.

필자가 감히 이 책을 세상에 내 놓도록 결심한 데에는 그동안 부족한 제 강의를 열심히 들어 주고 솔직한 질문을 끊임없이 해주며, 제 강의를 의미 있게 만들어 주었던 수많은 학생들의 격려와 충고가 큰 힘으로 작용했습니다. 이 책은 비록 제가 집필은 했지만, 실상 20여 년 동안 제 강의를 즐겁고 기쁘게 들어 주었던 공주대학교 학생들과 열린사이버대학교OCU 18개 대학 학생들의 땀과 눈물이 깃들어 있습니다. 다시 한번 이 자리를 빌어 그들에게 감사의 마음을 전하고 싶습니다.

또한 부족한 필자를 변함없이 이끌어 주신 여러 은사님과 동료 교수님께 다시 감사드리며, 그 동안 많은 시간을 나누지 못한 가족에게 고마움을 전합니다. 그리고 늦은 원고를 재촉없이 기다려준 소피아 출판사와 책을 예쁘게 만들어 주신 편집부 여러분께도 감사드립니다. 채워야 할 많은 부분들은 다시 수정판을 낼 때 보충할 것을 약속드리며, 여러 제현들의 애정 어린 질정을 간절히 바라는 바입니다. 끝으로 모든 영광을 하나님께 돌립니다.

2007 늦가을 근학재勤學齋에서

최흥순崔興淳 hschoi@kongju.ac.kr
홈페이지www2.kongju.ac.kr/hschoi

PHILOSOPHE

차 례

아테네 학당

1강
철학하는 자세

1. 철학에 대한 오해

여러분 안녕하십니까?

저는 가능한 한 쉽고 재미 있게, 그러나 의미가 깃들어 있는 철학 이야기를 전개시켜 볼까 합니다.

많은 학자들이 이야기를 하고 있습니다만, 철학이란 학문이 지니고 있는 어려운 문제 가운데 하나는 너무나 어이없게도 '철학이란 무엇인가?' 라는 질문입니다. 여러분은 철학을 어떻게 생각하고 계십니까? 철학이 과연 어떤 학문이라고 이해하고 있습니까?

제 이야기를 진전시키기 전에 잠시 생각한 뒤에 철학에 대한 여러분들의 견해를 아래에 한번 써 보시기 바랍니다. 과연 여러분은 철학을 어떤 학문으로 이해하고 있습니까?

내가 생각하기엔 철학이란

모르긴 몰라도 많은 의견이 나왔을 줄 압니다. 제가 철학 수업을 진행할 때도 이 질문을 해보면 학생들 각자가 여러 의견을 내놓는 것을 볼 수 있었습니다. 예를 들어,

철학은 인생을 이해하는 학문이다.
철학은 세상을 변혁시키는 학문이다.
철학은 어려운 학문이다.
철학은 필요 없는 개념을 괜히 어렵게 만드는 학문이다.
철학은 미래를 예측하는 학문이다.
철학은 논리를 따지는 학문이다.
철학은 이상한 괴짜들만이 하는 학문 같다.
철학은 모든 학문의 기초학이다.
철학은 쉬운 이야기를 복잡하게 설명하는 학문이다.
철학은 점치는 학문이다.
철학은 뭔지 모르지만 아무튼 우리에게 필요한 학문이다.
철학은 인생의 깊이를 제공해 주는 학문이다.
등등……

참으로 많은 이야기들이 나올 수 있습니다. 이 중에는 일리가 있는 주장도 있고 그렇지 않은 주장도 있습니다. 그러나 어떤 철학자도 철학에 대해 자신 있게 정의하기는 쉽지 않을 것입니다. 그 이유는 여러 가지가 있겠지만 제 생각에는 철학에 관해 어떤 정의를 내

렸을 때, 철학을 충분히 설명해 주지 못하기 때문이라고 여겨집니다. 즉, '철학이 이러이러하다' 라고 말로만 정의했을 때는, 철학이란 학문의 특성을 충분히 포섭할 수 없는 그런 묘한 특징을 철학이 지니고 있기 때문입니다. 조금 말이 어렵죠?

그러면 쉽게 이렇게 한번 생각해 봅시다. 여러분들이 지금 현재 누구를 무지하게 사랑하고 있다고 가정해 보십시오. 그런데 어느 누가 여러분에게 다가와서 이렇게 질문한다고 합시다. "OO씨, 도대체 당신은 사랑이 뭐라고 생각하십니까?" 이럴 때, 여러분은 그 사람에게 사랑에 대해서 무엇이라 설명하시겠습니까? 옛날 나훈아씨의 노래 가사처럼 '사랑은 눈물의 씨앗이다' 라고 하시겠습니까? 사랑은 '짜릿한 감정이다' 라고 하시겠습니까? 그도 아니라면 사랑은 '남녀 간의 묘한 느낌의 교류다' 혹은 '사랑은 희생이다' 혹은 '사랑은 기쁨 그 자체이다' 라고 정의하시겠습니까? 사랑에 대해서 무엇이라 정의하더라도 지금 현재 '사랑하고 있는' 그 상태를 말로 표현하기가 무척이나 어려움을 느끼셨을 겁니다.

철학에 있어서도 마찬가지입니다. 인생에 있어서는 더욱 그렇습니다. 우리는 말을 사용하는 동물이기 때문에 말로 많은 것을 아주 쉽게 표현하고 있지만 실상 말이란 것이 인생의 많은 부분을 나타내 주지 못하고 있다는 사실을 우선 깨닫기 바랍니다.(물론 지금까지 이 모든 것도 저 자신의 말로 표현하고 있지만 – 말이 지니고 있는 역설逆說paradox)

그래서 노자의 도덕경 제1장을 보면, 영원한 진리(도)를 정의 내리고자 할 때 이미 그 진리는 영원한 것이 될 수 없다(도가도 비상도道可道 非常道)고 이야기하고 있는 것입니다.(물론 여기에서 도道

를 진리로 번역할 수 있느냐 하는 것도 문제지만, 여기서는 그냥 넘어갑니다. 그래도 궁금한 학생은 김용옥 선생이 쓴 『노자와 21세기』를 읽어 보시기 바랍니다.) 여기서 우선 제가 하나 말씀드리고 싶은 사항은 철학에 대해서 엉뚱한 오해가 있어서는 안 된다는 것입니다. 다시 말해 어떤 미래를 예측하는 도구로 철학을 오해하거나, 철학만 하면 인생을 완전히 다 이해한다거나, 어떤 이상한 성격을 지닌 괴짜들이나 하는 학문으로 철학을 생각해서는 안 된다는 것입니다.

세간에서는 아직도 "동양 철학의 진수 · 처녀가 점치는 집" 식으로 간판에 새겨져 있는 철학으로 생각하는 분들도 있으며, 철학의 속 내용은 모른 채 수염이나 덥수룩하고 쐬주(?)나 마시면서 인생에 대해서 허무감을 폭발시키는 것을 철학으로 오해하는 경우들이 종종 있기 때문에 노파심에서 드리는 말씀입니다. 철학은 극히 정상적인 상식인들이 삶을 더 진지하게 살고, 더 의미 있게 살기 위해서 꾸준히 노력하는 결과로 만들어지는 학문입니다. 훌륭한 철학자들을 보십시오. 소크라테스, 칸트, 공자, 맹자, 어느 누구 하나 어설프게 살다가 간 사람들은 없습니다. 모두 진지하게 정말로 성실하게 살다가 세상을 떠난 분들입니다. 마땅히 존경을 받을 만한 분들이 과거의 위대한 철학자들입니다.

하바드 · 옌칭Harvard Yenching연구소 초빙 연구원으로 미국에 갔을 때, 그 학교 교수를 역임했고 유명한 철학자이자 심리학자였던 윌리엄 제임스William James가 살고 있던 집에 가 본 적이 있습니다. 마침 그 집을 수리하는 사람에게 물어보니 자신도 그 분을 존경하고 있다고 그러더군요. 내가 농담삼아 "어디에 가면 윌리엄 제임스를 만나볼 수 있냐?"고 했더니, 그 사람이 웃으면서 "At the Wi-dener Library, you can meet him!"이라고 대답하지 않겠습니까? (와이드너 도서관은 하바드 대학이 자랑하는 약 800만 권의 장서를 소장하고 있는 대규모 도서관입니다. 하바드 대는 이 도서관 이외에도 크고 작은 도서관 약 40개를 지니고 있었습니다. 미국 최고의 대학이라는 것이 절대 허명이 아니었습니다.) 그 친구 말이 도서관에 가서 윌리엄 제임스의 책을 찾아 읽으면 곧 그를 만나는 꼴이 된다는 상당히 수준 있는 농담을 건네는 것이었습니다.(내가 속으로 서당개 3년이면 풍월을 읊는다더니, 하바드 대 집수리공은 농담도 뼈대 있게 하는구나 하고 생각하며 웃었던 기억이 납니다.)

다시 본론으로 돌아와서... 우선 우리가 평소에 갖고 있는 선입견들, 예를 들어 '철학은 이상한 사람들이 배불러서 괜히 말 가지고 장난치는 것이다' 라거나, '철학은 몇몇 특수한 능력을 지니고 있는 소수의 천재들만이 하는 것이다' 라는 식의 생각들은 이제 버리기 바랍니다. 또 철학을 하면 한꺼번에 인생의 비결을 터득할 수 있게 된다거나 놀라운 신비 체험을 할 수 있다거나 하는 허황된 기대도 다소 접어 두시기 바랍니다.

물론 철학을 열심히 공부하다 보면(사실 엄밀히 말하면, 철학을 공부한다기보다는 열심히 철학을 한다doing philosophy는 표현이 더 적절하겠지만) 철학 공부를 전혀 하지 않았을 때보다야 더 폭넓고 깊은 사고를 할 수 있으며, 사물을 보는 시야도 예전과는 비교되지 않을 정도로 다양해져서 그에 따른 여러 가지 심적, 정신적 변화가 오는 것도 사실일 것입니다. 하지만 그것을 지나치게 과장하거나, 황당한 주장을 근거도 없이 해서는 안 됩니다. 제대로 철학을 하고 있는가 그렇지 않은가 하는 척도는 그 사람이 얼마나 교만한가, 아니면 얼마나 겸손한가에 달려 있다고 해도 과언이 아닐 것입니다. 여러분은 현재의 자신을 어떻게 평가하고 있습니까?

아주 겸손하다
다소 겸손한 편이다
그저 그렇다
다소 교만한 편이다
아주 교만하다

여러분들은 많이 배우면 배울수록, 많이 깨달으면 깨달을수록 더 겸손한 학생들이 되시기를 간절히 빕니다.

2. 철학 정신

자, 이번 절에서는 철학을 하기 위해서 먼저 우리 자신이 지녀야 할 몇 가지 자세에 대해서 살펴 보고자 합니다. 이름하여 '철학 정신 10강講'이라고 부르면 어떨까 합니다. 물론 이 내용은 이미 많은 선현들이 주장했던 내용을 제가 재구성한 것에 불과할 수도 있겠지만, 여하튼 이런 식으로 꾸민 것은 다른 곳에서는 별로 찾아볼 수 없을 것입니다.

철학은 배우는 내용도 중요하지만 어떤 자세를 가지고 학문에 임하느냐가 무엇보다도 중요하다고 봅니다. 마치 불교에 입문했을 때 처음부터 불경을 가르치는 것이 아니라 여러 가지 허드렛 일, 예를 들면 땔나무를 만들어 오거나, 빨래를 하거나, 청소를 하거나, 남의 신발을 정돈한다거나 등등을 한 연후에 귀중한 부처님 말씀을 한자 한자 배워 나가는 것처럼 먼저 우리들의 자세를 가다듬는 것은 무엇보다도 중요하다고 여겨집니다.

미국의 어떤 유명 신학교에서는 처음부터 성경을 가르치거나 신학 내용을 가르치는 것이 아니라, 사회의 아주 밑바닥 인생살이를 1학기 내지 2학기에 걸쳐서 시킨 연후에 비로소 신학 공부를 시킨다고 합니다.

목사와 같은 성직자가 되기 위해서는 그저 성경 말씀이나 달달 외우는 것으로는 부족하며 실제로 사회의 밑바닥 인생을 몸소 체험을 해보고, 그야말로 눈물 섞인 빵을 먹고 나서 강단에 서야 된다는 주장인 것 같습니다.

이러한 자세는 무척 중요합니다. 왜냐하면 우리들은 잘못하면 마음으로 무엇인가를 제대로 느끼기도 전에, 머리만 커질 수 있기 때문입니다. 그러한 삐뚤어진 자세로 올바른 목회자가 되기는 힘들 것입니다.

저는 위와 같은 내용이 학문의 세계에서도 그대로 적용된다고 봅니다. 특히 철학이란 학문에 있어서는 더더욱 그렇다고 생각합니다. 올바로 학문하는 자세를 갖추기도 전에 무조건 어려운 철학 개념이나, 철학 책을 머릿속에 집어 넣는다면, 그야말로 교만할대로 교만해져서 오히려 철학 공부를 하기 전보다도 더 잘못된 자세를 지닌 상태로 세상을 살아가기 쉽다고 생각되기 때문입니다.

자, 그렇다면 어떤 자세로 철학을 공부해야 할까요?

지금부터 이야기하는 내용은 무슨 절대적 의미를 지니고 있는 것은 아닙니다. 단지 여러분들이나 내가 어떤 자세를 지니면서 철학 공부에 임할 것인가에 대해서 평소에 생각한 것들을 정리하여 말씀드리는 것입니다.

철학 정신 1

우선 첫 번째로 취해야 할 자세는 지적知的인 겸손함입니다.

앞에서도 강조했듯이, 공부하는 사람들이 지녀야 할 가장 기본적인 덕목은 바로 겸손함입니다. 이미 소크라테스도 간파한 것처럼 우리가 진정 알아야 할 중요한 것 가운데 무엇 하나 변변히 알고 있는 것이 없다는 사실을 고백하는 것이 무엇보다 중요합니다. 그야말로 무지無知의 지知에 대한 고백이야말로 공부하는 모든 사람에게 해당되는 자세라고 여겨집니다.

공자님께서도 이와 비슷하게 논어에서 말씀하고 계십니다. "아는 것은 안다 하고 모르는 것은 모른다 하는 것이 진정 아는 것이다." 위대한 과학자였던 아이작 뉴튼도 평생 쌓은 자신의 앎이라는 것이 실상은 바닷가의 모래알 하나에 불과하다고 '학문의 바다學海'의 넓음에 대해서 언급한 바 있습니다.(우리가 평생 노력해도 만유인력의 법칙과 같은 놀라운 학문적 업적을 쌓을 수 있을까요?) 인정하고 싶지 않더라도 우리들 자신이 알고 있는 지식이라는 것이 극히 보잘것 없다는 사실을 먼저 인정하는 것이 무엇보다도 중요합니다.

철학 정신 2

두 번째로 지녀야 할 자세는 넓게 배우려고 하는 태도입니다.

주자朱子가 쓴 근사록近思錄이라는 책에서도 나와 있듯이, 학문이라는 단어의 어원을 살펴 보면 박학지博學之, 심문지審問之, 신사지愼思之, 명변지明辨之, 독행지篤行之, 오자폐기일즉비학야五者廢其一則非學也 라는 글귀의 한 부분, 즉 학學과 문問을 따온 것이라고 알고 있습니다.

위의 글귀를 풀이하면, '넓게 배우고, 자세히 물어 보고, 신중히 생각하고, 분명히 판단하고, 성실하게 행동하라, 이 다섯 가지 가운데 하나라도 빠져 있으면 학문이 될 수 없다.' 라는 의미입니다. 너무 좋은 말이죠?

위의 말은 공부하는 사람뿐만 아니라, 일상 생활을 하는 우리 모두에게도 도움이 되는 귀중한 말씀이라고 여겨집니다. 우리들은 평소에 확실한 사실도 모르면서 소문에 따라서 남을 함부로 평가하기도 하고, 깊이 생각하지 않고 제멋대로 발언을 하여 상대방의 마음에 상처를 주기도 합니다. 또 무엇 하나 꾸준히 성실하게 행동하지 못하고 그 결과로 후회하는 경우들이 우리 인생에 있어서 얼마나 비일비재한지요!

조금 이야기가 빗나갔지만, 한 가지만 얘기하고 넘어갑시다.

제가 공주대학교 학생 생활 연구소장을 지내면서 많은 학생들과 상담을 하면서 느낀 것인데, 우리들의 많은 문제들이 사실은 잘못된 인간 관계에서 발생한다는 것입니다. 얼마나 많은 학생들이 부모님 때문에, 친구 때문에, 애인 때문에, 선생님 때문에, 방 식구 때문에, 선후배 때문에 고통을 겪고 있는지요. 인간 문제의 8, 90%는 아마 이 관계가 잘못 형성되어 발생하는 것이 아닐까 싶을 정도로 많은 문제가 있습니다.

그런데 여러분, 그 모든 문제가 사실은 그들 때문에 발생하는 것이 아니라, 나 때문에 발생한다는 사실을 아십니까? 물론 인생 문제의 1, 20%는 우리 자신의 책임과는 무관하게 생겨날 수도 있지만, 문제의 상당 부분은 사실 나로 연유해서 일어난다는 사실을 인정하실 수 있겠습니까?

지금 현재 심각한 문제에 봉착한 분 계십니까?(아주 풀기 어려운 문제를 지닌 분은 내게 메일을 보내 주시기 바랍니다.) 문제의 키를 내 쪽에서부터 풀려고 노력해 보세요. 의외로 쉽게 풀릴 수가 있습니다. 자꾸 저쪽 탓을 하게 되면 전혀 문제가 풀리지 않습니다. 오히려 더 어렵고 복잡하게 꼬여만 갑니다. 그러다가 나중에는 정말 풀 길이 막막하여 그 관계 자체가 깨어지고 마는 것입니다.

성경에도 보면 예수님께서 70번씩 일곱 번이라도 용서해 주라는 구절이 있지 않습니까?(마태복음18장 21~35절 참조) 그만큼 우리들이 남에 대해서 실상은 잘못하고 있다는 것입니다. 여러분 한번 생각해 보세요. 여러분들이 현재 부모님께 얼마나 잘해 드리고 있습니까? 부모님의 마음을 얼마 만큼이나 편안하게 해 드리고 있으며, 여러분들로 인해서 부모님들이 얼마 만큼 기뻐하고 계신지요?

그런데도 상당수의 학생들은 여전히 부모님께 많은 불만이 있더라구요. 용돈을 조금밖에 못 받는다느니, 엄마가 키가 작아서 자신도 숏다리(?)라느니, 아빠는 매일 술만 마신다느니 등등 말이죠.

맛있는 음식 한번 여러분들이 부모님께 손수 차려 드리거나 사다 드린 적이 있으십니까? 용돈이나 아르바이트 비용을 푼푼이 저축해서 부모님께 멋진 선물을 해드린 기억이 있으신지요?(형식적으로 하는 싸구려 선물 말고 말이에요.) 정말 마음에서 우러나오는 따뜻한 감사의 말 한마디 나눈 경험이 있으십니까?

저는 우리 학교 학생들에게 고향에 돌아갈 때에는 절대 빈손으로 가지 말라고 신신당부합니다. 물론 학생들이 무슨 돈이 있겠습니까마는, 사람이 누구에겐가 마음이 있으면 물질도 아깝지 않은 법입니다.

여러분들이 누구를 사랑해 보십시오. 그 사람에게 돈 쓰는 것이 아깝다고 생각되십니까? 그렇지 않습니다. 어떻게 그 사람 마음에 들 수 있을까 생각하면서 자신이 지니고 있는 것을 아낌없이 다 쓰게 마련입니다.

친구와의 관계도 마찬가지입니다. 친구가 자신에게 잘 대해 주지 않는다고 친구를 나무라기 전에, 자기 자신이 친구에게 얼마나 잘 대해 주었는가를 기억하시기 바랍니다. 한 쉬운 예로 자신이 읽었던 책 가운데 좋은 책이 있으면 한 권쯤 포장해서 친구에게 선물해 보세요.(물론 그 책 속표지에 자기 가슴 속에서 우러나오는 짤막한 글귀와 더불어서 말이죠.)

한번 이런 식으로 쓰면 어떨까요?

가까이 하기엔 너무 멀었던 00에게,

00야, 그 동안 너무 미안해.
사실 내가 자존심이 좀 강한 못된 애가 되서 말이야.
너에게 할 말, 못할 말 마구잡이로 한 듯해.
지나고 생각해보니, 다 내 잘못인 것 같아.
용서해 주기 바래...
이 책 읽다가 네 생각이 자꾸 나서 한 권 보낸다.
내 작은 마음, 받아주는 거지?

탄소(?)같은 여인 ㅁㅁ보냄.

너무 촌스럽다구요? 하하하... 아무튼 잘못된 인간 관계를 회복하기 위해서는 자기 자신이 상대방보다 낮아져야 한다는 사실이 무엇보다도 중요한 관건입니다.

넓게 배워야 한다는 자세에서 너무 많이 벗어났나요?

다시 이야기를 정리해 봅시다. 저는 평소에 학생들에게 정독精讀보다는 다독多讀을 권장하는 편입니다. 우선 폭넓게 책을 읽으라는 것이죠. 정독은 3, 4학년 때나 대학원에 가서 하고, 1, 2학년 때는 가능한 한 많은 책을 접하라고 충고합니다.

왜냐하면 철학을 공부한다는 것은 곧 잘못된 편견과 선입견을 제거하는 작업이라고 해도 지나친 말이 아닌데, 우리의 사고가 폭이 좁으면 인간과 인생을 올바르게 바라볼 수 없기 때문입니다.

속담에 "우물 안 개구리"라는 말이나 "대롱으로 하늘 보기" 라는 말이 있지 않습니까? 자신이 알고 있는 세계가 모두 다인 줄 아는 경우를 빗대어 하는 말들입니다. 넓게 배우면, 마음도 넓어지는 법입니다.(여러분들의 마음의 넓이는 어느 정도 됩니까? 한번 이런 때 재어 보시기 바랍니다.)

왜 간혹 우리 나라 최고 학부 출신 검사, 변호사, 판사들이 문제가 되는 경우가 있지 않습니까? 왜 그런 문제들이 생겨납니까? 여러 이유가 있겠지만, 그중 하나는 그들이 배운 것이 법法밖에 없기 때문에 그런 것입니다. 그저 육법 전서만 달달 외웠고, 시험 답안 작성에만 신경 쓰는 교육을 받았기 때문에 학교는 최고 학부를 나왔어도 그런 엄청난 부정을 본인도 모르게 저지르는 것입니다.

뒤늦게 우리 나라 법과 대학 커리큘럼을 바꾼다고 난리들인데, 윤리나 도덕 관련 과목 한 두 개를 첨가한다고 해서 해결될 문제가 아닙니다. 그들의 근본 마음이 바뀌지 않는 한, 제2, 제3의 OOO변호사는 언제나 나오게 마련입니다.

여러분, 여러분들도 우물 안 개구리가 되지 않기 위해서 아주 다양한 관심과 폭넓은 독서에 힘써 주시기를 바랍니다.

자신의 전공도 중요하지만, 특히 1, 2학년 시기에는 가능한 한 다양한 과목을 선택하여 듣고, 다양한 학문을 접하기를 빕니다.

철학 정신 3

세 번째는 자세히 물어 보는 자세입니다.

어느 철학자의 말처럼 철학은 좋은 답변도 중요하지만, 좋은 질문을 답변 못지 않게 중요시 하는 학문입니다. 위대한 철학 사상은 어찌 보면 위대한 질문에서 나왔다고 하여도 지나친 말은 아닐 것입니다.

'왜 그러한가?'를 끝까지 파고 들어가는 학문이 곧 철학인 것입니다. 앞에서는 폭넓은 배움의 자세가 중요하다고 했지만 여기에서는 깊이 있는 배움의 자세가 또한 중요하다고 하겠습니다. 철학 정신은 쉽게 포기하지 않는 정신입니다.

요사이 젊은 학생들을 대하면서 느끼는 것인데, 무슨 일을 하든지 너무 쉽게 포기하는 것 같다는 인상을 많이 받고 있습니다. 영국의 윈스턴 처칠 수상이 옥스퍼드 대학 졸업식장에서 졸업생들에게 남긴 유명한 메시지가 있습니다.

뛰어난 연설가인 처칠이 과연 무슨 이야기를 할까? 잔뜩 기대하고 있던 많은 졸업생들과 학부형들에게 남긴 그의 말은 너무나 간단하고 단순했습니다. 단 두마디. "Never give up!! Never give up!!" 이 말만 남긴 채 그는 단상을 내려왔답니다.

연설을 잘 한다는 것이 말만 길게 하고 그럴싸하게 해서 되는 것이 아닙니다. 간단하더라도 중요한 내용이 담겨져 있으면 설득력을 갖게 되는 것입니다. 아마도 그 당시 2차 세계 대전으로 인해 황폐화된 영국에 있어서 많은 젊은이들이 미래에 대해서 암울한 생각을 갖는다는 것은 너무나 당연했을지 모릅니다.

피가 끓고 있는 젊은이들이 자신의 앞날에 대해서 희망을 갖는다는 것이 도저히 불가능한 절망적 상황!! 그러할 때, 그들에게 남길 수 있는 말이 무슨 긴 말이 필요하겠습니까? 시대를 꿰뚫어 보는 처칠 수상은 그 해답을 알았습니다. 그러한 처칠의 절규가 혹 오늘의 한국적 상황에서 외쳐져야 하는 것은 아닐까요? 수많은 청년 실업과 취업난, 경제불황으로 가슴앓이를 앓고 있는 지금 우리 젊은이들에게 꼭 필요한 말이 바로 그 말 아닐까요?

"한국의 젊은이들이여, 그것이 무슨 일이든
결 · 코 · 포 · 기 · 하 · 지 · 마 · 십 · 시 · 오!!!"

만약 황영조 선수가 바로셀로나 올림픽 마라톤경기에서 42km까지만 1등으로 뛰고 나머지 195m 앞에서 그냥 주저 앉아 버렸다면, 금메달을 목에 걸 수 있었을까요?

아마도 포기하지 않고 성공한 삶의 전형적인 예는 바로 '아브라함 링컨'의 생애일 것입니다. 한번 그의 삶을 들여다볼까요?

여러분들도 잘 아시다시피, 그의 일대기에서 보다시피, 링컨은 수없이 많은 실패를 경험한 사람이었습니다. 그의 삶의 상당 부분은 성공보다는 실패가 훨씬 더 많았습니다.

그러나 그는 포 · 기 · 하 · 지 · 않 · 았 · 습 · 니 · 다. 그는 참았습니다. 그는 견뎌 냈습니다. 그는 수없이 많이 절망하고 포기해야 할 상황에서도 중단하지 않고 끝까지 참고 묵묵히 이겨 나갔습니다. 여기에 링컨의 위대성이 있는 것입니다.

1832년 법률학교 입학 실패
1833년 사업파산(이 빚을 갚기 위해 17년 동안 고생하였음)
1834년 의회진출 성공
1834년 약혼자의 갑작스런 사망
1836년 신경쇠약으로 입원
1838년 주의회 대변인 선거에서 패배
1840년 정부통령 선거위원 출마 패배
1843년 하원의원 선거 낙선
1846년 하원의원 선거 당선
1848년 하원의원 재선거 낙선
1854년 상원의원 선거 낙선
1856년 부통령 후보 지명전 낙선(100표차)
1858년 상원의원 출마 낙선
1860년 대통령 출마 당선
1816년 가난 때문에 집을 잃고 길거리로 쫓겨남
1818년 어머니 사망
1831년 사업 실패
1832년 주 의회 선거에서 낙선

미국에 수없이 많은 훌륭한 인물들이 있었지만 미국인들은 지금도 링컨을 미국의 가장 위대한 인물로 손꼽는데 주저하지 않습니다. 여러분들도 아시겠지만 어머니 사후, 어린 링컨에게 남겨진 유일한 재산은 어머니로부터 물려받은 낡은 성경책 한 권뿐이었습니다. 그는 단 한 권의 성경책을 부여잡고, 미국의 대통령, 그것도 역사상 가장 훌륭한 대통령이 되었던 것입니다.

철학적 문제에 있어서 어떤 어려운 문제가 나오더라도 중간에 쉽게 포기하지 마시고, 끝까지 파고 들기 바랍니다. 그 문제를 해결했을 때 놀라운 기쁨이 있을 것입니다. 그리고 이 원리는 여러분의 삶에 있어서도 동일하게 적용된다는 사실을 기억하시기 바랍니다.

철학 정신 4

네 번째는 열린 마음을 갖는 자세입니다.

흔히들 영어로 많이 쓰지요. "Open Mind!"

자, 그렇다면 열린 마음을 갖는다는 것은 어떤 의미일까요? 우선 열린 마음을 갖는다는 것은 무엇인가를 수용한다는 뜻이 아닐까요? 그런데 무엇인가를 수용하기 위해서는 우선 자신의 마음이 비워져 있지 않으면 안 됩니다. 열린 마음을 갖는다는 것은 자신을 비우는 정신을 갖는 것입니다. 이 문제에 대해서 조금씩 개념이 다르긴 하지만, 모든 성현들이 이미 다 말씀해 놓고 계십니다.

공자님께서 얘기하고 계시는 무사심無邪心의 경지,
부처님께서 말씀하고 계시는 무아無我의 경지,
예수님께서 들려 주시는 "마음이 가난한 자"의 복된 경지,
노자님(?)께서 주장하셨던 "무위無爲"의 경지.
소크라테스님께서 강조하셨던 "자유인自由人"의 경지

가 그러하다고 할 수 있습니다.

물론 우리와 같은 평범한 사람들이 단숨에 그렇게 높은 경지에까지 도달하기는 어렵겠지만, 철학이 지향하고 있는 바는 바로 그러한 경지에 이르기까지 끊임없이 노력하는 자세 그 자체인 것입니다. 저는 또한 위와 같은 자세가 굉장히 어마어마한 데에서 만들어진다고 생각하지 않습니다.

여러분들이 그동안 제대로 하지 못했던 효도를 나름대로 하기 위해서 몸부림(?) 칠 때, 가난하고 힘든 이웃을 위해서 진심으로 최선을 다해 그들을 도울 때, 경제적으로 어려운 나라 살림을 위해서 물 한 방울, 종이 한 장, 전등 한 등이라도 아껴 쓸 때, 굶주린 어린이들이나 북한 동포들을 위해서 자신이 써야 할 용돈을 쪼개어서 단돈 몇 천원이라도 국제 기아 대책 기구 등에 손수 보낼 때, 엘리베이터 안에서 낯선 이웃에게 친절한 미소로 인사를 나눌 때, 자신의 힘으로는 도저히 이루어질 수 없는 문제를 놓고 절대자 앞에 무릎 꿇고 기도할 때... 마음이 열려진다고 생각합니다.

원효 대사께서 일찍이 간파했듯이 진리는 우리들의 평범한 생활 속에 이미 환하게 드러나 있는 것입니다. 단지 그것을 보고 있지 못한 우리들이 헤매고 있을 뿐입니다. 그런 면에서 우리들은 눈뜬 시각 장애자들인 것입니다. 저는 거창한 것보다는 사소한 것 안에 인생의 비밀, 우주의 비밀이 담겨져 있다고 믿습니다.

여러분들도 주위를 잘 둘러 보시기 바랍니다.

여러분들이 자신의 눈으로 세상을 바라보고 있다는 사실, 말할 수 있는 혀를 지니고 있다는 사실, 열 손가락으로 컴퓨터를 칠 수 있다는 사실, 상상력을 동원하여 무수히 많은 것들을 생각할 수 있다는 사실, 사랑하는 사람의 마음을 느낄 수 있다는 사실, 이 모든 것이 사실은 신비이며, 기적인 것입니다. 이 모든 것들에 대해서 여러분들은 얼마나 감사하고, 감격하며 살아가고 계십니까? 아직도 마음에 불만이 많이 있으십니까? 여러분의 마음을 활짝 여시기 바랍니다.

철학 정신 5

다섯 번째는 스스로 반성하는 자세입니다.

인간이 다른 여타의 존재와 구별되는 많은 측면 중 첫째로 손꼽을 수 있는 측면이 바로 스스로 반성하는 존재라는 면이 아닐까 합니다.

인간은 무수히 많은 잘못을 저지르는 존재입니다. 경우에 따라서는 개, 돼지만도 못한 측면을 드러내기도 합니다. 신문 지상을 오르내리고 있는 일련의 사건을 보면 정말 그런 생각이 많이 듭니다. 어떤 사람은 돈이 필요해서 자신의 발목을 스스로 절단하기도 하고, 자기 아들의 손가락을 자르기도 합니다.

또 어떤 경우에는 장애아인 자기 자식에게 청산가리를 먹이기도 하고, 정부情夫를 시켜 남편을 살해하기도 합니다. 칼로 자기 아버지를 찌르기도 하고, 몽둥이로 자기 어머니를 난타하기도 합니다. 심지어는 돈이 궁해서 남의 묘소까지 파헤쳐서 협박하는 상황에까지 이르렀습니다.

정말 이런 측면만을 보았을 때에는 우리들은 개, 돼지만도 못한 존재들입니다. 적어도 개, 돼지들은 돈 때문에 자기 자신의 몸을 도려 내지는 않으니까요.

그러나 그럼에도 불구하고 우리 인간이란 종種이 그들보다 나을 수 있는 것은 바로 우리들은 우리들의 잘못을 깨우칠 수 있는 가능성이 주어져 있다는 사실, 다시 말해서 개, 돼지만도 못했던 존재가 천사보다도 더 선한 존재로 변화될 수 있다는 사실입니다. 어찌 보면 철학은 그러한 변화의 가능성을 가장 잘 보여 주고 있는 학문이 아닐까 합니다.

많은 철학 사상가들의 생애를 보면 끊임없는 자기 변화의 과정을 보여 주고 있는데, 이것은 곧 인간의 자기 반성적인 모습을 잘 드러내는 것이라 할 수 있습니다. 인간은 고정된 존재가 아닙니다. 늘 바뀌어 가는 존재인 것입니다.

그러한 변화의 가능성은 다른 것이 아니라, 바로 자기 자신에 대한 끊임없는 반성에서 비롯되는 것입니다.

여러분들이 철학을 공부하는 이유도 바로 다름이 아니라 다른 훌륭한 사상가들의 주장이나 그들의 삶을 이해함으로써, 또 다양한 철학적 문제에 접해 봄으로써 여러분의 삶을 스스로 돌이켜보고 새롭게 고쳐나가는 데 있다고 보아도 지나친 말이 아닐 것입니다.

위대한 인격자 공자께서도 하루에 세 번 반성하셨다고 했으며, 예수께서 끊임없이 '회개하라change your mind!' 고 강조하셨던 이유도 바로 이러한 인간의 반성 가능성, 변화 가능성을 내다보셨던 것입니다.

그렇지 않았다면, 어떻게 일자 무식한 무명의 갈릴리 어부 베드로가 그토록 위대한 전도자가 될 수 있었겠습니까?

여러분은 어느 정도 스스로 바뀔 수 있다고 생각하십니까?

철학 정신 6

여섯 번째는 최선을 다하는 자세입니다.

이것도 흔히들 영어로 많이 쓰지요. 'Do your Best!!'

최선을 다하는 삶이라고 할 때, 우리들에게 얼핏 생각나는 구절이 하나 있을 것입니다. 네, 그렇습니다. '진인사 대천명盡人事 待天命' 이 바로 그 글귀입니다.

인간이 인간으로서 해야 할 것을 다하고 하늘의 뜻을 기다린다는 의미입니다. 이 말을 듣고 나면 왠지 숙연해지는 느낌이 듭니다. 그러면서 스스로를 다시 돌이켜 보게 됩니다.

과연 지금 현재 나 자신은 어떻게 삶을 살아 가고 있는 것인가? 저는 위의 구절을 생각할 때마다 떠오르는 영화의 한 장면이 있습니다. 혹시 여러분도 보셨는지 모르겠습니다.

「인디아나 죤스」 시리즈 가운데 하나인 '성배聖盃를 찾아서' 에서 주인공(해리슨 포드)이 갖은 고생 끝에 모든 관문을 통과하고 제일 마지막 관문에 도달했는데, 낭떠러지가 나타나자 망연자실해 있을 때입니다. 그때 주인공은 운명을 하늘에 맡기고 과감히 허공에 발을 내딛었는데, 갑자기 다리가 그 주인공의 발 밑에 만들어지면서 그 마지막 관문을 통과하는 장면 말입니다.

저는 그 장면을 보면서 위의 구절과 더불어서 에디슨의 말, 즉 '천재는 99%의 땀과 1%의 영감靈感에 의해서 만들어진다' 는 말이 떠올랐습니다.

그렇습니다. 이 세상 모든 일이 우리의 노력을 필요로 하고 있습니다. 노력 없이 이루어지는 일은 하나도 없습니다. 있다 해도 그것은 그리 큰 가치를 지니지 못할 것입니다.

이 세상의 어떤 위인, 어떤 뛰어난 인물 치고 최선의 삶을 살기 위해서 온 정성을 쏟지 않는 사람은 한 사람도 없을 것입니다. 대충 노력한 것은 대충의 효과밖에 볼 수 없는 것이 인생의 이치인 것입니다. 여러분 저 자신도 부끄러운 존재입니다만, 우리 다같이 최선의 삶을 살도록 이 자리를 빌어 결 · 심 · 합 · 시 · 다.

다시 한번 강조하지만, 해박한 철학적 지식보다 더 중요한 것이 철학적 자세인 것입니다. 제가 대학원 졸업 후 사관 학교 철학 교관으로 있던 시절에 한동안 보디 빌딩을 조금 해 보았던 적이 있었습니다.(지금은 그때 근육이 별로 남아있지 않지만...하하...) 그때, 저를 지도했던 체육 교관이 항상 하던 말이 지금도 귀에 생생합니다. 어떤 운동 기구를 들든지, 자신의 힘이 완전히 빠져서 더 이상 들지 못한다고 생각했을 때, 두 번만 더 이를 악물고 들라는 것입니다. 그때 우리의 체형은 바뀐다는 것입니다.

미국의 어떤 대학 총장이 졸업식장에서 학생들에게 남긴 유명한 말이 있습니다. 'Try! Little more try!!' 라는 말입니다. 우리말로 '노력하라! 조금만 더 노력하라!!' 는 것입니다.(이상하게 요사이 try라는 것이 속옷 상품으로도 나와 있습니다만...) 이 말 뜻은 무엇일까요? 이 세상에서 노력하지 않는 사람은 아무도 없다는 것입니다. 그러나 어떤 사람은 성공하고, 또 어떤 사람은 실패를 합니다. 왜 그럴까요? 위의 총장의 말에 따르면 '조금 더 노력' 을 어떤 사람은 하고, 또 어떤 사람은 안한다는 것입니다.

여기에서 성공과 실패가 갈라지는 것입니다. 아까 보디 빌딩의 예를 들어서 설명하면, 보통 사람들은 모두 자신의 힘에 부칠만큼만 들고 포기하는 것입니다. 중요한 것은 그 마 · 지 · 막 · 두 · 번입니다. 그 마지막 두 번은 사실 인간의 노력만 가지고는 안 되는 것입니다. 하늘의 도움이 있어야 하는 것입니다. 그 1%의 하늘의 도움이 99%의 인간의 땀과 만나게 되었을 때, 비로소 놀라운 열매가 맺어지게 되는 것입니다.

철학 정신 7

일곱 번째는 생각을 하나로 꿰뚫는 자세입니다.

인간은 많은 생각을 하며 살아 가는 존재입니다. 여러분들의 생각 속을 한번 생각(?)해 보십시오.

(눈을 감고 30초 동안만 자신을 들여다 보세요)

1초!...30초!!!

무지하게 복잡하지요?

그런데 뛰어난 사상가, 위대한 철학자들이란 다름이 아니라, 이러한 다양한 생각과 사고를 일관된 관점에서 정리하여 하나의 커다란 사상적 체계를 세운 사람이라고 해도 과언이 아닐 것입니다.

그러면, 왜 우리들은 위대한 사상가가 되지 못할까요?

아직도 우리의 생각을 하나의 틀에 잘 정리하고 있지 못하기 때문입니다.

여러분들은 세계관, 우주관, 인생관, 인간관, 국가관, 사생관死生觀, 사회관, 자연관, 역사관, 가치관 등이 하나로 잘 정리되어 있습니까?

우주가 존재하는 이유와
내가 사는 이유와
내가 죽는 이유와
우리의 역사가 나에게 던져 주는 의미와
대한민국이 나에게 던져 주는 의미와
내가 목숨을 걸고 내세워야 할 가치

등이 확실하게 정립되어 있습니까?

아니면 아직도 가치관 정립이 안 되어서 우왕좌왕하고 계십니까? 지금도 친구가 장학금을 탔다고 하면 축하하기보다 기분이 나빠집니까? 아프리카 아이들이 굶어 죽든 말든 기분 좋게 스키나 타러 다니십니까? 자신이 사고 싶은 물건을 사지 못해 혼자 고민하고 계십니까? 아니면, 멋진 이성 친구를 만나지 못해 외로움에 매일 쐬주(?)를 들이키고 있습니까? 그도 아니면 매정하게 떠난 애인 생각에 잠 못들어 합니까? 물론 젊은 시절에 방황은 무엇보다도 필요하며, 또 그런 과정을 반드시 겪어야 어른이 되는 법입니다. 그러나 그 과정을 겪으면서 철이 들지 않았다면 나이는 많이 먹었어도 아직 어린아이에 불과한 것입니다.

이제 철학을 하면서 생각을 정리하시고, 보다 체계적인 관점에서 자기 자신과 세계를 들여다 보시기 바랍니다. 속담에 '구슬이 서 말이라도 꿰어야 보배'라는 말이 있죠? 바로 일곱 번째 우리의 철학적 자세와 통하는 말입니다. 그런 의미에서 공자님의 다음과 같은 말씀은 의미심장합니다.

"오도吾道는 일이관지一以貫之니라."(나의 진리는 하나로 꿰뚫어져 있다.)

철학 정신 8

여덟 번째는 극단을 피하는 자세입니다.

요즈음은 신문 보기가 두렵습니다. 왜냐하면 너무나 끔찍한 일들이 아주 자연스럽게 벌어지고 있기 때문입니다. 너무도 많은 사람들이 자신의 목숨을 그야말로 헌신짝처럼 버리고 있습니다.

사업이 부도가 났다는 이유로, 부인이 가출했다는 이유로, 대학에 떨어졌다는 이유로, 애인이 변심했다는 이유로, 기르던 강아지가 가출했다는 이유로, 축구가 일본에 졌다는 이유로, 심지어는 얼굴에 난 여드름이 치료되지 않는다는 이유로, 귀중한 목숨을 스스럼 없이 버리고 있는 시대에 우리들은 살고 있습니다.

또 서로 간의 인간 관계도 순전히 금전 관계 내지 서로를 이용하는 관계로 전락되고 있습니다. 어떤 경우는 유산 상속 문제 때문에 어머니와 자식 간에, 형과 동생 간에, 누이와 오빠 간에 다툼이 벌어지고 있습니다. 결혼 지참금이 적다고 부인은 물론 장인, 장모까지 구타하는 세상입니다.

그런 사람들 돈이랑 결혼하지 왜 부인이랑 결혼했는지 알다가도 모를 일입니다. 그리고 요사이 보면 많은 젊은 학생들의 고민 중의 하나가 다이어트 문제입니다. 저의 학교 철학 시간에 자신의 고민을 적어 내라고 하니까, 어떤 여학생 한 명은 "다이어트를 세 번씩이나 시도했는데 번번이 실패했다. 차라리 죽고 싶다" 이렇게 적어서 냈더라구요. 오죽 살이 빠지지 않았으면 그렇겠는가 하고 이해는 할 수 있지만, 사실 다이어트라고 하는 것이 실상은 다 배불러서 생겨나는 것 아닙니까?

먹을 것이 변변찮다면 어떻게 다이어트 운운할 수 있겠습니까? 경우에 따라 다르겠지만, 결국 다이어트 실패는 자신의 욕망을 제어하지 못해서, 또는 너무 게을러서 생겨난 결과라고 말할 수 있을 것입니다. 위의 모든 문제들이 결국은 너무 지나치게 극단적인 태도를 취한 채 세상을 살기 때문에 발생하는 문제인 것입니다.

부처님도 도를 닦는데 있어서 중용中庸의 덕을 강조하셨고, 사서삼경 가운데에도 『중용』이라는 책자까지 있습니다. 일찍이 아리스토텔레스도 그의 『니코마코스 윤리학』이라는 책에서 중용의 덕에 대해서 누누히 강조한 바 있습니다. 부족하지도 않고, 더하지도 않는 것을 추구하는 자세, 그것이 극단을 피하는 중용의 도를 유지하는 태도인 것입니다.

이 말을 너무 어렵게 생각하지 말고, 여러분이 식사하는 것을 잘 생각해 보시기 바랍니다. 우리들이 식사를 할 때 무엇을 기준으로 합니까? 바로 다른 것이 아니라, 우리들의 밥통(?)을 기준으로 합니다. 어린아이들처럼 조금만 먹으면 쉽게 배고파집니다. 그러나 씨름 선수처럼 많이 먹게 되면 탈이 나게 됩니다. 자신에 맞게 알맞게 먹어야 건강을 유지할 수 있는 법입니다.(의사 선생님들 말씀이 배고플 때에만 밥 먹으면 절대 다이어트 할 필요가 없다고 합니다. 시도 때도 없이 집어 넣었기 때문에? 몸이 망가지는 것입니다.)

무슨 일을 하려 할 때도 너무 거창한 것을 찾지 마시기 바랍니다. 진리를 찾는 것도 마찬가지 이치인 것 같습니다. 전에도 말씀드렸지만, 무슨 엄청난 곳에 진리가 있는 것 같지 않습니다. 우리의 평범한 일상 속에 진리가 있습니다.

그래서 성경에도 그런 말이 있지 않습니까?

"범사汎事에 감사하라"(신약 : 데살로니가 전서 5장 18절)

여러분들은 일상적인 삶에 대해서 어떤 자세로 살아갑니까?

지겨운 자세로? 아니면, 감사하는 자세로?

철학 정신 9

아홉 번째는 늘 새롭게 출발하는 자세입니다.

여러분 'Carpe diem' 이라는 말을 아십니까? carpe diem이라고 하면 어떤 영화가 떠 오르십니까? 네, 로빈 윌리엄스Robin Williams가 주인공으로 나오는 「죽은 시인의 사회」가 생각나실 겁니다. carpe diem이란 말은 본래 '현재를 붙잡아라seize the present-day' 라는 의미입니다만, 그저 '현재를 즐겨라' 라고 번역해 놓았기 때문에 잘못하면 '그저 내일을 생각하지 말고 오늘을 위해서 진탕

놀자' 라고 오해받을 수 있는 말이기도 합니다.

그러나 그런 의미라기보다는 '현재를 가장 의미 있게 보내라' 라는 뜻이 더 본래의 의미에 부합된다고 하겠습니다.

여러분, 여러분들은 나중에 무엇을 하겠다고 생각하고 계십니까? 예를 들면 '지금은 바쁘니까, 지금은 학생 신분이니까 나중에 효도하겠다' 이렇게 생각하고 계십니까? 그렇다면 생각을 바꾸시기 바랍니다. 효도는 나중에 하는 것이 아닙니다. 지금 당장, 아주 쉬운 것에서부터, 나부터 시작하는 것입니다.

비단 효도뿐만이 아닙니다. 이 책을 읽는 자세도 마찬가지입니다. 모르긴 몰라도 가지각색의 자세를 갖고 이 책을 읽고 있을 것입니다. 몇 페이지 읽지 않아 감명을 받은 학생도 있을 것이고, 감명은 커녕 이런 저런 이유로 이 책을 선택한 것을 후회하고 있는 분도 있을 것입니다.

제가 한 학기에 약 400명쯤 되는 학생들에게 강의를 하는데, 강의를 다 마친 뒤에 강의 평가서를 받아 보면 많은 학생들은 '감명 깊었다', '무엇인가 얻은 것이 있었다', '또 듣고 싶다' 라고 쓴 학생들이 있는 반면에, 극히 소수이기는 하지만 어떤 학생들은 '무엇 하나 배운 것이 없다' 고 적은 학생도 있습니다.

물론 모든 것이 여러분의 자유이기 때문에 자신의 감정에 충실하고, 자신의 가치관에 입각해서 살아갈 수밖에 없지만, 제가 이 자리에서 말씀드리고 싶은 내용은 이왕이면 매 순간 순간에 최선을 다하고 그 결과에 만족하자는 것입니다.

후회스러운 삶을 살지 말자는 것입니다.

여러분이 이 책을 읽는 이 시간은 일생에 있어서 다시 돌아오지 않는 귀한 시간입니다. 만약 여러분들이 이 책을 읽으면서 최고의 기쁨을 느끼고 있다면 그것으로 족한 것입니다.

다른 어떤 것을 바랄 필요가 없다는 말입니다. 이것은 비단 독서를 하는 데에만 국한되는 것이 아닙니다.

여러분들이 하는 행동 하나 하나에 모두 적용되는 말입니다. 여러분들이 싸구려 라면을 먹더라도, 여러분들이 지금 현재 어려운 환경에 처해 있더라도 그 환경을 도약의 발판으로 삼아 힘이 들지만 이를 악물고 잘 버텨 나간다면, 상상 외로 놀라운 결과가 올 수 있습니다.

지금은 많은 문제를 일으키고 있지만... 대우그룹 회장이었던 김우중씨가 쓴 책 가운데 『세상은 넓고 할 일은 많다』라는 책을 여러분도 알고 있지요?

그 책에 보면 상당히 재미있는 부분이 나옵니다.

무엇인고 하면, 김우중씨가 지금까지 살아오면서 언제가 가장 행복했는가 하는 물음에 대해서 그 자신이 대답하기를, 6 · 25 때 대구에서의 피난 시절, 빵 조각 하나 제대로 먹을 수 없었던 찢어지게 가난했던 그 시절이 가장 행복했었던 시절이라고 회상하는 대목이 그 부분입니다.

그 시절 그는 14세의 나이로 집안 식구들을 먹여 살리기 위해 신문팔이를 열심히 하고 있었습니다. 그야말로 하루 벌어 하루 먹는 비참한 신세였죠. 밤늦게 피곤한 몸을 이끌고 돌아오면 어머니께서 기다리고 계시다가 따뜻한 밥 몇 그릇 떠다놓고 동생들과 둘러앉아서 시장기를 반찬으로 삼아 끼니를 때웠다고 합니다.

그러나 그것도 언제나 그랬던 것은 아니었답니다. 한번은 벌이가 시원치 않아서 빈손으로 집에 돌아왔는데 그날 따라 자신을 기다려야 할 동생들이 모두 일찍 잠자리에 들어 자는 척하고 있었고, 어머니는 혼자서 기다리고 계시다가 김우중씨를 맞이하면서 밥상을 내놓더랍니다. 그 상황을 눈치채지 못할 김우중씨가 아니죠. 그 당시 집안이 더 어려워져서 동생들은 저녁을 먹지도 못한 채로 일찍 잠자리에 들었고, 오직 돈벌이 하는 김우중씨만을 위해서 밥 한 사발만 간신히 남겨 놓은 상태였습니다. 물론 어머니께서 굶으신 것은 말할 것도 없고 말이죠.

그럴 때, 김우중씨는 어머니께 다음처럼 말했답니다. "어머니, 저는 밖에서 빵을 실컷 먹고 와서 저녁 생각이 전혀 없어요. 혹시 저 때문에 저녁 식사 안 하셨으면 어머니 드세요. 그리고 동생들도 먹이구요." 그러면 어머니께서는 "아니다. 우리들은 오늘 저녁 일찍 다 먹었어. 동생 걱정하지 말고 너나 배불리 먹어라."라고 말씀하시고는 돌아서서 눈물짓고 계시고 형 몫으로 남겨 놓은 밥이 먹고 싶어서 철이 없는 동생들이 하나 둘씩 일어날 때 그만 서러움이 복받쳐서 김우중씨와 어머니가 서로 부둥켜 안고 울면, 동생들도 더불어서 모두 껴안고 엉엉 울었답니다.

김우중씨는 그때를 자신의 인생에서 가장 행복했던 때라고 말하고 있었습니다.

객관적으로 생각해 보면 사실 그때는 하나도 행복할 요소가 없을 때였습니다. 먹을 것이 변변했겠습니까? 입을 것이 변변했겠습니까? 따지고 보면 요즘이 훨씬 더 풍성하고 행복해야 할 요소가 넘치도록 많이 있지 않겠습니까? 그러나 김우중씨는 그 피난 시절처럼 행복했던 때는 없었다고 말했습니다.

왜요? 비록 먹을 것이 없고 입을 것이 없어도, 밥 한 사발을 놓고 아무도 먹을 수 없는 비참한 처지에 있었어도, 서로를 위해 주고 서로를 아껴줄 줄 아는 참다운 사랑이 그 가족 안에 있었기 때문에 그 분은 행복할 수 있었던 것입니다.

매일 매일의 삶을 다람쥐 쳇바퀴 돌 듯 사는 것이 아니라, 매 순간 매 순간마다, 매 시간 매 시간마다 늘 새로운 것을 발견하고, 체험하고, 느끼고, 배우고, 가르치고, 나누어 주고, 도움을 받고, 서로 서로 아껴 주는 귀한 시간들을 보내야 하는 것입니다. 어찌 보면 아주 사소한 것에서 아주 놀라운 것을 발견하는 것이 철학 정신일지 모릅니다.

모든 것들을 새 · 로 · 운 · 시 · 각 · 에 · 서 바라봅시다. 매 순간은 다시 돌아오지 않습니다. 늘 최선의 삶을 즐겨야 합니다.

철학 정신 10

마지막 열 번째는 모든 것을 사랑하는 자세입니다.

저는 인생에 있어서 가장 중요한 가치는 바로 사랑이라고 평소에 생각하고 있습니다. 솔직히 말해서 사랑에 대해서는 말로 많이 이야기하고 싶지는 않습니다. 그것은 두 가지 이유인데, 하나는 사랑은 말로만 표현하기에는 너무나 고귀한 가치이고, 다른 하나는 사랑은 체험하지 않으면 안 되는 현실성 내지 실천성을 지니고 있기 때문에 그렇습니다.

그러나 그럼에도 불구하고 사랑에 대해서 몇 가지 이야기하도록 하겠습니다. 먼저 문제를 하나 내 보겠습니다.

여러분, 인생 - 사랑 = ? (인생에서 사랑을 뺀다면?)

위 문제의 정답은 무엇이겠습니까?

네, 정답은 0(ZERO)이랍니다.

인생에서 사랑을 빼면 남는 것이 없다는 뜻이겠지요. 물론 인생에서 사랑을 빼고도 남는 것이 왜 없겠습니까마는, 위의 문제는 그만큼 사랑이 우리 인생에서 차지하고 있는 비중이 크다는 것을 단적으로 보여 줍니다.

정말 그렇습니다.

우리 인생에서 사랑을 빼면 과연 무엇이 남을 수 있을까요? 많은 분들이 이해하고 계시겠지만, 사랑을 이해하는 데 등장하는 대표적인 그리스 어가 몇 가지 있습니다. 네, storge, philia, eros, agape가 그것입니다.

먼저 storge라는 낱말을 설명할 때, 흔히들 부모님의 사랑을 이야기합니다. 그렇죠. 우리들이 이 세상에 태어났을 때, 가장 먼저 받을 수 있는 사랑이 바로 부모로부터의 사랑, 특히 어머니로부터의 사랑이라고 할 수 있습니다. 제가 이곳 공주대 학생 생활 연구소장으로 있으면서 많은 학생들을 상대로 상담을 해 보니, 무엇보다도 학생들과 부모와의 사이가 원활치 못한 경우가 상당히 많이 있습니다. 그럴 때 학생들의 심리 상태는 안정을 찾지 못하고, 많이 방황하게 됩니다. 왜 그런 말 있죠. '문제아 뒤에 문제 부모 있다.' 저는 그 말이 거의 틀림없다는 것을 실감할 정도로 많은 학생들에게서 확인을 하고 있습니다.

여러분들도 혹시 부모와의 사이가 원활치 못하십니까? 먼저 그 관계를 잘 회복하셔야 합니다. 그러기 위해서는 우선 여러분들이 부모님으로부터 받았던 많은 내면적 상처를 잘 치유하셔야 합니다. 그 상처가 치유되지 않는 한, 여러분들과 부모님과의 갈등은 절대로 쉽게 해소되지 않습니다. 내 말을 잘 명심하시기 바랍니다. 앞에서도 이야기했지만, 절대 부모님 탓을 하지 마십시오. 그러면 문제 해결에 전혀 도움이 되지 않습니다. 서로의 관계가 힘들면 힘들수록 여러분들이 먼저 더 낮아지시기 바랍니다. 이러한 자세는 인간관계를 유지하는 데 아주 중요한 열쇠가 됩니다.

잘 이해가 안 되시면, 제자들 발을 닦아 주셨던 예수님의 자세를 잘 생각해 보시기 바랍니다. 실제로 누가 누구의 발을 닦아 주어야 옳습니까? 제자들이 선생님 예수의 발을 닦아 주어야 옳지요! 그러나 예수님은 그렇게 하지 않으셨습니다. 그 태도를 본받으시기 바랍니다. 모든 문제가 눈 녹듯이 사라질 수 있습니다. 여러분 확신을 가지시기 바랍니다. 확신 없이는 이 세상 어떤 일도 이루어질 수 없습니다.

본론으로 다시 돌아옵시다.

어떻든 인간은 부모님으로부터 사랑을 처음으로 느끼게 됩니다. 나중에 여러분들이 자식을 두게 되었을 때, 충분히 사랑을 표현해 주시기 바랍니다. 한국 사람들 특징이 사랑을 잘 표현하지 않는다고 하는데, 제 강의를 듣는 여러분들은 어느 누구보다도 더 열렬히 사랑을 표현할 줄 아는 좋은 부모가 되시기를 기원합니다.

두 번째로 생각해 볼 수 있는 사랑의 개념이 philia입니다.

일반적으로 친구와의 우정을 뜻하는 philia라는 개념은(물론 꼭 친구 관계에만 국한되는 것은 아닙니다만) 무엇 무엇을 좋아한다는 뜻입니다. 예를 들어 철학이란 개념의 그리스 원어는 여러분들이 잘 알고 있는 것처럼 바로 philosophia라는 말에서 왔습니다. 즉 philein(좋아한다)는 동사와 sophia(지혜)라는 명사가 결합된 개념입니다. 흔히들 '지혜를 사랑하는 학문', 소위 애지학愛智學이라고 번역하고 있습니다.

또 phil이란 접두어가 들어간 개념이 상당히 많이 있음을 알 수 있는데요. 가령 philharmony교향악, Philadelphia형제애(adelphos =brother), philology문헌학 등이 그렇습니다.

대부분의 우리들의 삶이 그렇듯이 부모의 품에서 벗어나기 시작하면, 우리들은 친구들과 더 가까워지기 시작하며 부모보다는 오히려 그들에게 더 많은 비밀을 털어 놓기도 하면서 친해지기 시작합니다. 그리하여 부모님들은 우리들이 학교에 다니기 시작하면 입에 침이 마르도록 '좋은 친구 사귀어라', '좋은 친구 사귀어라' 하고 신신당부를 하게 됩니다.

'인생에 있어서 좋은 친구 두, 셋만 두어도 삶은 성공한 것이다'라는 이야기가 있지 않습니까? 여러분들은 그런 친구를 지금 현재 두고 계십니까? 다시 한번 여러분들에게 질문을 하나 해 볼까요? 여러분들은 어떤 친구가 정말 참된 친구라고 생각하십니까? 제 이야기를 듣기 전에 한번 머릿속으로 그려 보세요.

수 년 전에 영국의 모 신문사에서 바로 이러한 문제를 독자들에게 내었답니다. '가장 이상적인 친구에 대한 정의를 내려 보시오.'라고 말이죠. 그랬더니, 수천 통의 독자 엽서가 쏟아져 들어왔는데, 그 중 1등으로 뽑힌 친구에 대한 정의가 무엇인줄 아십니까?

바로 '모든 사람들이 다 곁을 떠나갔을 때도, 끝까지 남아 있는 사람' 이란 정의가 1등이 되었답니다. 굉장히 의미 있는 정의라는 생각이 드시죠?

여러분들도 지금 현재 꽤 많은 친구를 두고 있을 겁니다. 그러나 학창 시절과는 달리 사회에 진출해 보십시오. 여러 유형의 친구들을 많이 사귀게 됩니다. 그러나 정말 자신이 어려운 처지에 봉착했을 때 끝까지 자기를 지켜 주는 친구, 요즘 세상에 그리 많지 않은 법입니다.

아주 단순한 예로, 만약 여러분의 친구가, 아니 여러분 자신이 어떤 사업을 하다가 쫄딱 망했다고 가정해 봅시다. 여러분들이 단돈 10만원이 아쉬워서 이리저리 쩔쩔매며 돌아다닐 때에 정말 여러분과 여러분의 가정을 위해서 발벗고 나설 친구가 지금 현재 몇 명쯤 있을 것인가 한번 생각해 보신 적 있으신지요?

또 거꾸로 여러분의 친구가 그런 비참한 환경에 처해 있을 때, 여러분들은 얼마나 열심히 그 친구를 위해서 발벗고 뛸 것입니까? 그리 쉬운 일이 아닙니다. 생각보다 훨씬 어려운 일입니다. 좋은 친구가, 진정한 친구가 된다는 것 말입니다.

여러분, 여러분 주위에 좋은 친구가 없다고 한탄하지 마시고, 여러분 자신이 그런 좋은 친구가 되도록 노력해 보세요. 그러면 자연히 좋은 친구들이 여러분 주위에 모여들 것입니다.

다음으로 eros적 사랑에 대해서 이야기 해 볼까요. 제가 많은 학생들과 면담하는 과정에서 느낀 것인데, 요즘 학생들 참으로 스피디하게 연애도 하고, 또 그야말로 스피디하게 헤어지고 하는 것 같다는 인상을 강하게 받았습니다. 만난지 불과 몇 개월도 안 되어서 서로 헤어지고, 또 다른 친구 만나고... 물론 모든 경우가 다 그럴 수는 없겠지만, 예전에 비해서 그 템포가 빨라진 것만은 사실인 것 같습니다.

어쨌든, 우리들은 동성 간의 우정에서 점점 이성 간의 사랑으로 사랑의 모습이 점차 변해가는 것을 느끼면서 나이를 먹게 됩니다. 아마 어떤 사랑보다도 남녀 간의 사랑이 여러분들에게는 가장 어필하는 부분일 것입니다. 참 이 문제를 갖고 씨름도 많이 하고, 고민도 무척 많이 하는 것 같습니다. 또 종종 삼각 관계에 얽히기도 하구요. 경우에 따라서는 같은 과 같은 학년 내에서 복잡한 삼각 관계에 얽히더라구요.

그런 문제를 갖고도 상담하러 종종 오는데요. 저로서도 참으로 풀기 어려운 문제이기도 합니다.(그런데 왜 내가 남의 삼각 관계에 끼어 들어서 고민을 해야 하지요? 하하하...)

그래도 지금까지 몇 건의 삼각 관계 문제를 성공적으로 해결하기도 했습니다. 여러분들은 이런 같은 과 삼각 관계의 경우가 별로 없겠지만요, 당하고 있는 당사자들에게는 정말 보통 괴로운 것이 아닙니다.

여기에서 우리들이 하나 깊이 생각해 보아야 할 것은 이러한 이성 간의 사랑이란(물론 요즘 와서는 동성애도 문제가 되지만) 상당히 이기적인 성격을 강하게 띠고 있다는 것이죠. 그리하여 부모님과의 사랑이나, 친구들과의 우정보다도 이 eros적인 사랑은 그 파국이 몰고 오는 결과가 상당히 강렬해서 경우에 따라서는 아주 비극적인 모습을 보여 주기도 합니다.

동반 자살까지 감수하기도 하고, 어떤 경우에는 상대방을 살해하기까지도 합니다. 오직 사랑했다는, 혹은 배반 당했다는 이유 하나만으로 말이죠. 대부분의 삼류 드라마나 영화들은 이런 내용을 소재로 했다고 해도 과언이 아닙니다.(가장 손쉬운 소재가 바로 삼각관계 아닙니까?)

과연 상대방을 올바르게 이해하고 서로의 독립성을 인정하면, 다시 말해 지배 · 피지배의 관계가 아닌, 완전한 결합이 가능한 그런 이성 간의 사랑은 불가능한 것일까요? 혹 가능하다면 어떻게 사랑을 해야 가능할까요?

마지막으로 살펴 볼 사랑의 내용은 agape적 사랑입니다. 흔히 절대자가 피조물에게 주는 사랑, 즉 하나님의 사랑이라고 할 수 있습니다. 어떤 이가 말하기를 인간은 태어나서는 부모의 사랑을 받고, 자라면서 친구와의 우정을 나누고, 나이 들어서 이성 간의 사랑을 주고 받다가, 그 모든 것의 허무함을 깨닫고 결국은 뒤늦게 하나님의 사랑을 느끼면서 제대로 성숙된 인간이 된다고 했습니다.

이것이 모든 사람에게 적용되는 무슨 공식은 아니지만, 우리들은 이 시간에 한번 절대자와 우리들과의 관계에 대해서 깊이 있게 생각해 보았으면 합니다.

일반적으로 말해서, 앞의 세 가지 형태의 사랑은 대부분 이기적인 성향이 강하고, 조건적이고, 유한하며, 변할 가능성이 농후한데 비해서, agape적 사랑은 희생적이며, 무조건적이며, 무한하며, 영원히 변치 않는 사랑이라고 합니다. 물론 이런 정의에 대해서 반론을 제기하고 싶은 학생도 개중에는 있겠지만, 저 개인적으로 말씀드리면 이러한 agape적인 사랑에 대한 깊은 통찰력은 우리 인생에 있어서 무척 중요한 요소라고 생각됩니다.

우리가 흔히 쓰는 말 가운데 '하늘이 두렵지 않느냐?', '천벌 받을 x야!', '천생 연분' 이라는 말들이 있습니다만, 사실 우리들은 하늘에 대해, 혹은 절대자에 대해 올바른 이해를 할 필요가 있습니다.

물론 신학적으로 이야기할 때, 유한한 우리들이 어찌 절대자의 세계를 이해할 수 있을 것인가 하는 불가지론을 주장할 수도 있겠지만, 성경을 비롯한 많은 책자들이 우리에게 이야기해 주고 있는 내용들은 그저 막연히 흘려 버릴 이야기들은 아닌 것입니다. 우리가 보다 진지하게 이러한 문제들에 접근하면 접근할수록 사실 우리 인생을 더 깊이 있게 이해할 수 있으며, 그저 아무렇게나 마구잡이로 살아가는 것이 아니라 정말 보다 진지하게 살아갈 수 있을 것입니다.

현재 크게 성공한 어떤 재미교포는 자신의 아버지가 경영하는 슈퍼 마켓에 강도가 들어와서 자신의 이마에 총뿌리를 겨누었을 때, 비로소 생명이 얼마나 소중한 것인가를 깨닫고, 그때부터 열심히 노력하여 지금처럼 훌륭한 기업가로 성공할 수 있었다고 고백한 적이 있었습니다.

마찬가지로 여러분들이 지금 편한 조건으로 살아갈 때에는 아무 문제도 없다가, 정말 우리들의 힘으로는 도저히 어찌할 수 없는 상황에 봉착했을 때 비로소 절대자에 매달리기가 쉽습니다. 그러나 우리 생명의 근원 문제를 시작으로 우리에게 주어진 이 모든 조건들을 고려해 볼 때, 모든 것이 다 우연히 이루어진다고 보기는 어렵지 않을까 싶습니다.

제가 여러분에게 하나 당부드리고 싶은 것은 우리들의 모든 문제, 특히 사랑에 얽혀 있는 많은 문제들은 바로 이 agape적 사랑의 실체를 전혀 깨닫고 있지 못하는 데에서 발생할 수도 있다는 사실입니다.

여러분들의 부모님들이 얼마나 소중한 존재인가,

또 여러분들의 친구들이 얼마나 귀한 존재들인가,

또 여러분들의 이성 친구나 애인, 앞으로 사귀게 될 배우자 후보들이 그냥 거저 만들어진 존재가 아니고 보다 세밀한 어떤 과정을 통해서 만나게 된 존재라는 사실을 명확히 확인할 수만 있다면, 그 귀한 사실을 깨달을 수만 있다면, 여러분들의 삶은 달라지기 시작할 것입니다.

여러분은 하나님이 여러분에게 보여 주는 무조건적이며 절대적인 사랑을 느낄 수 있습니까? 아니면 전혀 느낄 수 없습니까? 그 느낌에 따라서 삶의 방향이 결정될 수도 있습니다.

지금까지 아주 간략히 사랑의 몇 가지 종류에 대해서 언급했는데, 이외에도 사랑에 대해서는 여러 가지 시각에서 논의를 전개시킬 수 있을 것입니다.

그러나 여기서 우리들이 짚고 넘어가야 할 것은 비단 살아 숨쉬는 생명체뿐만 아니라(그러한 생명체들은 말할 것도 없고), 생명을 갖고 있지 않은 것처럼 보이는 많은 물체에 대해서도 애정을 가져야 한다는 사실입니다. 여러분들이 항상 접하고 있는 종이 한 장, 볼펜 한 자루, 각종 책들, 컴퓨터 등에 대해서도 정말 따뜻한 마음으로 대해야 한다는 것입니다.

지금 일회용 상품이 난무하고 있는 이 때에 자연에 대한 사랑은 말할 것도 없고, 모든 무생물에 이르기까지 올바른 사랑을 서로 나누어야 할 중차대한 시기인 것입니다.

이 문제에 대한 새로운 깨달음이 있기를 간절히 바랍니다.

3. 철학과 독서

이 장에서는 철학과 독서에 대해서 이야기를 나눌까 합니다.

이미 앞에서 언급한 것처럼 철학을 한다doing philosophy는 것은 결국 남의 주장에 귀를 기울이고, 그 많은 주장들을 자기 나름대로 정리한 뒤에 자신의 생각을 키워나가고 그렇게 정립된 자신의 주관에 입각해서 삶을 살아 가는 것을 뜻한다고 볼 수 있습니다.

따라서 우선 우리들은 남의 주장에 귀를 기울일 수밖에 없는데, 이때 가장 요긴한 것이 곧 독서인 것입니다. 동서 고금의 철학자들이 지금도 살아 계신다면 직접 우리 귀로 그 분들의 주장을 듣는 것이 가장 좋을 것입니다. 그러나 그런 일이 불가능한 다음에야 독서만큼 귀한 일은 없을 것입니다. 단 한가지 우리가 주의해야 할 것은 귀한 철학 책을 읽을 때나, 읽고 난 뒤에 지적인 교만함을 빨리 버려야 한다는 사실입니다.

자칫 잘못하면 우리들의 머리가 커지면 커질수록 교만심도 커갈 가능성이 있기 때문입니다. 만일 철학 책을 읽으면 읽을수록 더 우리들이 교만해졌다면, 오히려 철학 서적을 읽지 않음만 못한 것입니다. 제 생각에는 교만함보다는 무식함이 훨씬 우리로 하여금 더 인간답게 하는 것 같기 때문입니다.

또 한 가지 주의할 점은 위대한 사상가들과 철학자들의 글을 접할 때에 항상 자기 자신의 생각과 주관을 키워 나가야 한다는 것입니다. 우선 공자님의 다음과 같은 말에 귀를 기울여 봅시다.

'學而不思則罔학이불사즉망이요, 思而不學則殆사이불학즉태라.'

풀이해 보면, 배우되 생각하지 아니하면 어둡게 되고, 생각하되 배우지 아니하면 위태롭게 된다는 뜻입니다. 다시 말해 남의 책만 열심히 읽고 자신의 주관을 키워 나가지 아니하면, 자신의 삶의 방향 감각을 상실하게 되고, 자신의 생각만 고집하면서 남의 주장에 귀를 기울이지 아니하면 오만방자해지기 쉽다는 말입니다.

우선 위의 두 가지 점에 유의하면서, 몇 가지 독서하는 기본 자세에 대해서 말씀드려 볼까 합니다. 이름하여 '독서 십훈讀書十訓!!'

아래의 독서 십훈과 같은 내용은 어떤 학생들에게는 사뭇 유치하기까지 할지도 모릅니다. 그러나 '돌다리도 두드리고 건너라' 는 속담처럼 아주 기초적인 것에서부터 하나 하나 시작하고자 합니다.

독서 십훈 1

읽은 책은 충분히 소화시켜라.

아무 책이나 무턱대고 볼 것이 아니라, 가능한 한 자신의 관심에 따라서, 그리고 나에게 가장 절실한 문제를 다룬 책에서부터 독서하는 것이 좋을 듯 합니다. 자신의 수준도 항상 고려해야 합니다.

처음부터 너무 난해한 책을 붙잡게 되면 나중에는 철학책 자체에 대해서 혐오감이 생길지도 모르죠. 아주 쉽게 『광수생각』 시리즈나 『마음을 열어주는 101가지 이야기』 시리즈, 『영혼을 위한 닭고기 스프』 시리즈, 혹은 『개미』, 『로마인 이야기』, 이원복 교수의 만화 시리즈 ,『현대 문명 진단』, 『먼나라 이웃나라』, 『이솝 우화집』, 『삼국지』 등 자신이 읽기 편한 책에서부터 출발할 필요가 있습니다.

혹 여러분이 크리스찬인 경우, 하용조 목사의 『마태복음 강해서』 시리즈(두란노 출판사)나, 이동원 목사의 『성경 강해서』 시리즈(나침반 출판사) 등을 읽는 것이 커다란 부담이 없으면서도 독서 시간을 효율적으로 사용하는 한 방편이 될 것입니다.(또한 크리스찬이 아니더라도 하용조 목사의 『마태복음 강해서』 시리즈는 적극 추천합니다. 한번 꼭 읽어 보시기 바랍니다.)

그래서 무엇보다도 독서의 즐거움을 찾는 것이 무엇보다도 큰 숙제라고 할 수 있습니다. 대학교 4년 동안 책 읽는 즐거움을 만끽하지 못한 채 학교를 떠난다는 것은 정말 불행 중의 상불행이라고 말할 수 있습니다.

여기에서 또 하나 여러분들에게 권하고 싶은 말은 절대로 손에서 책을 떼지 말라는 말입니다. 목욕할 때를 빼놓고는 말입니다. 버스를 기다릴 때나, 친구를 만날 약속 장소에서나, 화장실 안에서나, 침대에서나 등등 어디에서나 꼭 책을 손에 쥐고 다니는 습성을 지니라고 권하고 싶습니다.(저는 어떤 책이 머리에 잘 들어오지 않을 때는 그 책을 베개 삼아 아예 베고 자기도 합니다. 혹 꿈속에서라도 책 내용을 깨닫게 될지 모른다는 기대감을 갖고 말이죠.)

그래서 책을 읽는 독서 시간을 따로 둘 것이 아니라, 짜투리 시간을 최대로 이용해서 책을 읽을 때, 그 아슬아슬한 기쁨이 대단히 크다는 사실을 깨닫기 바랍니다. 예를 들어 여러분들이 학교 앞에서 버스를 기다리고 있다고 가정해 봅시다. 한 10분에서 30분 안팎 되는 시간에 자그마한 문고판 하나를 손에 들고 읽기 시작하면 상당한 분량을 읽을 수 있을 것입니다.(여러분, 시험 치기 10분 전에 여러분들이 책을 읽어 나가는 그 엄청난 독서의 스피드를 생각해 보세요. 500쪽 짜리 책을 단 2, 3분에 독파해 나가는 그 엄청난 독서력을 말이죠...하하하)

만약 이러한 책읽는 습관이 몸에 배게 되면 얼마나 많은 이득이 있는지 모릅니다. 예를 들어 여러분이 친구와 혹은 애인과 데이트 약속을 했다고 가정해 봅시다. 그런데 어떤 연유인지 친구나 애인이 약속 시간에 나타나질 않는 것입니다. 그럴 때 여러분은 어떻게 합니까? 화를 버럭버럭 내거나, 짜증을 내면서 휴대폰을 두드리거나, 문자를 치지 않겠습니까? 그런데 책읽는 습관이 몸에 배게 되면 전혀 그럴 필요가 없습니다. 왜냐구요? 친구나 애인이 늦게 오는 시간 동안 여유 있게 책을 보면 되기 때문이죠. 재미 있는 책을 한 권 갖고 있으면 친구가 늦게 와도 오히려 책을 더 많이 보게 되기 때문에 친구에게 화를 낼 필요가 없게 됩니다.

어때요? 일거양득이죠? 늦게 허둥지둥 나타난 친구가 미안해서 쩔쩔매고 있을 때, 여러분은 느긋하게 한 마디 하면 되는 것입니다. "너무 미안해 할 거 없어... 사람이 그럴 수도 있지, 뭐..."하고 말입니다.(아마 그러면 변화된 여러분의 인격을 보고 친구나 애인은 속으로 감탄을 금치 못할 것입니다. 아니 이 친구가 어떻게 이렇게 달라졌을까? 하고 말이죠.) 네?? 여러분이 약속을 어기고 늦게 오는 쪽이라구요? 그러면 얘기는 달라지지만...하하하...

또 하나 여러분께 당부하고 싶은 사항은 책을 읽을 때, 몇 장의 독서 카드를 반드시 작성하라는 것입니다. 이것 역시 습관이 되어 있지 않으면 하기 쉽지 않은 부분이기는 하지만, 독서 카드로 정리하는 습관을 가지지 않으면 책은 열심히 읽었는데 얼마 시간이 지난 후에는 전혀 기억에 떠오르지 않는 경우가 많이 발생합니다.

실제로 저에게 이 문제를 상의하는 학생들이 여럿 있었습니다. 책을 열심히 읽기는 읽는데, 읽은 뒤에 남는 것이 거의 없다는 고백이었습니다. 그런 학생들은 반드시 독서 카드를 단 몇 장이라도 준비해서 꼭 기록하는 습관을 갖기 바랍니다. 처음에 독서 카드 쓰는 것이 귀찮은 학생은 먼저 세 장으로 출발해 보기 바랍니다. 우선 첫 장은 그 책의 주된 줄거리를 적는 것입니다. 두 번째 장에서는 그 책에서 가장 감명 받은 부분을 적는 것입니다. 그리고 마지막 장에서는 그 책에서 아직 이해가 되지 않는 부분이나 그 책에 대한 자신의 소견을 적는 것입니다. 이렇게 단 3장만이라도 한번 써 보면 어느 정도까지는 그 책에 대한 기본적인 이해를 도울 수 있습니다.

이런 것이 별 것 아닌 것처럼 보여도, 만약 여러분들이 이러한 독서 카드를 일주일에 10장씩만 기록해 둔다 해도 졸업할 때까지는 상당량의 독서 카드를 지닐 수 있게 될 것이며, 이것 또한 여러분의 귀중한 자산이 될 수 있다는 사실을 명심하기 바랍니다.(1년을 대략 50주라고 해도 50주×10장×4년=2,000장 이라는 계산이 나옵니다. 물론 꾸준히 독서 카드를 기록할 때 얻을 수 있는 숫자입니다.)

또 하나 책을 읽을 때, 그냥 건성으로 읽지 말고 자기 나름대로의 기호표시를 해 나가면서 읽으면 또 다른 기쁨이 옵니다. 필자의 예를 들면, 책을 읽어 나가면서 아주 감명받은 부분이나 동감이 되는 부분이 나오면 반드시 느낌표(!)를 달아 놓습니다. 그리고 도저히 이해가 되지 않는 부분이 나오면 꼭 물음표(?)를 달아 놓구요. 시간적인 여유가 있을 때는 물음표 옆에 의문되는 사항을 기록해 놓습니다. 그래야 나중에 다시 볼 때 빨리 그 책의 내용에 접근해 들어갈 수가 있더라구요. 또 읽은 내용 가운데 강의에 참조할 부분이 생기면 별표(★)를 하나 달아 놓습니다. 그리고 내가 글을 쓸 때 꼭 인용해야 할 부분이 생기면 ★표를 두 개 달아 놓습니다. 이렇게 해두면 나중에 그 책을 인용할 때 얼마나 도움이 되는지 모릅니다. (학생들 같은 경우에는 시험에 나올 가능성이 있는 내용에 ★표를 해 놓아도 좋을 것입니다.)

그리하여 책을 한권 다 읽고 나면 책 전체에 여러 가지 기호가 난무한 가운데 막을 내리게 됩니다. 나중에 다시 그 책들을 보게 될 때, 얼마나 애정이 가는지 모릅니다. 마치 내가 공들여서 기운 화초 같은 느낌도 들고 말입니다. 그럴 때 처음에는 아주 생소하고 낯설었던 책들이 점차 나의 한 분신으로 자리잡게 되는 것을 느끼게 됩니다. 여러분들도 나름대로 한번 시도해 보시기 바랍니다.

독서 십훈 2

산고産苦를 겪어야 좋은 결과를 가져올 수 있다.

이 세상 모든 일이 그렇듯이 독서에 있어서도 공짜란 없습니다. 반드시 대가를 지불해야 하는 것입니다. 자신의 뼈아픈 독서 과정을 거쳐야 무엇인가 얻는 것이 있게 마련입니다. 자신의 수준보다 조금 어려운 책을 읽을 때 인내하시기 바랍니다. 잘 모르겠다고 쉽게 포기하지 마십시오. Never give up!!!(여러분들 인생에서의 성공은 다시 말하거니와, Try! Little more try!에 있다는 사실을 기억하기 바랍니다.)

불경 가운데 『부모은중경父母恩重經』이란 경이 있습니다. 정통 불서佛書는 아니라는 설도 있지만, 우리들이 부모님께 얼마나 불효막심한 자식인가를 잘 깨닫게 해주는 글임에는 틀림없습니다. 벌써 20년쯤 전에 읽은 책인데, 그 책을 처음 접했을 때 부모님께 대한 불효를 깨닫고 밤새 눈물을 흘렸던 기억이 지금도 생생합니다. 어머니께서 여러분들을 낳으실 때, 얼마나 극심한 고통을 치루셨는지 잘 생각해 보십시오. 여성분들은 얼마 안 있어 피부로 느끼실 수 있는 문제이지만... 수백 개의 칼과 창으로 온몸을 도려내는 아픔을 겪지 않으면 안 된다는 그 글의 표현은 참으로 많은 것을 느끼게 했습니다. 그런 고통스런 출산이 있은 뒤에도 얼마나 많은 고통을 겪으면서 자식을 키우는지 말도 못합니다. 여러분, 한번쯤 세파에 시달려 누워 계시는 어머니의 거칠어진 손등과 얼굴의 주름살을 보세요. 다 누구 때문에 그렇게 되셨겠습니까? 늘 허리나 다리가 아프셔서 '끙끙' 앓으시며 밤새 잠 못 이루시는 어머님도 많이 계시지요?(어떤 어머니들은 몇 푼 되지 않는 돈을 아끼신다고 약국이나 병원에도 가시지 않는 고지식한 어머니도 계시지요...)

또 세상살이에 지치셔서 소주 한잔을 기울이며, 왕년에는 나도.... 운운하시며 똑같은 이야기를 수십 번씩 되풀이하시는 우리의 비극적 영웅들인 아빠의 그 처진 어깨를 여러분들은 기억하십니까? 아마 여러분도 이제는 그런 부모님의 노고를 충분히 이해할 나이는 되었을 것입니다.

아니죠, 이해하는 데에서 그치는 것이 아니라, 이제는 여러분들이 부모님께 무엇을 해 드릴 것인가를 놓고 고민하고, 또 실제로 효도를 실행에 옮길 때입니다. 혹, 아직도 부모님께 용돈 타령이나 하고, 불평 불만을 늘어놓는 철없는 학생이 계십니까? 허허...

얘기가 약간 빗나간 것처럼 느껴집니다만 독서에 있어서도 우리 부모님께서 겪고 있는 것과 같은 뼈저린 어려움을 딛고 일어서야만 얻는 것이 있다는 말입니다. 쉽게 얻은 것은 쉽게 나가는 법입니다 Easy come easy go. 자신의 힘이 부칠 때, 아기를 낳기 위해 몸부림치는 산모의 심정으로 노력하기 바랍니다. 마치 아기가 나오지 않을 것처럼 보여도 계속 힘을 주는 과정에서 결국 '응애!' 하면서 태어나는 법입니다.

그때, 그 아이를 가슴에 안으면서 그간의 온갖 고통과 근심들이 눈 녹듯이 사라지면서 비로소 아이의 소중함을 느끼고, 또한 자신을 낳아 준 어머님에 대한 감사가 새삼스럽게 떠오르게 되는 것입니다. 그러면서 한 여인은 비로소 어머니가 되는 것입니다. 얼마나 아름답습니까!

여러분들이 책을 읽어도 읽어도 어떤 깨달음이나 감흥이 없는 경우가 생길지도 모릅니다. 좀더 인내를 갖고 도전하기 바랍니다. 언젠가는 진리가 주는 놀라운 기쁨을 만끽하게 될 것입니다. 공자께서도 '아침에 도를 깨달을 수 있다면, 저녁에 죽어도 좋다.' 고 말씀하셨듯이 힘든 과정을 겪은 뒤에 깨닫게 되는 진리가 주는 기쁨이란... 어떻게 말로 표현할 수 있겠습니까?

독서 십훈 3

가능한 한 고전古典과 원전原典을 읽어라.

물론 쉽지 않습니다. 누구 말처럼 고전古典을 읽다보면 고전苦戰하게 마련입니다. 그러나 여러분, 고전이란 어떤 책이겠습니까? 그 많은 책들을 물리치고 지금까지 생명력을 지닌 채 살아남은 책입니다. 그 책 안에는 다른 어떤 책에서도 찾아볼 수 없는 귀중한 보물이 잔뜩 쌓여 있는 것입니다. 마치 어려서 보물 찾기 하듯이 하나하나 찾아보시기 바랍니다.

그 예로 『성경』(구약에서는 「창세기」와 「잠언」을, 신약에서는 「마태복음」과 「로마서」를 먼저 읽는 것이 어떨까요?)이나 『불경』(특히 『법구경』을 먼저 읽는 것이 어떨까요? 그것도 어려우면 아예 법정스님이 쓰신 『산에는 꽃이 피네』, 『무소유』라는 책에서 시작하세요), 사서삼경(특히 『논어』를 먼저 읽으시기 바랍니다. 그것도 어렵다면 아예 『소학』에서 시작해도 좋구요), 플라톤(박영문고에서 나온, 『소크라테스의 최후』란 책을 읽으시기 바람)이나 아리스토텔레스의 저술들, 노자의 『도덕경』, 『장자』(도덕경보다는 장자를 먼저 읽으시기 바람) 등 많이 있을 것입니다.

서울대학교를 비롯한 여러 대학에서 고전 200선, 고전 100선, 고전 50선 등으로 이미 중요한 저술들을 다 분류해서 우리에게 친절히 소개하고 있습니다. 물론 앞에서 말씀드린 것처럼 처음부터 어려운 고전을 독파하려고 무리하게 덤벼들 필요는 없지만, 여러분들의 독서 실력이 늘어가고 점점 학년이 높아지면 독서의 방향을 고전 쪽으로 두시기 바랍니다.

고전을 읽을 때 가능하면 좋은 선생님 밑에서 공부하는 것이 가장 좋습니다. 그리고 원전을 읽으라는 말은 가능한 한 철학 책은 저자가 직접 쓴 서적을 읽는 것이 좋다는 말입니다.

다시 말해 플라톤의 사상을 이해하고자 할 때, 『그리스 철학사』, 『플라톤 사상의 이해』 등과 같은 해설서를 보는 것도 다소 도움이 되겠지만, 되도록 플라톤이 직접 쓴 책들 예를 들어, 『크리톤』, 『파이돈』, 『향연 : 심포지온』, 『국가』 등과 같은 책을 읽는 것이 훨씬 철학적으로 도움이 된다는 말입니다.

다른 예로 공자의 사상을 이해하고자 할 때, 『공자의 생애와 사상』, 『유교 사상의 이해』 등과 같은 해설서도 좋지만, 가능하면 『논어』에 직접 대쉬하라는 것입니다.

물론 처음에는 어렵고 이해가 되지 않는 부분도 나올 것입니다. 바로 그렇게 이해가 되지 않는 부분이 우리가 정복해 나가야 할 산봉우리인 것입니다. 열심히 하다 보면 언젠가는 그 산을 정복할 날이 올 것입니다. 그 때까지 이를 악물고 열심히 올라가는 것입니다. 중도에서 쉽게 포기하지 말고 말입니다.

독서 십훈 4

광범위하게 읽고 토론하라.

이미 철학 정신 10강에서도 강조했듯이 우선 넓게 읽고, 읽고 난 후에는 그 책 내용에 관해서 여러 친구들과 토의해 보는 것이 좋습니다. 그래야 편견도 제거될 수 있고, 자신이 보지 못했던 부분도 발견해 낼 수 있게 됩니다. 특히 대학교 1, 2학년 학생들에게는 우선 정독보다는 다독을 권하고 싶습니다. 왜냐하면 우선 다양한 독서를 통해 폭을 넓힌 다음에 자신의 전공을 깊이 파고 들어가는 것이 훨씬 바람직하다고 생각하기 때문입니다.

너무 아래 학년 때부터 자신의 전공을 의식하여 그 쪽에 치중된 공부만을 하게 되면 나중에 학문적 기초가 튼튼하지 못하여 정말로 좋은 학문 연구가 되지 않을 수 있습니다. 그리고 책을 읽은 뒤에 토론의 기회를 가질 수 있으면 그보다 더 좋을 수가 없습니다. 왜냐하면 독서 뒤의 토론을 통해서 그야말로 자신의 의견이 어느 쪽에 치우쳐 있는지를 잘 알 수 있는 계기를 만들 수 있기 때문입니다.

우리 나라 사람들이 제일 약한 부분 중의 하나가 바로 이 토론 문화라고 할 수 있습니다. 어려서부터 올바른 토론의 자세나 방법 등을 배운 적이 거의 없기 때문에, 또 설령 배웠다고 해도 실제적으로 토론식 수업을 그렇게 많이 해 보지를 못했기 때문에 아직도 이상적인 토론 문화가 뿌리를 내리지 못하고 있는 실정입니다. 일반 사회에서는 물론이요, 대학 사회에서조차도 이 부분이 유독 뒤처져 있는 상황입니다.

어떻습니까? 여러분이 속해 있는 대학에서는 교수님들께서 다양한 토론식 수업을 전개하십니까? 아니면 여전히 종래의 강의 일변도에 치중되어 있던가요? 여러분 스스로 독서 토론을 하기 어려우면, 각 학교의 독서 동아리에 들어가서 다양한 독서와 토론을 접해 보는 것도 좋을 것입니다.

독서 십훈 5

너무 서둘러 결론을 내리지 않는다.

지나치게 서둘러 책을 읽다 보면 소위 '성급한 일반화의 오류fall-acy of hasty generalization'에 빠질 가능성이 있습니다. 몇 권 되지 않는 독서를 한 뒤에 성급하게 자기 나름대로의 결론을 내리는 것은 극히 위험한 발상입니다. 간혹 발견되는 현상으로 니체의 책 서너 권을 읽고 나서, 혹은 주역이나 칼 맑스에 관련된 책 몇 권을 읽고 나서 모든 현상을 니체와 결부시키거나, 주역 식으로 해석하거나, 칼 맑스적인 발상과 무조건 연결시키는 태도입니다. 마치 권투나 태권도 도장에 나간지 일주일밖에 안 된 사람이 괜히 주먹이 간지러워서 아무 사람에게나 시비를 거는 것과 같습니다. 따라서 독서를 폭넓게 해 두어야 합니다.

니체의 책을 읽을 때에도 니체가 직접 쓴 글을 읽은 후에 그의 철학의 문제를 골고루 다룬 여러 종류의 책을 읽어 주어야 독서의 편식에서 벗어날 수 있는 것입니다. 또 다른 예로 80년대에 무조건 좌경화된 책자들만 골라 읽고 난 뒤에 '칼 맑스'나 '레닌', '체 게

바라' 나 '모택동' 등을 신격화시켰던 것도 그와 흡사하게 잘못된 독서의 편중에서 나온 결과라 하겠습니다.

읽어야 할 책의 종류를 선택하는 데 있어서도 마찬가지입니다. 어떤 학생은 유독 역사 소설만을 중점적으로 읽고, 또 어떤 학생은 시집만을, 또 어떤 학생은 과학 서적이나 추리 소설에 빠져 있는 경우가 있습니다. 물론 자기 나름대로의 독서 취향은 있겠지만, 인생의 긴 안목으로 내다 볼 때에는 그리 바람직하지 않습니다. 물론 학부 3, 4학년 때에나 혹은 대학원 시절에는 자신의 전공 하나만을 집중적으로 탐구해야 하니까 전공 서적 독서에 치중할 수밖에 없겠지만, 1, 2학년 때에는 그러한 욕구를 잠시 중단하고 되도록 폭넓은 교양을 갖출 수 있는 독서를 해줄 것을 권합니다.

독서 십훈 6

쳐다보지 말고 읽어라.

우리들이 흔히들 저지르는 실수입니다. 독서를 하면서 그 실질적인 내용은 파악하지 않고, 진도 나가기에만 급급한 경우가 있습니다. 빨리 읽어 치우겠다는 욕심으로 말이죠. 그렇게 되면 행간의 의미를 놓칠 가능성이 높아집니다. 마치 우리들이 그저 먹기 위해서만 존재하는 것이 아닌 것처럼, 독서도 그저 책을 읽는 것에만 목표를 둔다면 무엇인가 잘못된 자세일 것입니다. 독서를 위한 독서가 중요한 것이 아니라, 인생을 위한 독서가 중요하기 때문입니다. 누구한테 보이기 위한 독서가 아니라, 자신을 살찌우게 할 수 있는 그런 독서를 해야 하는 것입니다.

그렇게 되기 위해서는 우리 인생의 지침이 될 수 있는 귀중한 책 한 권쯤은 아주 천천히 또박 또박 매일 보는 것이 필요할 때가 있습니다. 어떤 경우는 속독으로 하루에도 수백 쪽씩 읽어 나가야 할 경우도 있겠지만, 어떤 경우는 아주 천천히 한줄 한줄 음미해 보면서 읽어야 할 책들도 있는 법입니다.

저의 경우 매일 성경을 한 장씩 읽어 나가는데, 그냥 읽는 것이 아니라 그 구절 하나 하나를 조심스레 묵상하면서 읽고 있습니다.

흔히 QT(Quiet Time경건의 시간)라고 부르는 것입니다. 가능한 한 새벽 시간을 이용하는데, 사방이 조용한 가운데 말씀을 한구절 한구절씩 읽으면서 나름대로 QT 노트에 메모해 가면, 정말로 그 구절 속에 숨겨져 있는 귀중한 내용이 조금씩 조금씩 녹아 내게 전해져서 어떤 때는 깜짝 놀라기도 하고, 어떤 때는 가슴을 쓸어 내리기도 하고, 어떤 때는 내 삶을 전체적으로 재해석해 보기도 합니다.(시중에 QT에 관련된 교재로서 『매일 성경』이나 『생명의 삶』과 같은 책자들이 이미 나와 있어서 아주 쉽게 매일 매일 말씀을 묵상할 수 있도록 도와 주고 있습니다.)

독서 십훈 7

선전 효과나 자랑으로 읽지 않는다.

쉽게 말해 남에게 보이기 위한 독서를 하지 말라는 뜻입니다. 괜히 어려운 원서나 끼고 다니고 남들이 봤다고 하니까 무조건 베스트셀러 사서 읽는 어리석은 짓을 하지 말라는 것입니다.(물론 베스트셀러 가운데 꼭 읽어야 할 책은 골라서 읽어야 하지만...) 그런 면에서 선생님이나 선배들께 조언을 구하는 것도 아주 지혜로운 방법이라고 생각됩니다.

그리고 앞에서도 언급했듯이 가급적 여러 대학에서 나름대로 추천하고 있는 100~200권 정도의 책들을 중심으로 일정한 독서 계획을 수립한 뒤에 그 계획에 따라 차분히 독서를 진행할 것을 권하고 싶습니다.

적어도 1학기 정도 읽을 책을 서점이나 도서관에 가서 미리 체크를 한 뒤에 일정한 계획표(저자, 책 이름, 읽기 시작한 날짜, 읽기 완료한 날짜, 계획의 성공여부 체크 등이 포함되어 있는)를 하나 작성하여 자신이 쉽게 볼 수 있는 곳에 한 장 만들어서 붙여 놓으면 자신에게도 자극이 되고, 또 막연한 독서 계획이 어느 정도 틀이 잡혀서 독서 목표에 따라 책을 읽게 되므로 자연히 책을 읽어 나가는 진도도 어느 정도 자리를 잡게 됩니다.

제 나름대로 이 방법을 수년 동안 많은 학생들에게 시도하였는데, 학생들로부터 독서의 틀을 잡는 데 도움이 되었다는 얘기를 많이 듣게 되었습니다.(평균 잡아 최소한 한 학기에 20~50권 정도를 소화할 수 있었습니다.)

위에서 한번 언급했듯이, 저는 조금 편하게 읽을 수 있는 책으로 『마음을 열어주는 101가지 이야기』 시리즈를 추천하고 싶습니다. 또 순수한 우리 나라 이야기를 다룬 것으로 정채봉, 류시화가 엮은 『작은 이야기』 시리즈도 참고하기 바랍니다.

독서 십훈 8

생각하라.

어떤 학생들은 저에게 찾아와서 그런 얘기를 많이 합니다. "교수님, 요사이 책을 몇 권 읽기는 읽었는데... 읽고 나서 남는 것이 없어요. 무엇을 읽었는지 전혀 기억이 나지 않아요..."라고 말입니다.

그 이유는 간단합니다. 아무 생각 없이 책을 읽기 때문입니다. 물론 억지로 무엇인가를 기억하면서 독서를 하는 것도 부담스러운 일이기는 하지만, 다음의 몇 가지 사실을 기억해 두면 책을 읽을 때 도움이 될 수 있을 겁니다. 어떤 책, 특히 철학에 관련된 책을 읽을 때 장, 절로 나누어서 잠시 쉬면서 생각을 해 보아야 합니다. 즉, '이 절에서 저자가 주장하려는 내용은 결국 무엇인가?' 하고 자신에게 질문해 보아야 합니다. 그리고 스스로 답변을 내려야 합니다. '그래, 이 절에서 저자가 주장하려는 핵심 내용은 바로 이것이야.' 라고 말입니다.(조금 힘들겠지만, 이 때 독서 카드에 그 내용을 적어 넣으면 금상첨화입니다.) 그런 식으로 읽으면, 글의 맥락을 놓칠 우려가 없으며, 어떤 경우에는 그 어렵던 철학 책이 오히려 재미있기까지 합니다.(내가 너무 무리한 부탁을 했나요? 하하하...)

일반적으로 책을 읽을 때, 갖추어야 할 사고 방식으로 다음 세 가지를 꼽고 있습니다.

첫째, 본질적 사고essential thinking를 하라는 것입니다. 책을 읽을 때 그 내용의 핵심을 항상 파악하면서 글을 읽어야 한다는 것이죠. 도대체 이 책에서 이야기하려고 하는 것은 무엇인가? 이 장이나, 이 절에서 이야기하려는 요체가 무엇인가? 이 문단에서 이야기하려는 주제는 무엇인가? 등등을 올바르게 파악하는 힘을 길러야 한다는 것입니다. 그래서 책을 덮을 때에는 적어도 자신이 읽은 부분에 대해서 그 뼈대를 추려 이야기할 수 있을 정도로 그 핵심 내용을 파악하는 훈련을 쌓아야 하는 것입니다.

둘째, 총체적인 사고total thinking를 하라는 것입니다. 몇 번 강조한 내용입니다만, 책 전체를 조망해 볼 수 있는 눈을 키우라는 말입니다. 너무 편협한 태도를 버리고, 보다 넓은 마음으로 그 내용을 받아들이라는 뜻입니다. 본질적 사고가 책에 관련된 깊이를 의미한다면, 총체적 사고는 책에 관련된 넓이를 의미하는 것입니다.

어떤 책을 읽으면서 갖게 되는 넓은 아량이나, 삶에 대한 폭넓은 조망 능력은 그 자체로 큰 의미가 있다 할 것입니다.

셋째로, 비판적 사고critical thinking을 하라는 것입니다. 애초에 말씀드렸던 것처럼 책을 읽는다는 것은 결국 남의 생각이나 주장에 대해서 내 스스로 나름대로 파악하고, 해석하고, 소화시켜서 나의 것으로 만드는 작업이라고 할 수 있을 것입니다.

따라서 너무 상대방의 주장에만 빠져 있어도 곤란할 것이요, 그렇다고 무조건 상대방의 주장을 배척만 해서도 안 될 것입니다. 비판적 사고를 한다는 것은 상대방의 주장을 비난하는 것이 아니라 나의 주관적 입장에서 상대방의 주장을 올바르게 파악하고, 그 의미를 해석하고 나의 삶에 알맞게 응용하는 사고를 의미합니다.

위에서 제시한 세 가지의 사고가 골고루 조화를 이루며, 그야말로 삼위일체를 이룰 때 이상적인 독서가 이루어질 것입니다.

독서 십훈 9

남을 통하여 나를 알라.

독서를 하는 여러 중요한 목적 가운데 하나는 결국 자기 발견이라고 생각합니다. 그 많은 철학 책들이 주장하는 그 많은 내용들도 어찌 생각해 보면 결국 나에게로 귀착되는지 모르겠습니다.

많은 철학 책을 읽다 보면 자신도 모르는 사이에 자신에 대한 인식이 놀랍게 증가하고 있다는 사실에 깜짝 놀라게 됩니다.(불행하게도 아직까지 그런 경험이 없으셨다구요… 헤… 그러니까 철학에 관련된 책을 보는 거죠!)

여러 가지 책을 읽어 나가면서 우주의 탄생과 생명의 기원에 대해서 하나 하나 알게 되며, 인간에 대해서, 남성과 여성에 대해서, 역사에 대해서, 문화에 대해서, 우리 나라에 대해서, 나의 신체의 신비한 구조에 대해서, DNA와 RNA의 의미에 대해서, 예수에 대해서, 십자가에 대해서, 석가에 대해서, 깨달음에 대해서, 공자에 대해서, 너그러움仁에 대해서, 소크라테스에 대해서, 그의 독배에 대해서 등등 우리들은 여러 가지를 깨닫게 됩니다.

그러면서 이 모든 깨달음과 앎은 결국 내가 어떤 존재이며, 왜 태어났으며, 어떻게 살아야 하는가 하는 근본적인 물음에 대해 나름대로의 답변을 정리하게 되는 것입니다.

독서를 통해서 얻게 되는 나 자신에 대한 보다 분명한 이해와 통찰력은 그 자체로 하나의 커다란 기쁨이요, 만족일 것입니다.

독서 십훈 10

자신의 삶에 적용하라.

결국 독서의 최종 목표는 행동에 있습니다. 자신이 읽은 많은 책이 자신의 삶의 변화와 인격적 성장에 아무 도움을 주지 않았다면, 그러한 독서는 결코 바람직한 독서는 아닐 것입니다.

자신이 한 독서가 자신의 마음과 생각을 변화시키고, 그로 인해 무엇인가 삶이 달라져야 할 것입니다.

여러 책을 읽으면서 자기 자신을 바라보는 정직한 눈과, 상대방에 대한 올바른 섬김과, 나라에 대한 사랑과, 자연에 대한 이해와, 절대자에 대한 관련성을 깨닫지 못한다면 그것처럼 더 큰 불행은 없을 것입니다.

그리고 무엇보다도 중요한 것은 좋은 이론을 아무리 많이 지녔다 할지라도 그 내용을 하나도 우리의 삶에 실천하지 않으면 아무 소용이 없다는 것입니다. 자신이 읽은 책이 자신의 삶의 맥락에 어떤 강력한 영향력을 행사할 수 있을 때, 비로소 그 독서는 성공을 거두었다고 여겨집니다.

인생살이는 비밀에 가깝습니다.

그 비밀을 풀 수 있는 좋은 매뉴얼이 필요합니다. 인생을 밝혀 주는 좋은 지침서 없이 세상을 살아 나간다는 것은 마치 자판도 모르는 사람이 컴퓨터 앞에 앉아 있는 것과 비슷합니다. 그야말로 죽어라 노력을 해도 열매는 쉽게 얻을 수 없습니다.

세상을 마구잡이로 살지 마시고, 길을 찾아서 살아 가시기 바랍니다. 그래서 좋은 책을 읽는다는 것이 철학 공부에 있어서 그렇게 중요한 것입니다.

독배를 마시는 소크라테스

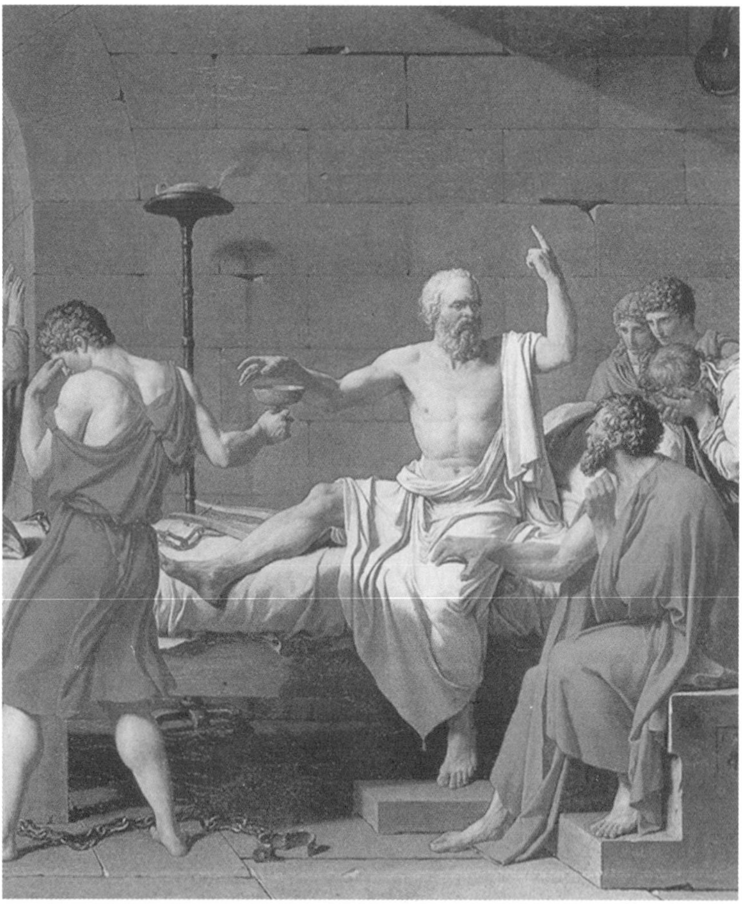

2강
철학의 제문제

철학을 이해하는 데는 여러 가지 방법이 있지만, 저 개인적으로는 철학이 다루고 있는 문제를 중심으로 접근해 보려 합니다. 흔히들 철학을 이해하는 데 있어 철학사를 중심으로, 철학자를 중심으로, 철학적 문제를 중심으로 접근하는 세 가지 방법이 있지만, 저는 철학적 문제를 중심으로 먼저 접근한 뒤에 철학자를 중심으로 철학에 대한 입문을 마무리할까 합니다.

그 많은 철학적 문제를 다 다룰 수는 없을 것이고, 몇 가지 대표적인 문제를 먼저 논의하도록 하겠습니다.

1. 존재

제 생각에는 많은 철학적 문제가 있지만, 존재 문제가 우선적으로 손꼽히는 문제가 아닐까 합니다. 하이데거는 '도대체 왜 아무것도 없지 않고, 오히려 어떤 것(존재자)이 존재하는 것인가?' 라고 하는 질문이 철학에 있어서 가장 근원적인 문제 가운데 하나라고 했습니다. 어찌 생각해 보면 너무 사치스런 문제가 아닌가 하는 느낌을 갖는 분들이 계실지도 모릅니다. '아니, 존재 문제라니? 존재가 무슨 문제가 될 수 있나? 존재는 그냥 존재하는 거지.' 라고 말이죠.

그러나 철학자들은 그렇게 생각하고 있지 않습니다. 우리가 조금만 깊이 있게 생각해 보면 이 문제가 그리 간단한 문제가 아니라는 사실을 깨닫게 됩니다. 하이데거는 존재하는 것(존재자)과 존재 자체 및 존재 의미를 구분해야 한다고 누누이 강조하고 있습니다만, 우리들은 그러한 구분에 별로 신경을 쓰고 있지 않죠. 그렇지만 결국 이 세상이라는 것도 나와 나 아닌 모든 것의 총합일 수밖에 없습니다.

글쎄요... 쉽게 말해 나의 존재 문제와 우주의 존재 문제라고나 할까요. 또 조금 더 들어가 보면 죽음의 문제도 결국 이 문제와 연관되어 있다는 것을 알 수 있습니다.

죽는다고 하는 것은 현재의 존재에서는 사라지고 마는 것을 의미하는 것이라고 볼 수 있을 것입니다. 그렇다면 죽은 뒤에는 어떻게 되는 것일까요? 실로 많은 철학자들은 이 문제를 놓고 지금까지 씨름하고 있다고 해도 과언이 아닐 것입니다. 실상 모든 종교에 있어서 그 궁극적인 문제 중에 하나는 바로 이 죽음의 문제를 푸는 문제가 아닐까 합니다.

죽음 뒤의 새로운 삶을 인정하는 삶을 살아갈 것인가, 아니면 죽음으로써 모든 존재함이 끝난다고 하는 가치관을 갖고 살아갈 것인가 하는 것은 참으로 중요한 문제입니다.

여러분들은 어떤 사생관을 갖고 살아가고 있습니까?

이 문제는 바로 육체와 영혼의 문제와도 관련되어 있습니다. 소위 '영육靈肉의 문제mind-body problem'라고 하는 것이지요.

나의 사생관은,

어떤 사람은 영육의 문제를 이원론적으로, 어떤 사람은 일원론적으로 보기도 합니다. 즉, 모든 만물은 정신과 물질 두 가지 실체로 구성되어 있다고 보는 견해는 이원론적 견해이며, 모든 만물은 정신, 혹은 물질 가운데 하나로 구성되어져 있다고 보는 견해는 일원론적 견해인 것입니다.

여러분은 어떤 영육관을 지니고 살아가고 있습니까?

나의 영육관은,

그리고 실재와 현상의 문제, 즉 우리가 보고 있는 세계가 정말 영원히 존재하고 있는 세계인가, 아니면 단지 우리들의 감각에 의해서 파악된 세계에 불과한 것인가 하는 문제도 근본적으로는 존재문제와 관련되어 있습니다.

사실 가만히 따지고 보면 모든 삼라만상은 분명히 내 눈 앞에 놓여 있지만, 어느 것 하나도 영원히 변화되지 않은 채 남아 있는 것은 하나도 없습니다. 모든 것은 다 바뀌어 가고 있습니다. 아주 쉽게 여러분의 모습을 한번 보십시오. 돌사진 때의 여러분의 모습과 지금의 늠름한 모습을 한번 대조해 보세요. 얼마나 많이 바뀌었습니까? 겉모습도 그렇지만, 여러분이 품고 있는 생각과 감정과 마음가짐을 한번 비교해 보세요. 상상할 수 없을 만큼 많이 변했다는 것을 느낄 수 있을 것입니다.('님'에 대한 우리들의 사랑도 영원히 변화되지 않았으면 얼마나 좋을까요? 아, 비극이로다!!!)

그렇다면 우리들이 보고 있는 것은 단지 늘 고정적으로 있는 것과 같은 착각을 불러 일으키는 환상만을 보고 있는 것일까요? 정말로 변화되지 않는 것이 실재할 수 있을까요?

여러분의 실재관實在觀은 어떻습니까?

나의 실재관은,

2. 인식

아마 철학이란 학문에 무엇보다도 깊이 관련되어 있는 문제가 바로 인식의 문제일 것입니다. 흔히들 '일차적 인식은 과학적 인식이요, 그러한 인식에 대한 인식Episteme des episteme은 철학적 인식이다'라고 이야기를 하고 있습니다. 물론 이러한 주장은 조금 과격한 측면도 있지만 철학의 한 측면을 잘 드러내 보이고 있습니다.

철학은 고대부터 지금까지 과연 '진리란 무엇인가'라는 문제와 줄기차게 씨름하고 있으며, 인식의 근거, 인식의 한계 등에 대해서도 끊임 없는 논의를 거듭하고 있습니다.

전통적으로 진리에 대해서는 몇 가지 대표적인 견해가 철학계에 전해지고 있습니다. 즉 진리대응설, 진리정합설, 실용주의적 진리설, 실존주의적 진리설, 의미론적 진리설 등이 그것입니다.(상세하게 더 많은 진리설로 나눌 수도 있습니다.)

제가 다 이야기 할 수도 있겠지만, 일방적으로 이야기만 들으면 너무 재미 없지요? 한번 진리에 대한 다양한 학설에 대해서 도서관에 가서 씨름을 해보시지 않겠습니까?

자기탐구

1. 진리대응설
2. 진리정합설
3. 실용주의적 진리설
4. 실존주의적 진리설
5. 의미론적 진리설

진리에 대해서 질리도록 연구해 보셨으면 다음으로 넘어갑시다. 요즘 와서 특히 진리의 상대성 문제가 크게 부각되고 있는데, 그 문제 또한 그리 간단하게 해결될 문제는 아닌 듯 합니다.

요사이 무수히 떠들고 있는 포스트모더니즘적 경향에 따르면, 진리란 영원 불변한 것이 아니라는 것입니다. 소위 현대 학문에 있어서의 상대주의 문제가 아주 크게 부각되고 있습니다.

이왕 도서관에 가서 공부하는 김에 이 문제를 놓고도 한번 씨름해 보세요. 도대체 포스트모더니즘이란 무엇이며, 그러한 사조가 왜 현대에 있어서 상대주의적 성향을 강하게 띠고 나타나게 됐는가? 한번 탐구해 보세요.

자기탐구
6. 포스트모더니즘과 그 상대주의적 성향

3. 가치

또 인간은 식물처럼 한 곳에 가만히 있는 존재가 아닙니다. 여러 가지 활동을 하지 않을 수 없습니다. 이 과정에서 우리는 어쩔 수 없이 가치 판단을 하지 않을 수 없게 됩니다. 좋은 행위를 할 수도 있고, 나쁜 행위를 할 수도 있는 것입니다.

그러나 조금만 더 생각해 보면 무엇이 좋은 행위이고, 또 무엇이 나쁜 행위이냐 하는 문제의 기준을 정하는 것이 그리 간단하지 않습니다. 더욱이 선善이란 무엇인가, 선에 대한 정의는 내릴 수 있는 것인가? 아니면 내릴 수조차 없는 것인가? 어떤 삶이 올바른 삶인가? 또 올바른 삶과 잘 사는 삶과는 어떤 연관이 있는가? 등의 문제 역시 아주 쉽지 않은 문제죠.

또 철학자들을 골치 아프게 만드는 문제가 자유론과 결정론의 문제입니다. 과연 우리들의 삶은, 우리들의 사고는, 우리들의 행위는 정말 자유로운 것인가? 아니면 무엇에 의해서 이미 결정되어진 것인가 하는 문제입니다. 이 문제 역시 자유에 대한 정확한 정의의 문제를 필두로 해서 여러 난문제들이 우리를 기다리고 있습니다.

가치 문제와 관련된 책 가운데 『윤리학에 있어서의 13가지 문제 Thirteen Questions in Ethics』(G. Lee Bowie, Meredith W. Michaels and Kathleen Higgins, Harcourt Brace Jovanovich Inc., 1992)라는 저술은 다음과 같이 상당히 재미있는 주제를 다루고 있었습니다. 즉,

1) 나는 어떤 종류의 인간이 되고자 하는가?
2) 우리 가족과 친구들을 어떻게 대해야 할 것인가?
3) 성性에 대해 어떤 의미를 부여할 것인가?
4) 생산적인 자유란 무엇인가?
5) 거짓말하는 것이 올바를 수 있는가?
6) 어떻게 돈을 벌어야 하는가?
7) 나의 권리란 무엇인가?
8) 각종 차별 문제는 나에게 어떤 영향을 주었는가?
9) 남성과 여성 사이의 평등은 존재하고 있는가?
10) 우리는 과연 폭력을 통제할 수 있는가?
11) 우리는 동물과 자연환경에 대해서 무엇을 희생해야 하는가?
12) 우리는 타인의 빈곤에 대해서 어떤 책임을 져야 하는가?
13) 의술의 올바른 목표는 무엇인가?

물론 이 문제들만이 가치와 윤리에 관계된 내용은 아니지만, 여러분들이 한번쯤은 짚고 넘어가야 할 내용인 것 같아서 적어 보았습니다. 또 가치 절대주의, 가치 상대주의, 가치 실재주의, 가치 허

무주의 문제도 철학에서는 빼놓을 수 없는 중요한 문제라고 볼 수 있습니다.

자기탐구

7. 가치 절대주의
8. 가치 상대주의
9. 가치 실재주의
10. 가치 허무주의

과연 가치는 절대적인 것일까요? 아니면, 상대적인 것일까요? 또, 가치란 것이 실재하는 것일까요? 아니면 그러한 것은 없는 것일까요? 한번 이런 기회에 깊이 있게 생각해 보기 바랍니다.

4. 역사

인간이 다른 여타의 존재와 다른 많은 차이점 중의 하나가 바로 이 역사성에 관련된 부분일 것입니다. 인간은 시간을 의식하는 존재입니다. 얼마전 우리 나라에서 「명성황후」라는 뮤지컬이 상당히 이름을 떨친 바 있는데, 그 핵심도 가만히 들여다 보면 풍전등화 같던 구한말에 나라를 지키기 위해 몸부림쳤던 몇몇 위인 가운데 한 사람인 명성황후의 비참한 일생을 통해 조국의 의미를 다시 생각하게 만드는 역사성에 있다고 봐도 과언이 아닐 것입니다.

개는 그 스스로의 족보를 따지지 않습니다. 인간이 개들의 족보를 따지는 것입니다. 역사를 어떤 관점에서 바라볼 것인가? 하는 것은 역사학의 관점을 이미 넘어서서 역사 철학으로 접어들게 되는 것입니다.

저에게는 역사와 관련된 중요한 기억이 있습니다. 제가 사관학교 교관이 되기 위해 육군 보병학교에서 16주 동안 훈련을 받던 때의 일입니다. 과목 중 '국난 극복사' 라는 강좌가 있었는데, 열 몇 시간 동안 진행되는 그 강의 시간에 열 시간 가까이 가슴 속으로 눈물을 흘렸던 기억이 납니다.

제게 있어서 그 시간은 하나의 충격이었습니다. 왜냐하면 정말 부끄럽게도 대학원을 졸업할 때까지 저는 우리 조국의 역사를 놓고 그렇게 진지하게 생각해 보거나, 가슴아파해 보거나, 눈물을 흘려 본 적이 없었기 때문입니다.

저는 그 시간을 통해서 광화문 네거리에 자리잡고 계시는 이순신 장군의 고뇌를 내 것으로 만들 수 있었고, 제가 그 동안 공부했던 많은 철학적 내용의 빈 공간에 무엇이 자리를 잡아야 할 것인가에 대한 어떤 강한 암시를 받을 수 있었습니다. 그것은 내가 태어났고, 내가 뼈를 묻을 조국에 대한, 그리고 무엇보다도 조국의 역사에 대한 올바른 자각이었습니다.

그렇습니다. 역사에 대한 올바른 이해나 자각 없이 철학을 한다는 것은 정말 허황된 꿈을 좇는 일이요, 그야말로 관념의 유희에서 벗어날 수 없는 것입니다.

그리고 역사의 방향, 역사의 의미, 역사를 보는 눈, 역사의 법칙성 여부 문제 등 많은 문제들이 바로 철학자들이 심각히 다뤄야 할 문제입니다. 여러분도 사관史觀의 종류와 특징에 대해 탐구해 보시기 바랍니다.

자기탐구

11. 사관의 종류와 그 특징

5. 사회

많은 철학자들이 깊은 관심을 갖고 있는 문제가 바로 사회와 관련된 문제입니다. 인간은 혼자서는 살아갈 수 없는 존재입니다. 따라서 우리들은 우리가 원하든 원하지 않든 간에 반드시 어떤 사회 속에서 살아갈 수밖에 없습니다.

작게는 가정에서부터 크게는 인류 전체에 이르기까지 여러 형태의 사회 속에 살아가는 존재들인 것입니다. 그런데 문제는 그 사회를 어떻게 만들어 나갈 것인가 하는 것입니다.

따라서 우리에게 가장 많은 영향을 끼치고 있는 '이상 사회'를 어떻게 형성할 것인가 하는 문제는 다른 여타의 사회 문제와 더불어 많은 철학자들이 줄기차게 논의하고 있는 주제입니다. 우선 일반적인 이론들만 소개하겠습니다.

물론 이외에도 무척 많은 이상 사회론이 있습니다.

특히나 요즘 와서 각종 과학기술이 발달함에 따라 컴퓨토피아computopia, 에듀토피아edutopia, 테크노피아technopia 등등의

자기탐구

12. 플라톤의 이상국가론
13. 공자의 대동사회론大同社會論
14. 아우구스티누스의 신국론神國論
15. 토마스 모어의 유토피아론
16. 맑스의 공산주의 사회론
17. 칼 포퍼의 열린사회론
18. 에리히 프롬의 소수 공동체주의론

색다른 이름들이 속속 등장하고 있는 실정입니다. 문제는 그런 사회가 왜 살기 좋은 사회인지에 대한 기준의 문제가 제기될 수 있습니다.

흔히 이상적인 사회의 큰 기준 가운데 하나로 '정의로운 사회' 나 '복지 사회' 를 내세우기도 하는데, 조금 깊이 따지고 보면 이 문제도 그리 간단하지만은 않습니다.

과연 무엇이 정의이며, 무엇이 복지인가, 누구를 위한 정의이며 누구를 위한 복지인가 하는 문제는 오늘날에 있어서도 많은 논란이 야기되는 아주 복잡한 문제이기도 합니다.

6. 미美

인간이 인간일 수 있는 독특한 특성 가운데 하나는 아마도 미에 대한 추구라고 보아도 지나친 말은 아닐 것입니다. 물론 각 민족마다, 시대마다, 상황에 따라서, 개인에 따라서 미에 대한 기준이 여러 가지로 다양하며, 그에 따라 많은 논의가 거듭된 문제이기는 하지만, 미를 추구하는 끊임없는 인간의 노력은 어디에서나, 누구에서나 나타납니다.

제가 대학시절 보았던 영화 가운데('몬도가네' 시리즈였는지, '아듀 아프리카' 였는지 기억이 가물가물 합니다만) 지금도 잊을 수 없는 장면은 아프리카의 어느 부족 추장 부인을 뽑는 장면입니다.

그야말로 우리들의 상식을 완전히 뒤엎고 그 부족 사람들은 가장 뚱뚱한 여인을 추장 부인으로 뽑는 것이었습니다. 그런데 그 몸무게가 무슨 80kg이나 100kg 정도가 아니라, 200kg을 훨씬 넘는 우리로서는 상상도 할 수 없는 뚱보를 뽑는 대회를 거쳐서 추장 부인이 탄생되는 것이었습니다. 일본의 스모 선수는 저리가라 할 정도의 모습은 우리의 웃음을 뛰어 넘어 일종의 공포?를 줄 정도의 기괴한 모습이었습니다.

어찌 뚱뚱한지 자신의 몸을 제대로 추수리지도 못해 옆 사람이 부축해 줄 정도였으니까요. 그건 몸이 아니라 비계 덩어리 자체였습니다. 하기야 '공포의 삼겹살' 이란 말도 있다지만, 그 추장 부인 뽑기 대회는 그 정도가 너무 심한 듯 했습니다.(그러니 몸무게 때문에, 다이어트에서 실패했기 때문에 세상 살고 싶지 않은 여학생 여러분! 용기를 내시기 바랍니다. 여러분이 아프리카 그 부족에 갔더라면 추장 부인 후보가 될지도 모르니까요. 하하…) 정말 알다가도 모를 것이 인간인 듯 싶습니다.

다시 본론으로 돌아옵시다. 하여간 미에 대한 기준 문제도 그리 단순한 문제인 것 같지 않습니다. 아주 상식적인 입장에서 생각해 보아도 그렇습니다.

왜 그런 경우 있지 않습니까? 예를 들어, 미스코리아 선발 대회를 우리들이 볼 때에, 시청자들이 보는 시각과 심사위원들이 보는 시각이 영 어긋날 때 말입니다. 경우에 따라서는 심사위원들끼리 의견이 틀리는 경우도 있을 수 있겠죠.

이러한 문제는 바로 미에 대한 기준이 서로 같지 않다는 것을 보여 주는 한 예에 불과합니다. 물론 이에 대한 반론도 가능할 수 있겠지요. 미스코리아 치고 못생긴 얼굴이나 잘못된 몸매를 가진 여자 봤느냐? 라고 주장할 수도 있을 겁니다.

위와 같은 논란은 미의 기준을 객관화시킬 수 있느냐, 아니면 미의 기준 자체는 주관적일 수밖에 없느냐 하는 문제와 관련되어 있다고 보겠습니다.

그 외에도 미를 추구하는 작업 가운데 예술과 관련된 것들도 철학의 주요 주제가 될 수 있을 겁니다.

예를 들면 다음과 같습니다.

자기탐구

19. 예술이란 무엇인가?
20. 예술적 체험이란 무엇인가?
21. 예술과 상상력은 무슨 관련이 있는가?
22. 예술의 기능은 무엇인가?
23. 예술을 통해 무엇을 알 수 있는가?

7. 절대자

아마 모르긴 몰라도 이 문제처럼 인간에게 절실하면서도 가장 어려운 문제가 없지 않나 싶습니다. 인간을 분류하는 여러 가지 방법이 있지만, 저는 파스칼이 이야기했던 것처럼 세 가지로 나눌 수 있다고 봅니다.

절대자가 실재한다고 확실히 믿는 사람, 절대자가 실재하지 않는다고 믿는 사람, 아직 뚜렷한 확신을 갖지 못해서 우왕좌왕하는 사람이 그것입니다.

위의 여러 항목도 그렇지만 절대자를 어떤 시각에서 대하고 있냐에 따라서 그 사람의 인생관과 가치관이 결정된다고 봅니다.

여기에서 우리들이 짚고 넘어가야 할 것은 절대자에 대한 규정입니다. 즉, 절대자의 실재 여부를 따지기에 앞서서 각자가 주장하고 있는 절대자는 어떤 존재를 의미하느냐 하는 것입니다. 간혹 이 부

자기탐구

24. 기독교적 야웨 하나님(여호아)
25. 유교에서 이야기하고 있는 천제天帝
26. 이슬람교에서 말하는 알라Allah
27. 인도사상에서 많이 등장하는 브라만Brahman
28. 노장 철학에서 강조하는 도道의 개념

분을 중하게 여기지 않고 서로 '절대자가 있다, 없다' 만을 이야기할 때, 잘못하면 서로 의미하는 내용이 다르기 때문에 그 출발점에서부터 잘못된 논의를 할 수 있게 되는 것입니다.

아주 일반적으로 얘기해서 철학적으로 절대자를 다룰 때, 일단은 신학적인 내용이 많이 연관이 된다고 봅니다. 다시 말해 다른 어떤 종교보다도 특히 기독교적인 신, 즉 하나님을 두고 논의를 많이 하는 것 같습니다. 위와 같은 사상들을 좀더 깊게 생각해 봅시다.

이와 같은 사상들이 과연 어디까지 공통점을 갖고 있고, 어디까지 이질적인지 여러분들이 알기는 쉽지 않습니다. 왜냐하면 이 개념들 모두가 상당히 깊이 있는 독서와 사유를 필요로 하는 내용이기 때문입니다.

우리가 무엇을 논의할 때에 그 내용에 대한 충분한 이해가 전제된 뒤에 어떤 주장을 할 수 있는 것입니다. 그저 몇 가지 자기 나름의 선입견만 갖고 주장을 하게 되면, 정당한 주장이라기보다는 단순한 고집에 불과합니다.

어떤 학자 말처럼 각 종교에서 주장하는 내용을 올바로 이해하려면, 적어도 그 종교에 관련된 주요 경전을 3번 이상은 읽어 봐야 어느 정도 편견이 배제된 상태에서 논의할 수 있다는 것이죠. 그런데 종교 경전을 3번 읽는다는 것이 보통 어려운 일이 아닙니다. 상당히 많은 시간과 인내를 필요로 하며, 또 그 내용을 정확히 이해시켜 줄 스승이 필요한 법입니다.

따라서 절대자에 대한 내용들을 함부로 주장하기에 앞서, 과연 자기 자신이 어느 정도 그 문제를 진지하게 다루었는가를 먼저 반성해야 할지 모릅니다. 참고로 전통적인 신의 존재 증명에 대한 논증은 크게 세 가지가 있습니다.

자기탐구

29. 존재론적 논증 혹은 본체론적 논증
ontological argument

30. 목적론적 논증
telelogical argument

31. 우주론적 논증
cosmological argument

8. 언어

철학의 제문제에 언어가 들어간다는 것에 대해서 의아스럽게 생각하는 학생이 있을지 모릅니다. 그러나, 특히 20세기에 접어들면서 언어 문제는 철학의 주요 주제로 부각되었습니다. 이 내용도 간단히 설명할 수 있는 부분은 아니지만, 쉽게 말해 철학은 곧 언어분석linguistic analysis이라고 주장하는 일군의 학자들이 나올 정도로 언어는 철학과 뗄레야 뗄 수 없는 불가분의 관계를 지니고 있는 것입니다.

어떤 철학자에 따르면, 우리들이 갖고 있는 많은 철학적 고민은 사실은 우리들이 자신도 모르는 사이에 '언어의 망net of language'에 걸려 있기 때문에 발생하는 것이라고 합니다.

사실은 아무 문제도 아닌데, 그것이 굉장한 문제인 것처럼 착각을 일으켰다는 것입니다. 그 문제의 본래 성격을 이해하고 나면 그 문제에 대한 답을 찾는 것이 아니라, 잘못 만들어진 그 문제 자체를 없애 버리게 된다는 것입니다. 참 재미있는 주장이죠?(불교적인 주장과도 상당히 흡사한 면이 있죠? 여러분들이 현재 갖고 있는 철학적 고민 가운데 혹시 여기에 해당되는 사항은 없는지요?)

한편으로 진리의 문제를 설명하고 이해하는 데 있어서도 많은 현대철학자들은 언어의 문제, 특히 의미의 문제와 관련지어서 논구하고 있습니다.

지금까지 어떤 주장과 그 주장과 관련된 실재(혹은 사태)와의 관련 여부가 진리 문제를 설명하는 데 주된 관심사였으나, 이제는 그 문제를 전혀 다른 각도에서 접근하고 있는 것입니다.

이와 관련된 자세한 내용은 철학자들을 다루는 시간에 논의하도록 하겠습니다.

지금까지 우리들은 몇 가지 대표적인 '철학의 문제들problems of philosophy'을 개략적으로 검토해 보았습니다.

다음 장에서는 이 문제들과 관련된 '철학의 여러 분야fields of philosophy'에 대해서 알아보도록 하겠습니다.

3강
철학의 분야

전통적인 철학은 일반적으로 5가지 분야로 나뉩니다.

형이상학 metaphysics

인식론 epistemology, theory of knowledge

윤리학 ethics

미학 aesthetics

논리학 logic

물론 학자에 따라서는 위의 분류를 조금 다르게 나누어서 형이상학을 존재론으로, 논리학을 인식론에 포함시켜서 인식론으로, 그리고 미학과 종교철학을 결합시켜서 가치론으로 삼분화하는 경우도 있습니다.

즉 철학의 분야를 존재론, 인식론, 가치론으로 나누기도 합니다. 저는 철학 분야를 어느 쪽으로 나누든 그것은 큰 문제는 아니라고 봅니다. 그러나 삼분법보다는 오분법이 조금 상세하며 더 철학의 분야를 이해하는 데 나은 것 같아서 여기서는 5가지로 나누어서 말씀드리겠습니다.

물론 위의 분류 이외에 현대로 내려오면서 더욱 많은 가지치기가 이루어져서 많은 형태의 이름을 가진 철학들(예를 들어 예술 철학, 경제 철학, 과학 철학, 문화 철학, 논리 철학 등등)이 있습니다. 저는 편의상 그것을 현대적 의미의 철학의 분야라고 부르겠습니다. 물론 이러한 구분은 어떤 특별한 룰이 있는 것은 아닙니다. 그러나 철학에 입문하고자 하는 여러분들의 이해를 위해서 이러한 구분법을 사용하는 것뿐입니다.

그럼 하나 하나 살펴보도록 합시다.

1. 형이상학

형이상학形而上學이란 한자어를 글자 그대로 풀이해 보면, 모양 이상의 것을 탐구하는 학문이란 뜻이 됩니다. 다시 말해 인간의 감각으로 파악되는 것 이상의 것을 탐구하는 학문이라는 말이죠.

너무 어려운 얘기를 할 것이 아니라, 쌩 떽쥬베리의 『어린 왕자』를 보면 세상은 우리 눈에 보이는 것보다 때로는 보이지 않는 것이 훨씬 넓고 더 중요할 수 있다는 대목이 나오지 않습니까? 바로 그 '눈에는 잘 보이지 않는 부분을 다루는 학' 이라고 보아도 지나친 말은 아닐 것입니다.

물론 형이상학이란 한자어는 주역 계사편에 있는 '형이상자 위지도形而上者 謂之道, 형이하자 위지기形而下者 謂之器' 라는 구절에서 형이상이란 말을 따왔다고 합니다.

(여러분, 이번 기회에 한번 『주역周易』이란 책, 도서관에 가서 빌려 보세요. 어떤 내용이 적혀 있는 책인가 스스로 파악해 보시기 바랍니다.)

직역하면 모양 이상의 것은 이른바 도라고 할 수 있으며 모양 아래의 것은 이른바 그릇이라고 하는, 즉 도道와 기器를 대비시켜서 우리가 감각적으로 파악할 수 있는 세계와 그 이상의 세계를 설명해 주고 있습니다.

왜 우리가 동양의 정신과 서양의 물질을 결합시켜야 한다고 할 때에도 동도서기東道西器란 말을 쓰고 있지 않습니까? 이러한 개념도 바로 이 도와 기를 바탕으로 만들어진 말입니다.

영어로는 metaphysics라고 하는데요. '무엇 무엇을 초월하는' 혹은 '무엇 무엇의 상위에 있는' 이라는 말을 의미하는 meta란 말과 물리학(예전에는 자연학)을 뜻하는 physics란 말의 합성어입니다. 그 말 자체로 보면 물리학을 초월하는 학문, 혹은 물리학이 다룰 수 없는 것을 다루는 학문이라고 볼 수 있겠습니다.

BC 1세기경 그리스의 Andronicus라는 사람이 아리스토텔레스의 저작을 정리하다가 자연학physika이라 이름 붙여진 책 뒤에 나오는 존재의 본질 내지 존재 자체를 다루는 독특한 부분을 발견하고 이를 meta ta physika라고 명명했다고 합니다. 그러던 것이 점점 내려오는 과정에서 ta라는 낱말이 탈락되고 오늘날의 metaphysics가 됐다고 하죠.

이 형이상학이란 분야는 1920년대 서구에서 반反형이상학적 운동이 전개되면서 상당한 비판을 오늘날까지 받고 있지만, 전통적 시각에서 보았을 때에는 철학에 있어서 가장 중요한 비중을 차지하고 있었다고 보아도 지나친 말은 아닐 것입니다.(물론 오늘날에 있어서도 하이데거나 베르그손 같은 철학자는 여전히 형이상학을 철학에 있어서 가장 중요한 분야로 보고 있습니다만...)

여하튼 형이상학의 핵심은 다른데 있는 것이 아니라, 실재하는 것reality이 과연 무엇이냐를 규명하려는 시도라고 할 수 있을 것입니다.

이 모든 존재하는 것의 기저에 있는 실체(궁극적 실재substance—존재하는 데 있어서 자기 이외의 어떤 다른 것을 필요로 하지 않는 존재)가 오직 하나라고 보면 일원론monism, 두 가지라고 보면 이원론dualism, 여러 개라고 보면 다원론pluralism이라고 볼 수 있습니다.

여러분도 잘 아시는 것처럼, 모든 존재하는 것의 밑받침이 되는 것이 물질이라고 보면 유물론materialism, 정신적인 요인이라고 보면 관념론idealism이라고 할 수 있겠죠.

아주 상식적인 수준에서 이 세상은 보통 물질과 정신으로 구성되어 있다고 주장하면 바로 이원론적 세계관을 갖고 세상을 이해하는 꼴이 되는 것입니다.

아니면 이 세상이 물, 불, 공기, 흙의 4요소로 구성되어 있다고 보거나, 우리의 달력에서 보듯이 火, 水, 木, 金, 土(소위 오행五行)로 이루어져 있다고 보는 발상은 다원론적 사고의 산물인 것이라 하겠습니다.

또 형이상학에서 심각히 다루고 있는 문제는 바로 심신心身에 관련된 내용입니다. 정신과 육체는 과연 분리되어질 수 있는 것인지,

아니면 하나로 합쳐질 수 있는 것인지, 그리고 육체가 소멸된 뒤에 정신은 어찌 되는 것인지, 아니면 정신과 육체로 나누는 것 자체가 잘못된 발상인지 등 여러 문제가 이 내용과 연관되어져 있습니다.

그리고 다른 형이상학적 문제는 변화와 운동에 관련된 부분이라고 볼 수 있습니다. 이 우주의 만물들은 다 변화되며, 끊임 없는 운동이 전개되고 있는데 이 모든 것들은 도대체 왜 변화되는 것인지? 거기에는 어떤 목적이 깃들어 있는 것인지, 아니면 그저 우연히 그야말로 자연스럽게 무궁한 변화만이 거듭되고 있는 것인지?

조금 더 복잡하게 따져 들어가면, 역사의 문제도 이런 문제와 관련지어 볼 수 있습니다. 인간 역사의 모든 변화들은 어떤 목적을 향해서 진행되는 걸까요? 아니면 무목적적無目的的으로 전개되는 것일까요?

지금까지 형이상학에 대한 개략적인 내용을 검토해 보았는데, 간단히 정리해 보면 결국 형이상학이란 실재에 대한 포괄적인 세계관이라고 정의내릴 수 있지 않을까 합니다. 최근에 나온 한 철학사전(The Cambridge Dictionary of Philosophy, 1999)에는 형이상학에 대해서 다음처럼 정의를 내리고 있습니다.

> 형이상학
> 실재의 본질, 구성, 구조에 대한 철학적 연구
>
> **Metaphysics**
> The philosophical investigation of the nature, constitution, and structure of reality

2. 인식론

자, 이번에는 인식론에 대해서 살펴볼 시간입니다. 우선 글자를 그대로 풀이해 보면 '앎에 대한 이론'이라고 말할 수 있습니다. 여러분이 대학교에 다니는 많은 이유가 있겠지요. 그 가운데 하나가 바로 무엇인가를 배우기 위해서, 다시 말해 무엇인가를 알기 위해서 다닌다고 볼 수 있지 않습니까?

바로 그 앎의 문제를 다루는 철학의 분야가 바로 인식론이라고 할 수 있습니다.

그런데 여러분, 가만히 생각해 보세요. 우리가 알고 있는 앎이 다 확실한 앎인가요? 세상에서 발생하는 많은 문제들은 실상 자신은 확실히 알고 있다고 생각하지만 실상은 잘못 알고 있는 데에서 발생하는 문제들임을 알 수 있습니다.

우리가 무슨 이야기를 주고 받을 때, 서로가 불명확한 근거를 가지고 주장한다면, 상대방에게 '당신, 그거 과학적인 근거가 있는 얘기야?'라고 흔히들 이야기하는데, 바로 그 과학적인 근거란 말이 다른 의미를 가진 것이 아니라 확실히 믿어도 될 만한 틀림없는 앎이냐는 뜻입니다.

인식론이란 말의 영어 어원을 살펴볼 때 그 뜻은 더 분명해집니다. 즉, epistemology라는 말은 그리스어 episte-me라는 말과 logos의 합성어입니다. 흔히들 참된 앎眞知을 뜻하는 episte-me는 불분명한 인식인 doxa란 개념에 상대되는 개념으로 많이 알려져 있습니다. 그러니까 인식론이란 말은 영어 어원적으로 보면 참된 앎에 대한 이론이라는 뜻이 됩니다.

그러면 무엇이 참이고, 무엇이 거짓일까요? 그것을 구분하는 기준이 무엇이며, 우리는 무엇을 근거로 하여 그런 주장을 할 수 있을까요? 이 문제는 결국 하나의 중요한 철학적 질문으로 귀착되는데 그 질문은 '진리란 무엇인가?' 하는 문제입니다.

그 유명한 철학자 칸트도 그의 『순수이성비판』 안에서 철학자들에게 옛날부터 전해 내려오는 질문 가운데 아직까지도 많은 철학자를 곤혹스럽게 만드는 질문은 다름 아니라 '진리란 무엇인가?' 라는 물음이라고 했습니다. 바로 이 문제가 인식론의 핵을 이루는 문제라 해도 지나친 말이 아닐 것입니다. 여러분은 진리란 무엇이라고 생각하십니까? 철학적으로 논의하기 전에 우선 몇 가지 예를 중심으로 생각해 봅시다.

1) 대학은 '진리' 의 상아탑이다.

2) 5+7=12임에 틀림없다.

3) 가수 조성모의 키가 178cm라는 말은 맞는 얘기다.

4) 이 진주는 진짜 진주이다.

5) 톨스토이의 여러 작품은 인생의 진리를 보여 주고 있다.

6) 내가 곧 길이요, 진리요, 생명이다.

위의 내용들은 진짜다, 확실하다, 진리다, 틀림없이 맞다 등등의 주장을 여러 가지 각도에서 우리에게 보여 주고 있지만, 우리들은 이 내용을 잘 구별할 줄 알아야 합니다.

1)번에 나오는 '진리' 라는 개념은 무슨 의미일까요? 우리가 대학교에 와서 진리를 배운다는 말은 각 학문의 이론들을 탐구한다는 의미일 것입니다. 그러면 이론이란 무엇일까요? 그 뜻은 여러 현상에 대한 올바른 설명을 뜻할 것입니다. 그것이 자연 현상이든, 사회현상이든, 역사 현상이든, 문화 현상이든 각각의 현상에 대한 정확한 설명을 의미할 것입니다. 그러나 모든 이론이 다 현상만을 설명하는 것은 아닙니다.

2)번과 같이 수학적인 내용은 단순히 현상만을 설명하는 것이 아닙니다. 일정한 틀 안에서의 정확한 규칙을 보여 주는 내용입니다.

3)번에서 이야기하는 내용은 우리들이 사실적으로, 다시 말해 경험적으로 확인할 수 있는 부분을 뜻하는 것입니다. 즉 '눈' 이라고 하는 감각 기관을 통해서 'cm' 라고 하는 단위를 정확히 이해하고 있는 사람들에 의해 그 진위가 분명히 판명되는 그러한 내용을 뜻하고 있습니다.

4)번에서 말하고 있는 진짜와 가짜의 구분은 그 진주가 만들어진 근거와 과정을 뜻합니다. 즉, 자연적으로 만들어진 것이냐, 아니면 인위적으로 만들었느냐에 따라 진짜와 가짜가 가려집니다.

5)번에서 말하는 진리란 무엇을 의미할까요? 아마도 인생의 한 단면을 여실히 보여 준다는 의미일 것입니다. 비록 허구이지만, 마치 우리의 삶에서 벌어지는 어떤 내용을 있는 그대로 보는 것과 같

은 깊은 감동을 우리에게 제공한다는 의미이겠습니다.

6)번에서 이야기하고 있는 진리란 무엇을 뜻하는 것일까요? 물론 이 말은 성경에 나오는 예수님의 말씀입니다. 그런데 이때 '내가 곧 진리' 라고 하는 말은 무슨 의미를 지니고 있는 말일까요? 아마도 이때의 진리라고 하는 뜻은 인생의 모범, 즉 우리들이 나아가야 할 삶의 이치대로 사는 분이라는 의미일 것입니다.

따라서 다르게 살지 말고 예수님처럼 살라는 의미가 내포되어 있는 것일 것입니다.

우리가 간략히 살펴 본 위의 몇 가지 예에서처럼 진리라는 말이나 '맞다', '틀림없다' 라는 말도 실상 그 안에 담겨진 속뜻은 워낙 다양하게 쓰이고 있다는 사실을 잘 알 수 있었습니다.

다시 말해 우리가 일상적으로 사용하고 있는 진리라는 말이나, '맞다' 라는 뜻은 어느 한 가지 의미만을 지니고 있는 것이 아니라, 그것이 어떤 맥락에서 쓰이고 있는가에 따라서 다양한 의미를 지니고 있다는 것이죠.

따라서 '진리란 무엇이냐?' 라고 질문했을 때, 단지 어느 한 가지만을 이야기해서 되는 것이 아니라, 우리는 다시 되물어서, 당신은 지금 어떤 맥락에서 그런 질문을 하고 있는 것이냐? 하고 물어야 할 것입니다.

이미 여러분들이 앞의 장에서 열심히 탐구해 본 바와 같이 전통적으로 철학에서는 진리에 대한 관점을 보통

진리대응설correspondence theory of truth
진리정합설coherence theory of truth
실용주의적 진리설pragmatic theory of truth
실존주의적 진리설existential theory of truth
의미론적 진리설semantic theory of truth

등으로 분류하고 있습니다.

꼭 일치하는 것은 아니지만, 위의 예와 연결시켜서 생각해 보면, 예 3)번의 내용이 진리대응설에 많이 관련되어 있다고 볼 수 있으며, 예 2)번의 내용이 진리정합설에 많이 연관되어 있고, 예 4)번의 내용은 실용주의적 진리설과 밀접한 관련이 있다고 보겠습니다.

진리대응설이란 주장하는 언표적言表的 내용과 그 주장이 지칭하는 사태와의 일치여부에 따라 진위를 가려내려는 입장을 의미합니다. 전통적으로 '사물과 지성과의 일치adaequatio reiet intellectus '라는 라틴어로 보통 표현되고 있는 진리대응설은 일반 상식적인 입장과도 많이 연관이 있고, 그 내용은 다소 차이가 있지만 여전히 진리에 대한 주요 관점으로 많은 학자들이 나름대로 고수하고 있는 진리관이라고 볼 수 있습니다.

이에 비해 진리정합설이란 진리를 일정한 정합적 체계 안에서의 통일성 여부를 가리는 것으로서, 진리란 결국 어떤 거대한 논리적 체계 안에서의 타당성 유무를 따지는 것으로 보는 시각을 의미합니다. 대부분의 수학과 논리학적인 내용은 물론이요, 심지어 여러 형태의 학문이라는 것도 결국 합리적이며, 일관성 있는 설명이라는 것입니다. 이 합리성 내지 일관성을 깨는 것은 결코 참된 것일 수 없다는 주장입니다.

그런데 비해 실용주의적 진리관은 상당히 파격적이며 어찌보면 아주 현실주의적이라 할 수 있습니다. 즉, 실용주의자들에 의하면 진리는 어느 한 가지로 고정될 수 없다는 것입니다. 그들은 고정불변한 진리라거나, 절대적 진리라는 것 자체를 인정하려 들지 않습니다. 그들은 모든 주장의 현금가現金價를 강조합니다. 즉, 우리가 어떤 주장을 내세웠을 때, 그 내용은 현실의 어떤 문제를 해결하는 데 분명한 도움을 주어야 한다는 효율성을 말합니다. 우리는 흔히 들 실용주의자의 대표격인 죤 듀이의 철학을 도구주의道具主義inst-rumentalism라고 부르는데, 그 핵심적인 의미는 결국 우리의 지성은 문제를 해결하는 데 필요한 도구가 되어야 한다는 것입니다. 어떤 실제적인 결과를 가져오지 않는 주장이나 명제는 이미 큰 의미를 상실한 내용에 불과한 것이라는 말입니다.

키에르케고르의 '진리는 주관적인 것이다Truth is subjective.' 라는 주장으로 상징화되다시피한 실존주의적 진리관은 전통적인 진리의 객관성보다는 진리의 주관적 측면을 강하게 부각시키고 있습니다.(물론 이와 같은 주장에는 많은 문제점이 있습니다. 왜냐하면 실상 실존주의 철학 안에서도 하이데거적 알레테이아aletheia로서의 진리관이나 무신론적인 사르트르적 진리관이나 유신론적인 야스퍼스적 진리관 등이 일치하고 있지는 않습니다. 그러나 이에 관련된 자세한 논의는 입문적 성격의 이 글에서는 생략하도록 하겠습니다. 혹 이런 쪽에 더 많은 관심을 갖고 있는 분은 현대 실존 철학 관련 책자를 참고하시기 바랍니다.)

이러한 키에르케고르적 진리관은 얼핏 보면 너무 과격한 주장처럼 들립니다. 왜냐하면 진리가 주관적이라면 이 세상에 과연 어떤 것을 진리라고 할 수 있겠는가 하는 의문이 들기 때문입니다. 또 진리가 주관적이라면 누구나 어떤 사람이 주장하는 모든 것이 다 진리가 될 수 있는 것인가 하는 의문도 생길 것입니다.

그러나 키에르케고르의 진의는 그런 것에 있는 것이 아니라는 데에 관심을 둘 필요가 있습니다. 그에게 종래의 주장들(특히 헤겔 철학)이란 그저 추상적이거나, 너무 관념적인 것이어서 도무지 구체적인 우리의 삶과는 너무나 동떨어진 주장처럼 여겨진다는 것입니다. 따라서 그에 있어서 진리란 그의 삶과 죽음을 좌지우지할 수 있는 그런 생명력 있는 언어를 의미합니다. 그 말씀으로 살 수도 있고 죽을 수도 있는 그런 절실한 내용을 그는 갈구하고 있는 것이며, 그러한 진리에 대한 갈구가 '진리는 주관적이다'라는 다소 과격한 표현으로 나타나게 된 것입니다.

그저 대학 강단에서 그럴싸하게 포장되어서 암기의 대상으로나 전달되는 죽어 있는 지식의 덩어리가 아니라 이것을 할 것인가, 저것을 할 것인가 하는 실존적 결단의 기로에서 몸부림치고 있는 인간들에게 사막의 생수처럼 와닿을 수 있는 그런 진리를 그는 갈구하고 있는 것이죠.

알프레드 탈스키Alfred Tarski가 주창한 것으로 잘 알려져 있는 의미론적 진리설은 진리의 문제를 언어의 문제, 특히 언어의 계층성linguistic hierarchy 문제에 연결시켜서 종래와는 아주 다르게 논의하고자 합니다. 그의 언어 계층성 이론을 이해하기 위해서 간략한 예를 하나 들어 보도록 합시다.

1) 책상은 다리를 4개 가지고 있다.

2) '책상' 은 자모字母를 6개 가지고 있다.

3) 책상은 자모를 6개 가지고 있다.

위의 경우, 1)번의 책상과 2)번의 '책상' 은 전혀 다른 성질의 것입니다. 첫 번째 것은 진짜 실재하는 책상을 가리키는 경우이며, 두 번째의 경우 "책상"이라는 단어를 가리키는 경우입니다. 더욱이 세 번째 경우는 틀린 주장을 하는 것이 아니라, 무의미한 문장인 것입니다. 즉, 실재 책상과 단어 '책상' 을 혼동한데서 야기된 문제인 것이죠. 조금 더 이야기를 진전시킵시다.

4) "I am a boy 라는 문장에서 주어는 I 이며, 동사는 am이다."

라는 글에 있어서 우리들이 주목해야 할 사실은 어떤 언어에 대해서 또 다른 언어로 설명하고 있다는 것입니다. 즉, 영어 문장을 놓고 한국어로 설명하고 있는 것이죠. 이때 설명의 대상이 되는 언어를 대상 언어object language라고 부를 수 있으며, 이에 비해 영어를 설명하는 한국어의 입장을 메타 언어meta language 혹은 상위 언어라고 볼 수 있습니다. 물론 같은 한국어 내에서도 대상 언어와 메타 언어의 성립이 가능합니다.

5) 인간이 죽을 수밖에 없다는 사실이 나를 절망시킨다.

6) '모든 사람은 죽는다' 는 진술은 전칭 명제의 한 예에 불과하다.

위의 경우, 5)번에 해당되는 것은 대상 언어에 관련되며, 6)번의 경우 메타 언어에 연관된다고 볼 수 있는 것이죠.

조금 더 복잡하게 살펴보면,

7) "'모든 사람은 죽는다' 라는 진술은 전칭 명제의 한 예에 불과하다" 라는 주장은 메타 언어적 진술인 것이다.

7)번의 경우를 우리는 메타 메타 언어meta-meta language적 진술이라고 부를 수 있을 것입니다.

탈스키는 그의 유명한 논문 '진리의 의미론적 개념The Semantic Conception of Truth' 이라는 글에서 바로 위에서 얘기한 대상 언어와 메타 언어를 구별하면서 의미론적 진리설을 주장하게 되는 것입니다.

즉, 진위의 개념은 대상 언어의 의미 범주보다도 더 고차적인 범주에 속하는 것으로, 대상 언어에 속하는 문장의 진위는 메타 언어적 논의에 의해서 결정되어져야 한다는 것을 강조합니다.

그리하여 그는 '대상 언어에 속하는 문장 S를 고차 언어적으로 표시하는 명칭 X라고 하고, S를 메타 언어적으로 변형시켜 표현한 문장을 P라고 할 때, P가 성립하는 경우에만 X는 참이다.' 라는 다소 복잡해 보이는 진리 규약을 만들어 냅니다.

복잡한 듯 보이는 이 내용을 쉽게 설명하면 다음과 같습니다.

8) 눈은 희다.

9) "'눈은 희다' 고 하는 판단은 오직 눈이 흴 경우에만 참이다"

위의 두 문장을 놓고 볼 때, 종래의 진리대응설에 관련된 문장이 8)번이라고 하면, 그것을 언어적 계층 구조로 재표현한 9)번의 경우가 바로 탈스키가 논구하고자 했던 의미론적 표현인 것입니다.

물론 이러한 탈스키적 발상은 전통적인 진리대응설의 의미론적 변형일 뿐, 진리대응설의 근본적인 전통을 벗어난 것은 아니라고 하는 논박이 뒤따랐지만, 무엇보다도 이 의미론적 진리설은 그 성공여부에 관계 없이 그 뒤에 진리의 문제를 언어의 문제 및 의미의 문제와 관련지으려는 수많은 학자들의 철학적 단초를 제공해 주었다는 데에 그 큰 의의가 있다할 것입니다.

물론 이런 주장 외에도, 많은 사람이 주장하는 것이 곧 진리라고 주장하는 진리여론설consensus theory of truth이나 종교적 계시 등을 중심으로 진리여부를 가늠하는 진리계시설revelation theory of truth, 심지어는 진리는 결국 각 문화권 내지 언어 공동체 안에서만 진리일 수 있으며, 그것을 벗어나서는 각각의 진리 주장을 내세울 수 없다는 현대판 포스트모더니즘적 상대주의도 등장하고 있는 실정입니다.

어찌보면 앞으로도 새로운 시각이 존립함에 따라 더욱 복잡한 진리설이 존재할 수 있을 것입니다. 하지만 제가 처음에 말씀드렸던 것처럼 결국 이 모든 주장이란 것도 자세히 따지고 보면, 결국 '진리' 라고 하는 개념을 어떤 맥락에서 사용하고 있느냐를 잘 구분할 수 있다면, 진리에 대한 복잡한 개념적 혼동이 일어나지는 않을 것입니다.

또 철학의 분야를 나눌 때에 어떤 책자에서는 인식론 안에 논리학을 포함시키기도 합니다만, 저는 이 둘을 나누어서 설명드리고자 합니다. 물론 인식론과 논리학은 서로 뗄레야 뗄 수 없는 밀접한 관계에 있는 것은 분명하며 그런 의미에서 논리학을 인식론에 포함시킬 수도 있지만, 저는 다분히 우리 사유의 논리적 형식의 측면을 크게 부각시키는 논리학은 인식론과는 다소 다른 특성이 있다고 판단되어 나누어서 보고자 합니다.

위의 내용 이외에도 인식론에서는 무엇을 근거로 참이라고 할 수 있느냐 하는 문제, 즉 이성을 토대로 할 것이냐, 경험을 바탕으로 둘 것이냐, 그도 아니라면 직관에 둘 것이냐, 혹은 종교적 깨달음에 둘 것인가 하는 문제도 진리론과 연관시켜 중요하게 취급하고 있습니다.

또 인식의 한계 문제 역시 간단한 문제는 아닙니다. 우리가 어디까지 알 수 있느냐 하는 문제가 바로 그 문제입니다. 아주 쉽게 말하면 우리들이 과연 인간의 오감을 뛰어 넘는 인식을 가질 수 있느냐 하는 문제입니다.

즉, 우리 눈에 보이는 현상 너머의 세계를 인간이 과연 알 수 있느냐 하는 문제입니다.

3. 윤리학ethics

자, 이번에는 윤리학에 대해서 살펴볼 시간입니다. 일반적으로 이야기해서 윤리학은 보통 세 가지로 분류하고 있습니다.

첫 번째. 기술적 윤리학descriptive ethics
두 번째. 규범 윤리학normative ethics
세 번째. 분석 윤리학analytic ethics 혹은,
메타 윤리학meta-ethics

기술 윤리학이란 보통 사회 과학과 자연 과학 등의 학문적 성과에 힘입어 윤리 현상을 다양한 각도에서 조명하고, 탐구하는 윤리학을 의미합니다. 그러니까 심리학, 인류학, 사회학, 역사학, 신화학, 민속학 등에 도움을 받아가면서 윤리 현상을 설명하는 윤리학이라고 할 수 있습니다.

예를 들어 혼전 순결의 문제를 역사적으로 검토할 때, 우리 선조들은 어떤 의식을 지니고 있었으며, 그것이 일제 강점기를 거쳐 오늘날 우리들은 어떤 의식을 지니고 있는가 하는 문제는 여러 역사적인 문헌과 사실에 대한 올바른 인식을 바탕으로 논구해 들어가지 않으면 안 됩니다. 이렇듯 역사학의 도움은 절대적으로 필요합니다. 또 그러한 문제를 오늘날 한국이나 미국, 멕시코나 인도, 터키나 일본의 젊은이들은 어떻게 생각하는지 알고자 할 때, 우리들은

문화인류학이나 사회학의 도움을 받으며 논의해야 그 근거가 더욱 분명해질 것입니다.

그 외에도 예를 들어 나찌정권 시대에 왜 독일 국민들은 그렇게 히틀러에 열광할 수 있었는가? 하는 문제를 다루려면 사회 심리학적 접근법이 필요할 것이고, 각 민족들의 고유한 생활 풍습과 도덕 판단과의 관계를 고찰해 보려면, 민속학이나 사회학, 인류학적인 도움이 절대적인 위치에 놓이게 됩니다. 이렇듯 다양한 윤리 현상을 나름대로 정리하고자 할 때, 어쩔 수 없이 제반의 많은 학문의 도움을 바탕으로 윤리학적인 접근을 해야 하는데, 이러한 내용을 기술적 윤리학이라고 부르고 있습니다.

이에 비해 정통 윤리학에 있어서 가장 많은 비중을 차지하고 있으며, 여전히 윤리학적 논의의 주종을 이루고 있는 윤리학이 바로 규범 윤리학이라고 볼 수 있습니다.

도덕과 윤리의 본질 문제, 선과 악의 구분 문제, 의무와 책임, 권리에 관련된 문제, 선善의지에 관한 제문제 등 윤리학이 그간 다루고 있던 것들 중 상당한 비중을 바로 이 규범 윤리학이 차지하고 있습니다.

어떤 학자들은 이 규범 윤리학을 다시 순수 규범 윤리학pure normative ethics과 응용된 규범 윤리학applied normative ethics으로 나눠 전통적인 윤리학의 문제를 다루는 순수 규범 윤리학으로, 또 요즘 거론되고 있는 새로운 윤리적 문제, 즉 의료 윤리medical ethics, 생명 윤리bioethics(유전 공학 문제, 인간 복제 문제 등), 직업 윤리business ethics, professional ethics, 생태 윤리environmental ethics, 컴퓨터 윤리computer ethics 등을 다루는 윤리학을 응용된 규범 윤리학이라 부릅니다.

분석 윤리학 혹은 메타 윤리학이라고 부르는 윤리학은 기존의 윤리학적인 내용 자체를 다시 검토하고, 윤리학의 학문적 성립 여부 자체를 스스로 다루는 윤리학을 총칭하여 그렇게 부릅니다. 윤리학에 대한 윤리학이란 의미에서 메타 윤리학이라는 이름이 붙여졌는데 그 방법이 주로 개념을 분석하거나, 명제를 분석하는 언어 분석적linguistic analysis방법을 사용했다고 해서 분석 윤리학이라고 부르고 있습니다.

결국 윤리학이란 분야에서 철학은 인간 행위와 관련된 선악의 문제, 가치의 문제, 올바른 삶의 문제, 각종 윤리 현상에 대한 반성, 전통적인 도덕 개념에 대한 재분석, 윤리학의 학문적 성격 문제 등을 폭넓게 다루는 분야라 할 수 있습니다.

어원적으로 볼 때, 한자어 륜倫은 복잡한 인간 관계를 의미하며, 이理는 잘 아시는 것처럼 이치를 의미합니다. 즉, 우리들의 복잡한 인간 관계에서 반드시 지켜야 할 도리를 의미하고 있습니다.

영어 ethics는 ethos에서 온 낱말로 그 어원은 관습을 의미하고 이 말은 본래 새의 둥지를 뜻했다고 합니다. 새가 둥지를 벗어나서는 살아갈 수 없는 것처럼, 우리들이 반드시 지켜야 할 도리를 의미한다고 할 수 있습니다.

여러분들은 인간된 도리를 제대로 지키면서 살아가십니까?

4. 미학aesthetics

철학의 한 분야로서의 미학美學은 다른 분야에 비해서 그 성립이 가장 늦게 이루어졌다고 봐도 틀린 말은 아닐 것입니다. 흔히들 미학하면 떠오르는 인물이 바로 18세기 중엽 독일 볼프학파의 한 사람이었던 바움가르텐Alexander Gottlieb Baumgarten(1714~1762)입니다.

바움가르텐은 당시의 학문이 이성과 오성 문제를 중점적으로 다루는 데 비해서 인간의 감성 문제는 거의 올바르게 다루어지고 있지 않다는 사실을 발견하고, 그 나름대로 감성적 인식에 관한 학에 대해 몰두하게 되었던 것이 오늘날의 미학의 효시가 되었습니다.

미학이란 감성aisthesis에 관한 학이란 뜻을 지니고 있습니다. 실상 이러한 감성학은 본래 볼프학파의 사상적 뿌리를 제공해준 라이프니츠의 철학과 깊은 연관을 갖고 있습니다. 라이프니츠는 진리가 합리적 사고의 완전성인데 비해 미는 감각적 · 직관적 표상의 완전성이라고 보았는데, 바로 이러한 라이프니츠적 발상이 바움가르텐에게 큰 영향을 주었던 것입니다.

즉, 바움가르텐은 감각적 지각의 학문적 방법론으로서 Aesthetica를 미와 미적 순수 내지 그 제작에 관한 이론으로 정립시켰던 것이 바로 오늘날 미학의 효시가 되었던 것입니다. 그래서 흔히들 바움가르텐을 '미학의 아버지' 라 부릅니다.

여기서 우리들은 미학aesthetics과 예술학science of arts과 예술론theory of arts을 구분할 필요를 느낍니다. 물론 서로 겹쳐지는 부분도 없지 않아 있지만, 일반적으로 미학은 자연미와 예술미 등을 포함한 미에 대한 전반적인 형이상학적, 심리적 분석을 통칭하는 개념인데 비해서 예술학은 미의 대상을 오로지 예술 작품에만 한정하여 그 내용을 학문적으로 다루고 있는 분야입니다. 따라서 예술학은 미학의 한 영역이라고도 볼 수 있습니다. 또 예술론은 예술에 대한 작가, 예술가, 사상가 등의 태도 표명이라고 할 수 있습니다. 이것은 어떤 엄격한 체계적인 학문이라기보다 자신의 세계관과 인생관 등을 예술 작품 내지 예술적 체험에 연관시켜 표출한 내용을 지칭하는 것이라 하겠습니다.

5. 논리학logic

자, 이번에는 논리학에 대해서 살펴볼까요. 일반적으로 논리학을 철학의 한 분야로 볼 것인가, 아니면 논리학을 철학의 한 분야로 보기보다는 모든 학의 기초학으로 철학과는 별도로 볼 것인가에 대해서는 학자들마다 의견이 분분합니다.

저 개인적으로는 논리학을 철학의 한 분야로 보고 싶습니다. 그리고 철학이란 학문을 모든 학의 기초로 보는 것이 더 타당하지 않나 싶습니다. 여하튼 이러한 논리학은 '모든 학學의 학學science of sciences이다' 라고 흔히들 이야기하고 있습니다. 그만큼 논리학의 위치를 중시하였다고 볼 수 있습니다.

왜냐하면 모든 학문은 결국 어떤 것에 대한 주장들이고, 그 주장들이란 결국 말로 구성되어 있는 것들인데, 바로 그 말의 이치를 논구하는 것이 논리학이므로 논리학이야말로 모든 학 가운데 가장 기본적인 학이란 뜻입니다.

상식적으로 생각해 보아도 우리가 어떤 주장을 한다고 할 때, 그 말이 이치에 맞아야 사람들이 수긍을 하지, 엉뚱한 주장을 한다고 하면 그 말은 맞는 말이 될 수 없는 것입니다. 쉬운 예로, '모든 공산주의자들은 남녀 평등을 주장한다. 따라서 우리가 공산주의자가 되지 않으려면 남녀 차등을 주장해야 한다.' 라거나, '모든 물체들은 눈에 보이지 않는 원자들로 구성되어 있다. 따라서 우리 눈에 보이는 것들은 다 허깨비들이다.' 라고 이야기하거나, '거짓말장이가 참말을 말했다면 그 말은 거짓말인가, 아니면 참말인가?' 라는 우스운 이야기 등 모두가 다 논리와 관련되어진 말들인 것입니다. 또 이 내용들은 논리학적인 인식을 어느 정도 갖고 있지 못하면 어디에서 어떤 문제가 있는 것인지 쉽게 지적해 낼 수 없는 문제들이기도 합니다. 조금 더 복잡한 예를 들어볼까요?

1) 모든 금강석은 단단하다
그런데 약간의 금강석은 보석이다
따라서 약간의 보석들은 단단하다

2) 모든 고양이들은 날개를 가지고 있다
그런데 모든 새들은 다 고양이다
따라서 모든 새들은 날개를 가지고 있다

3) 모든 고양이들은 날개를 가지고 있다
그런데 모든 개들은 다 고양이들이다
따라서 모든 개들은 날개를 가지고 있다

4) 모든 플레절렛들은 음전이 있는 플루우트이다
그런데 모든 모나우리들은 플레절렛이다
따라서 모든 모나우리들은 음전이 있는 플루우트이다

자, 위의 네 가지 문제 가운데 논리적으로 타당하지 않은 논증은 몇 번이겠습니까? 몇 번이라구요? 2번이요?, 아니면 3번? 그도 아니라면, 4번이라구요? 아닙니다.

위의 네 가지 논증의 예는 모두 논리적으로는 조금의 문제도 지니고 있지 않은 정당한 논증들입니다. 위의 네 가지 논증들은 '모두' 라는 형식을 동일하게 갖고 있습니다. 물론 이 시간이 논리학 시간이 아니라서 아주 상세하게 설명할 수는 없지만, 여러분들은 이

모든 G는 H이다
그런데 모든 F는 G이다
따라서 모든 F는 H이다

예에서 우선 한 가지를 배우실 수 있을 것입니다. 즉, 논리적 타당성validity이란 그 주장의 내용에 관련되는 것이 아니라 그 논증의 형식에 관련된다는 사실 말입니다.

논리학의 영어적 어원인 logos라는 그리스 말은 본래 legein이라는 동사에서 온 말로써, 그 뜻은 '모으다' 라는 의미를 본래 지니고 있었습니다. 어찌 보면 우리들은 말로써 모든 것을 모으고 있는지도 모르겠습니다. 예를 들어, 한국 사람, 흰 장미, 뚱뚱한 여자 등등 우리들이 쓰고 있는 낱말들은 그것이 쓰여지는 순간 어떤 것을 불러모으고 있다고도 볼 수 있을 겁니다. 여하튼 그러한 모은다는 의미의 legein이란 단어가 logos란 명사로 바뀌어지고 이것이 세월이 흘러 logic으로 만들어졌다는 말입니다.

여러분들도 잘 알다시피, logos라는 낱말은 참으로 많은 의미를 내포하고 있습니다. 말, 판단, 개념, 정의, 이유, 관계, 이성, 사유, 사상, 진리, 법칙, 도, 원리, 말씀 등등 많은 내용을 지니고 있는 말입니다.

신약 성경 요한복음 1장 1절에 나오는 "태초에 말씀이 계시니라. 이 말씀이 하나님과 함께 계셨으니, 이 말씀은 곧 하나님이시니라" 라고 할 때 그 말씀이란 바로 logos를 우리말로 번역했다는 내용쯤은 다들 상식적으로 알고 계실 것입니다.

(또 어떤 영어 성경을 보면 이 말씀을 곧 예수님이라고 번역한 책도 있습니다. 그리고 또 하나 지적할 사항은 왜 하필 말씀이 태초에 있었으며, 그 말씀이 곧 하나님이냐는 문제입니다. 어떤 주석서를 보니까 바로 다름이 아닌 하나님께서 우리에게 이야기하고 싶어 하시며, 우리와 늘 대화하고 싶어하시기 때문에 바로 말씀이라고 칭했다는 해설이 있습니다. 어느 정도 수긍이 가는 말이라고 생각되는데, 여러분의 의견은 어떻습니까? 성경은 하나님께서 끊임없이 우리에게 하시고 싶어하는 말씀과 그 분의 마음을 담은 책이라는데 동의하십니까?)

이러한 다양한 뜻을 갖고 있는 logos라는 낱말은 영어 단어에 무수히 많이 나오고 있습니다. 예를 들어 dialogue, monologue, pro-logue, apology, psychology, sociology, anthropology, methodology 등등에서 보듯이 모든 학이나, 이론을 뜻할 때는 logy가 접미사로 붙어있는 것을 볼 수 있습니다. 즉, 모든 이론이나 학문은 이 논리학을 벗어나서 존재하기 어렵다는 의미일 것입니다.

전통적으로 아리스토텔레스(B.C384~322)가 쓴 6편의 논문인,

① 범주론De Categorie
② 해석론De Interpretatione
③ 분석론 전서Analytica Priora
④ 분석론 후서Analytica Posteriora
⑤ 변증론Topica
⑥ 오류론De Sophisticis Elenchis

을 묶어 소위 Organon이라고 불렀는데, 이 내용을 흔히들 형식 논리학이라고 부르고 있으며, 논리학의 기본 뼈대를 제공했다고 볼 수 있습니다. 일찍이 칸트는 그의 유명한 『순수이성비판』 안에서 아리스토텔레스가 만들어 놓은 형식 논리학 이후에 어떤 눈에 띨 만한 논리학적 진전이 별로 없었다고 하는 것은 사뭇 놀라운 일이라고 이야기하면서 자신의 인식 논리를 전개시킨 바 있습니다만, 아리스토텔레스의 형식 논리학이 서양 논리학의 기본적 틀을 이루고 있다는 데 대해서는 그 누구도 쉽게 부인할 수는 없을 것입니다.

물론 논리학의 발전 과정에서 소위 변화의 논리라고 이야기되는 헤겔의 변증 논리나 오늘날의 다양한 기호 논리가 나오고, 계속 발전된 가운데, 양상樣相 논리학, 다치多値 논리학, 직관주의 논리학 등 여러 형태의 논리학이 전개되고 있는데, 여기에서는 주로 논리학의 기초를 이루고 있는 개념들을 중심으로 이야기하겠습니다.

흔히 형식 논리학의 내용을 크게 몇 가지로 나누어서 개념론, 판단론, 추리론, 오류론 등으로 보통 이야기하고 있습니다. 물론 이 내용은 하나의 단계적 틀을 지니고 있다는 것을 눈치 빠른 분들은 알 수 있을 것입니다. 즉, 모든 사물을 지칭하는 개념들이 모여서 어떤 일정한 사태를 의미하는 판단이 되고, 다시 이 판단들이 모여서 하나의 추리를 이루게 된다는 것입니다.

물론 논리학 책에 따라서는 판단이란 개념 대신에 명제 혹은 서술, 진술이란 말을 사용하기도 하며, 추리란 개념 대신에 논증이란 말을 사용하기도 합니다. 물론 이 말들도 엄격히 따지면 다소의 의미적 차이는 있지만, 과거 1950년, 60년 경에 나온 논리학 책자들은 대개 판단, 추리란 말을 주로 많이 사용하였으며, 그 뒤 영미 계통의 책들이 번역되면서 명제, 논증이란 개념들이 많이 등장하게 되었습니다.

이 가운데 여러분들이 꼭 알아 두어야 할 몇 가지 개념들을 설명하도록 하겠습니다.

우선 논리학에서 가장 기본이 되는 개념이 바로 '논증' 개념이라고 생각됩니다. 왜냐하면 극단적으로 말해서 논리학이란 결국 올바른 논증과 그릇된 논증을 가려내는 학문적 작업이라고 해도 지나친 말이 아닐 정도로 논증이란 개념이 논리학의 핵을 이루는 단어이기 때문입니다.

그렇다면 논증이란 무엇일까요? 논증이란 한 마디로 정의내린다면, 전제와 결론의 관계로 구성되어 있는 일군의 진술들의 집합체라고 할 수 있습니다. 따라서 한 줄의 명제는 절대로 논증이 될 수 없습니다. 반드시 서로 간의 어떤 관계를 맺고 있는 두 가지 이상의 진술들로 논증은 구성됩니다. 물론 경우에 따라서는 생략된 한 줄의 논증은 가능합니다.

예를 들어 '어, 비가 오늘 걸 보니까, 프로야구 경기가 취소되겠구나.' 라고 누가 이야기했을 때 이 말은 엄격히 분석해 보면, 다음과 같은 여러 내용을 줄여서 한 말입니다.

비가 오면 프로야구 경기는 취소된다.
그런데 지금 비가 오고 있다.
따라서 프로야구 경기는 취소된다.

다시 말해 모든 논증은 언제나 전제와 결론으로 구성되어 있습니다. 전제는 결론을 입증하는 근거들입니다. 그것은 적어도 하나 이상 몇이 있어도 관계 없습니다. 그것이 자신이 주장하는 결론을 입증하는 한, 얼마가 있어도 관계가 없다는 뜻입니다. 그런데 우리들이 정말로 하나 조심해야 할 것은 논리적인 타당성 여부는 그 전제 하나 하나의 진위와는 무관하다는 사실입니다.

이 말이 이해되지 않으시면, 아까 제가 위에서 예로 들었던 1), 2), 3), 4)번의 논증을 다시 상기해 보시기 바랍니다.

1)번은 모두 참인 전제와 결론으로 구성되어 있고, 2)번은 그릇된 전제와 맞는 결론으로 되어져 있으며, 3)번은 모두 그릇된 전제와 결론으로 구성되어 있고, 4)번의 진위는 잘 모르고 있습니다. 그럼에도 불구하고 그 모든 논증들은 다 논리적으로 타당한 논증인 것입니다. 이렇게 비록 그 진술하는 내용이 잘못된 전제와 결론이 있더라도 그 형식적인 관계가 올바르게 정립되어 있으면 그 논증은 타당하다는 데에 유의하셔야 합니다.

우리는 여기에서 우리가 흔히 쓰고 있는 말, 즉 '그 말은 맞는 말이다' 라고 할 때, 그 뜻이 그 주장하는 내용이 사실과 일치한다는 의미로 쓰이고 있는 것인지(즉 사실과 부합하는 말인지), 아니면 그 주장하는 논리가 타당하다는 것을 뜻하는 것인지를 잘 구분할 필요를 느끼게 됩니다.

물론 가장 바람직한 말은 그 주장의 내용들이 사실과 잘 부합하고 있으며, 또한 그 주장들 간의 관계도 올바르게 정립되어 있는 말일 것입니다.

다시 말하지만, 그 명제 하나 하나의 진위 문제와 주장들이 모여진 논리적 관계, 즉 논증의 타당성 여부를 잘 구분해 내는 것이 논리학에서는 아주 중요합니다. 왜냐하면, 논리학은 철저하게 후자에 관심을 두고 있기 때문입니다.

4강
철학의 특성

자, 이번에는 철학이란 학문이 지니고 있는 몇 가지 특성에 대해서 살펴보도록 할까요?

1. 전체성

우선 철학이 지니고 있는 특성 가운데 하나는 전체성이라고 할 수 있습니다. 이 말은 무슨 뜻을 지니고 있을까요? 다름 아니라, 철학은 모든 것을 전체적인 시각에서 파악하고자 하는 특성을 지닌 학문이라는 것입니다.

물론 다른 학문들도 나름대로 그 탐구의 폭이 무척 넓지만, 철학이 지니고 있는 탐구의 폭은 그 어떤 학문보다 폭이 넓음을 알 수 있습니다. 왜냐하면 모든 학문은 자기 나름의 학문의 대상이 어느 정도는 한정되어 있는데 비해, 철학은 그런 모든 학문에 대한 평가적 특성을 지니고 있기 때문입니다.

그리하여 철학의 분야는 앞에서 살펴본 것과 같은 형이상학, 인식론, 윤리학, 미학, 논리학 이외에도 각각의 학문적 분야에 대한 메타meta적 탐구를 하고 있는 것이죠. 즉 법 철학, 경제 철학, 경영 철학, 사회 철학, 정치 철학, 행정 철학, 교육 철학, 역사 철학, 종교 철학, 예술 철학, 수리 철학, 과학 철학(과학 철학은 다시 사회과학의 철학, 자연과학의 철학으로 나누어지며, 자연과학의 철학 가운데 요즈음은 생물학 철학 등이 다시 만들어짐), 언어 철학, 논리 철학, 심리 철학, 문화 철학, 체육 철학, 성性 철학, 스포츠 철학, 컴퓨터 철학, 비교 철학 등 이루 헤아릴 수 없을 만큼 많은 철학이 성립하게 된 것입니다.

자기탐구

위의 여러가지 형태의 철학 가운데 자신의 관심을 가장 끄는 한가지 분야를 선택하여 그 내용을 정리하여 보세요.

더욱이 철학은 이미 앞에서 살펴본 것처럼 존재와 무와 같은 가장 근원적인 내용까지도 그 탐구의 범위에 포함시키고 있음을 알 수 있습니다.

2. 체계성

철학의 두 번째 특성은 바로 그 체계성에 있다고 볼 수 있습니다. 물론 학자에 따라서는 이 체계성 자체를 오히려 거부하는 학자도 있지만(예를 들면 니체), 철학이 다른 어떠한 학문보다도 더 깊은 뿌리를 유지해 오는 것도 따지고 보면 바로 철학이 지니고 있는 체계적 성격 때문이라 할 수 있습니다.

아주 쉽게 말해 아무 주장이나 모두 철학이 되는 것이 아니라, 어떤 주장이라도 앞뒤가 맞아야 한다는 것입니다. 극단적으로 아주 직관적인 인식은 어떤 체계를 쉽게 우리에게 제공하지 못할 수도 있지만, 그러한 직관들이 하나의 글로 표현되어 우리에게 주장될 때, 그 내용은 무조건 난해하거나 까다로운 것이 아니라 정상적인 사람들이 이해할 수 있는 수준으로 바뀌어져야 한다고 생각합니다.

물론 저는 어떤 어려운 철학적 사색의 내용을 남에게 전하기 위해서 어려운 철학 용어를 새롭게 만들어 내는 많은 학자들의 심정은 이해하지만, 그 철학자가 진정으로 위대한 철학자라면 자신의 철학을 가능한 한 많은 사람들이 쉽게 이해할 수 있는 말로 표현해야 한다고 생각합니다.

필자는 여러 철학 책을 읽으면서 종종 안타깝게 느끼는 것이 있는데, 그것은 다른 것이 아니라 분명히 쉽게 표현할 수 있는 좋은 말들이 많이 있음에도 불구하고 아주 어려운 말들, 아주 현학적인 말들로 포장되어 마치 독자들의 한 90%는 이해하지 못해야 그 철학이 상당히 깊이 있는 철학으로 인식된다는 사실입니다.

이 점은(특히 한국 철학계에서) 하루 빨리 시정되어야 할 점입니다. 여하튼 우리들이 무엇을 주장하기 위해서는 그 내용이 사실과도 일치해야 하고, 논리적으로도 타당성이 있어야 한다는 점은 철학의 중요한 한 부분임에 틀림없습니다.

3. 통일성

위에서 주장한 체계성이라는 특성과 밀접한 관계를 지니고 있는 철학의 세 번째 특성은 통일성이라고 볼 수 있습니다.

앞부분 「철학을 하기 위해 갖추어야 할 철학 정신 10강」에서 이미 언급한 바와 같이 우리들이 어떤 일정한 관점을 유지하고자 할 때 가장 요긴하게 필요한 부분이 바로 통일성입니다. 사실 이 통일성이라는 측면은 비단 철학에만 관련되는 것이 아니라, 예술 작품을 창작하고자 할 때도 빼놓을 수 없는 부분입니다.

위대한 예술 작품일수록 뛰어난 통일성을 갖추고 있는 것을 볼 수 있습니다. 그것이 소설이든, 음악이든, 미술이든, 조각이든, 연극이든, 영화든 어떤 장르든지 간에 통일성을 갖춘다는 것은 아주 중요한 요소가 되는 것입니다.

바로 그 부분이 철학에도 그대로 적용된다고 볼 수 있습니다. 어찌 생각해 보면 위대한 철학이란 곧 위대한 예술적 창조성을 지니고 있다고 보아도 지나친 말은 아닐 것입니다. 또 철학이 지니고 있는 통일성이란 다양성 가운데 일치성이라고도 볼 수 있습니다.

인생과 우주의 다양한 측면에 대해 다양하게 이야기하면서도 어떤 하나로 꿰뚫어서 볼 수 있는 원리가 일정하게 관통되어 있는 사상이야말로 그러한 다양성 가운데 일치성을 유지하고 있는 철학적인 주장인 것입니다.

4. 주체성

철학이 철학일 수 있는 또 하나의 중요한 요소가 바로 주체성 혹은 자각성自覺性이라고 볼 수 있습니다. 다른 어떤 학문보다도 자신과 자기 자신과의 문제를 가장 신중히 논의하는 학문이 바로 철학일 것입니다.

'나는 과연 누구인가?' 하는 문제를 다른 여타의 학문에서도 전혀 다루지 않는 것은 아니지만, 철학만큼 철저히 그 문제를 주된 문제로 다루는 학문은 아마 없을 것입니다.

자신에 대한 해명 문제야말로 철학의 다른 어떠한 문제보다도 가장 중요한 문제로 철학은 취급하고 있습니다. 어찌 보면 다른 많은 학문들이 어떤 형태로든지 발전을 거듭해 나간다 할지라도 이 문제에 대한 물음은 언제나 반복되어지는 물음일 것입니다.

좀더 거창하게 말한다면 철학의 존립 이유 중 가장 커다란 비중을 차지하고 있는 것이 바로 이 문제와 관련이 있다고 해도 과언이 아닐 것입니다.

저는 철학 강의를 하기 전에 반드시 학생들로부터 자기 소개서를 한 장 이상 꼭 받습니다. 그리고 학생들이 제출한 그 자기 소개서를 통해서 먼저 학생들을 이해하려고 노력합니다. 자기 소개서를 받는 여러 이유 중 하나는 다름이 아니라, 과연 수강생 스스로 자신에 대해서 얼마만큼 잘 알고 있는가 하는 것을 재확인시켜 주고자 하는 의도인 것입니다.

실제로 자기 소개서를 제출한 많은 학생들이 공통적으로 이야기하고 있는 내용은 바로 자신을 이해하면 이해할수록 점점 더 모르는 부분이 많이 드러나는 것입니다. 어쩌면 그러한 고백이 가장 진실한 고백인지 모릅니다. 우리들 자신은 우리들에게 있어 하나의 수수께끼인 것입니다.

인간이야말로 자기 발견을 위해 끊임 없이 최선의 노력을 다 하는 유일한 지구상의 동물인지도 모릅니다. 그리고 그러한 노력의 학문적 결실이 바로 철학이라고 할 수 있습니다. 그런 의미에서 보면 사실 얼핏 가장 비실용적인 것처럼 보이는 철학이야말로 인간에게 가장 필요하고 가장 절실한 학문인지 모릅니다.

도대체 자기 자신에 대한 존재 규명도 없이 막연하게 살아 간다는 것은 너무나 어처구니 없지 않습니까?

글쎄요... 다른 여타의 존재도 과연 인간처럼 자신의 존재 이유를 놓고 그렇게 심각하게 고민하고 열심히 논구할 수 있을까요?

개나 돼지나 닭이 과연 '나는 왜 사철탕의 재료로 쓰여져야 하느냐?', '나는 왜 햄이 되어야 하느냐?', '나는 왜 통닭구이가 되어야 하느냐?' 에 대해서, 즉 자기 자신의 존재 문제에 대해서 인간처럼 진지하게 고민하고 답변하고자 노력할 수 있을까요?

저 자신 그런 존재가 되어 보지 않아서 정확히 알 수 없지만, 아마도 그것은 거의 불가능한 것처럼 보입니다. 그런 의미에서 철학이야말로 인간을 인간답게 여기고, 인간답게 만드는 학문인지도 모릅니다.

어떠세요? 조금 철학에 대해서 매력이 느껴지지 않으십니까?

5강
철학의 방법

우리는 지금까지 철학하는 자세, 철학의 여러 문제들, 그리고 철학의 분야, 철학의 특성 등에 대해서 살펴보았습니다. 이제는 철학의 다양한 방법에 대해서 논의해 보도록 하겠습니다. 우리가 어떤 목표를 설정하여 그곳에 도착하기 위해서는 길을 따라서 가지 않으면 안 됩니다.

흔히 방법이라는 개념을 영어로method라고 하는데 바로 그 말은 meta라는 말과 hodos라는 두 말의 합성어라고 합니다. 즉, '무엇 무엇을 따라서' 라는 meta라는 개념과 '길' 이라는 뜻을 가진 h-odos라는 두 말이 합성되어서 만들어진 것이 method라는 단어란 것이죠. 글자 그대로 풀이해보면, '길을 따라서' 라는 의미를 지니고 있습니다. 우리가 어디를 가려면 길을 따라서 가야지, 자기 멋대로 가다가는 목적지까지 도착할 수 없습니다.

마찬가지로 어떤 철학적인 성과를 거두기 위해서는 좋은 방법을 택하지 않으면 안 됩니다. 그저 자기 멋대로 철학을 하다가는 엉뚱한 주장이나, 결론에 다다르기 십상인 것이죠. 시각 장애인들이 지팡이에 의존하고 길을 걷듯이 우리의 사유도 그런 도구를 필요로 하는데 그것이 곧 철학적 방법입니다. 이제부터는 철학이 다루고 있는 대표적인 방법을 논의해 보도록 합시다.

1, 직관적 방법

아마 철학에 있어서 가장 최고의 방법이자 가장 위험한 방법이라고 할 수 있을지 모릅니다. 다시 말해 철학이 추구하고 있는 궁극적 진리를 직관을 통해서 깨달을 수 있다는 발상을 의미합니다. 이 방법은 여러 철학에서 다양하게 발견되는데, 예를 들어 불교 철학에서도 불립문자不立文字, 직지불성直指佛性 등의 개념을 쓰고 있는데 이 뜻은 문자를 쓰지 않고, 즉 언어적인 매개체에 의존하지 않고 직접 불성을 깨닫는다는 것입니다.

여러분들도 상식처럼 알고 계시는 부처님께서 영산靈山의 큰 모임에서 꽃을 하나 쳐들었을 때 가섭 존자만이 그 뜻을 알고 빙긋이 웃었다는 내용 말입니다. 흔히들 염화시중의 미소, 혹은 이심전심의 가르침이라고 일컫고 있는 이 내용이 바로 직관적 방법의 가장 대표적인 사례 가운데 하나라고 할 수 있을 것입니다.

만약 제가 여러분들께 손가락 하나만 쳐들었을 때 여러분들이 그 뜻을 알아차리고 빙긋이 미소를 지을 수 있다면, 그래서 우리가 한마음 한뜻으로 하나가 되었다면 얼마나 좋을까요? 그렇지 않기 때문에 우리들은 이렇듯 엄청난 말을 거듭하고 있는 어리석음을 되풀이하고 있는 것인지도 모릅니다.

불가佛家에서는 이런 주장과 관련되어 전해 내려오는 이야기들이 무수히 많습니다. (불교에 대해서 잘 알지 못하는 제가 이런 예를 마구 드는 것을 용서해 주시기 바랍니다.)

예를 들면, 다음과 같습니다.

제자: (노스님께) "스님, 부처가 무엇입니까?"

노스님: "아직도 부처가 무엇인지를 모르고 있느냐?"

제자: "예, 아직도 모르고 있습니다."

노스님: "허허...이렇듯 오랜 세월 동안 도를 닦아왔건만 아직도 부처를 모르고 있다는 말인가!!"

제자: "소인이 아직도 어리석어 그 의미를 깨닫고 있지 못하고 있습니다."

노스님: "정 그렇다면, 내가 부처가 어떤 존재인지 가르쳐 주지."

제자: "네에? 정말이세요?"

노스님: "암, 정말이지. 이놈이 지금까지 속아서만 살아온 모양이구나?"

제자: "스님, 그러면 부처란 어떤 존재입니까?"

노스님: "너무 멀리서는 알 수가 없느니라. 이리 가까이 오너라."

제자: "네... 스님" (제자, 고개를 숙인 채 조심조심 스님께 바싹 다가선다.)

노스님: "자, 눈을 감아라. 그러면 내 부처님이 어떤 분인지 가르쳐 주지"

제자: (두려운 마음으로, 한편으로는 넘치는 기대심을 갖고 눈을 감는다.)

(이때, 갑자기 노스님께서 있는 힘껏 제자의 따귀를 한 대 올려 붙인다.)

"철썩!!!"

제자: "아이쿠!! 아니 스님, 제가 무엇을 잘못했길래 이렇게 심하

게 때리시는 겁니까?"

노스님: (아무 대꾸없이 빙그레 웃으며 먼 산만 바라보고 있다. 언제 이런 일이 일어났는가 싶을 정도로 평안하게...)

제자: "......." (아픈 뺨을 어루만지며 멍청히 앉아 있다.)

그러다가 문득 " !!!!!!!!!!!!!" 깨달았다.

뭐, 이런 내용입니다. 이외에도 이런 것과 유사한 사례들이 참으로 많이 전해 내려옵니다. 그런데 그 사례들의 내용들을 검토해 볼 때에 하나의 중요한 공통점을 발견할 수 있는데, 그것은 진리란 단순히 말장난이 아니라는 것입니다. 대략 그럴싸한 말로서 엄청난 진리를 깨달을 수 없다는 것이죠.

그래서인지 불가에서는 체득體得이라는 말을 쓰고 있습니다. 몸소 체험을 통한 앎이 아니면, 다 껍데기 앎이라는 말입니다. 학문하는 사람들은 누구나 할 것 없이 언어에 치중할 수밖에 없는데 바로 그 점을 날카롭게 지적하고 있습니다.

책만 잔뜩 읽고 나름대로 머릿속에 지식만 잔뜩 쌓아 놓으면, 실상 우리의 삶에 필요한 겸손한 자세를 취하기는커녕 오히려 겉멋만 들고, 잘난 체 하기 십상이라는 말입니다. 그러한 내용의 비슷한 경고가 노자 『도덕경道德經』 제1장에도 나옵니다. 앞 장에서도 말한 것처럼 '道可道 非常道 名可名 非常名' 이 바로 그것입니다. 도를 언어로 규정지어 놓으면 참다운 도일 수 없으며, 이름을 언어로 한정지어 놓으면 참다운 이름일 수 없다는 이 말은 참으로 귀한 의미를 지니고 있습니다.

언어만큼 인간에게 유용하며, 언어만큼 인간에게 소중한 것이 없는 반면에, 언어만큼 인간에게 위험하고, 언어만큼 인간을 속이는 것도 드물 것입니다.(기억나시죠? 현대 철학자 비트겐슈타인 같은 사람은 철학이란 우리들이 쳐놓은 언어의 망을 빠져나가는 작업이라고 말하고 있습니다)

비트켄슈타인(1889~1951)

우리 인간들이 말로 인해서 얼마나 많이 속고 있으며, 또 말로 인해서 얼마나 많은 상처를 받고 있는지요... 따라서 가능한 한 언어를 통하지 않는 직접적인 깨달음만이 정말 참다운 인식일 수 있다는 것입니다.

좋은 비유는 아니겠습니다만, 예를 들어 「타이타닉」이라는 영화에서 배가 난파당한 뒤 사랑하는 로즈(케이트 윈슬렛)를 간신히 나무 조각 위에 올려 놓고 버티다 버티다 물속으로 끝내 사라지고 마는 잭(레오나르도 디카프리오)의 심정을 단순히 '그가 그녀를 정말로 가슴깊이 사랑했다' 라는 몇 마디 말로 설명하는 것으로는 충분할 수 없는 것입니다. 거기에는 정말 말로서는 더 이상 표현할 수 없는 '그 무엇' 이 있는 것입니다.

직관적 방법을 중시하는 철학자는 바로 이 '그 무엇' 이라는 것은 언어로는 포착되지 않으며, 오로지 직관을 통해서만 파악된다는 견해를 지니고 있습니다. 우리가 겪는 모든 사태의 의미를 척척 깨닫기만 하면 오죽이나 좋을까요. 그 모든 것을 척척 깨닫기에는 우리 직관은 너무나 빈약합니다. 또, 앞에서도 말한 것처럼 이러한 직관적 방법은 위험할 수도 있다는 것입니다. 플라톤은 그의『국가』편에서 이러한 직관적 방법이 지니고 있는 위험성을 다양한 예를 들어 가면서 설명하고 있습니다.

즉, 플라톤은 우리가 강을 건너가려고 할 때, 직관적 방법을 쓴다는 것은 그 강을 단번에 건너 뛰려는 시도와 비슷하다는 것입니다.

그러나 그것보다는 커다란 돌멩이를 하나씩 날라다가 징검다리를 만들어 건너는 것이 더 낫지 않겠느냐는 것이 그의 주장입니다. 비록 시간적으로는 더디고, 자주 자신이 왔던 길을 되돌아가야 하기 때문에 번거롭기는 하지만 이 방법(징검다리 방법)이 더 확실하다는 것입니다.

또, 플라톤은 '태양의 비유'를 통해 우리들이 직접 진리에 접한다는 것이 얼마나 위험한 것인가를 경고하고 있습니다. 우리들이 어두운 동굴의 세계를 빠져 나와 밝은 태양이 비추는 참다운 세계를 파악하게 되면서 올바른 인식을 비로소 갖기 시작하게 되는데, 만약 우리들이 직접 눈으로 태양을 바라보게 되면 시력을 잃고 말 것이라는 이야기입니다. 다시 말해 우리가 찾고 있는 궁극적인 진리를 태양에 비유하여 우리가 진리를 너무 직접적으로 파악하고자 하면, 오히려 우리들의 인식 능력 자체까지 소멸되어 버리고 만다고 플라톤은 경고하고 있는 것입니다.

직관적 방법은 놀라운 것이기는 하지만 위험할 수도 있습니다. 또, 문제가 될 수 있는 것은 직관에 의해서 파악된 것은 쉽게 객관화될 수는 없다는 것입니다. 왜냐하면 각 개인의 직관적 능력의 차이도 차이려니와, 그 직관을 통해서 파악한 내용을 객관적인 과정을 통해서 검증하기란 거의 불가능하기 때문입니다.

이러한 장단점을 모두 지니고 있는 직관적 방법은 신플라톤주의자인 플로티누스Plotinus를 필두로, 중세 철학자 마이스터 에카르트Meister Eckart, 관념론자인 셸링Schelling, 그리고 특히 생生의 철학자인 베르그손Bergson(우리는 베르그송이라고 발음하는데 프랑스 본토 사람들은 베르그손으로 발음한답니다)도 상당히 강한 어조로 강조한 바 있습니다. 베르그손에 의하면 지성은 과학의 근거이며 모든 현상을 설명하는 데 비해, 직관은 형이상학의 뿌리이며 현상을 꿰뚫어 그 너머의 세계를 우리에게 인식 가능하게 한다는 것입니다.

2. 반성적 방법

가장 많은 철학자들이 다루고 있다고 여겨지는 반성적 방법에는 다시 여러 방법으로 나눌 수 있을 것입니다. 즉 비판적 방법, 분석적 방법, 현상학적 방법 등이 그것입니다.

비판적 방법은 특히 칸트에 의해서 크게 부각되었다고 볼 수 있을 것입니다. 칸트는 인간이 무엇이든지 다 인식할 수 있다고 여기지 않았습니다. 그는 인식 가능한 세계와 인식 불가능한 세계가 있다는 것을 분명히 구분하고자 하였습니다. 인식 가능한 세계는 현상계요, 인식 불가능한 세계는 물자체物自體Ding an sich의 세계인 것입니다.

특히 칸트는 인식 불가능한 영역의 것으로 신의 존재 문제, 영혼의 불멸 문제, 의지의 자유 문제 등을 거론하고 있습니다. 이 세 가지 문제는 우리가 경험으로 증명할 수 있는 문제가 아니며, 단지 도덕적으로 요청하지 않을 수 없는 문제라 보았는데, 우리는 이것을 인식 가능한 것으로 여겼기에 지금까지 많은 잘못을 저질러 왔다고 봅니다.

칸트(1724~1804)

즉, 인식의 한계를 분명히 밝히고 이성의 능력을 이성을 통해서 분명히 규정지을 필요가 있다는 주장입니다. 우리의 인식 한계를 의식하지 않고 무조건적으로 형이상학을 건설하고자 하면 실패로 끝날 뿐이라는 것이죠.

이러한 칸트적인 발상은 그 유형은 달리하고 있지만, 오늘날의 과학 철학의 정립에 이르기까지 장구한 세월 동안 많은 영향력을 끼치고 있다고 볼 수 있습니다.

분석적 방법은 특히 1920년대 이후 논리 실증주의라는 철학적 운동이 놀라운 속도로 발전하고, 그것이 곧 분석 철학의 효시를 이루면서 급속도로 진전을 거듭하였던 철학 사조의 학문적 방법을 의미합니다.

그들에 따르면(물론 학자마다 주장의 차이가 상당히 있기는 하지만), 철학은 결국 언어 분석linguistic analysis이라는 것입니다. 개념을 명료화하는 작업 이상도 이하도 아니라는 것이죠. 다시 말해 철학이 어떤 문제를 풀기보다도 종래에 주장되어 왔던 철학적 문제라는 것의 정체를 밝히고, 그 문제들이 어떤 맥락에서 어떻게 주장되었는지, 그 '개념의 의미' 나 '주장의 의미' 를 철저히 분석하는 작업이 먼저 우선시 되어야 한다는 입장에서 나온 방법론을 분석적 방법이라고 할 수 있습니다.

그들은 신이 존재하느냐 존재하지 않느냐에 대한 관심보다도, 그렇게 주장하고 있는 신 개념이 의미하는 바가 무엇인지를 먼저 밝히라고 주장하고 있습니다. 이러한 분석적 작업은 종래의 형이상학적 주장에 대한 분석은 물론이려니와, 근자에 들어 와서는 도덕적 판단이나 예술적 표현에 이르기까지 다양하게 그 적용의 폭을 넓혀 나가고 있는 실정입니다.

현상학적 방법은 주지하다시피 오스트리아의 철학자인 후설Edmund Husserl이 내세운 철학적 방법을 의미합니다. 물론 후설의 현상학이 워낙 그 내용이 방대하고 그 사상적 변화도 다양하여 짤막하게 설명한다는 것이 상당히 위험하기는 하지만, 몇 가지 특징만을 개략적으로나마 이해해 보도록 합시다.

수학자로 출발한 후설은 학문적 관심을 점차 철학 쪽으로 확대시켜 나가면서 학문의 기초를 철저히 건설하고자 시도합니다. 후설은 우선 근세 철학자 데카르트와 같은 태도를 취하면서 우리 인식의 의심스러운 내용을 모조리 의심합니다. 그의 개념에 따르면, 소위 자연적 태도에서 얻어지는 인식에 대해 판단 중지epoche를 내리라는 것입니다.

그리고 무엇보다도 현상학에 있어서 대상은 단순히 물리적 대상, 역사적 대상, 경험적 대상은 물론이요 감각을 통해서는 파악되지 않는 본질적 대상까지도 내포하고 있으며, 결국 현상학이란 현상의 본질 구조를 파악하려는 '본질학' 을 지향하고 있는 학문입니다.

특히 현상학은 의식의 구조를 재조명하고 있는데, 인간의 의식은 언제나 무엇을 지향하고 있는 근본 특성을 지니고 있는 바, 그 '지향성' 이라는 구조를 파악하려고 시도하고 있습니다.

후설(1859~1938)

소위, '본질 직관' 혹은 '형상적 환원' 이라는 방법을 통해서 지향성의 본질 구조를 파악하고자 했던 것입니다. 그에 따르면 지향성을 특성으로 갖고 있는 의식은 다시 크게 두 가지의 모습을 지니고 있는데 하나는 노에시스noesis요, 다른 하나는 노에마noema인 것이죠. 흔히들 '의식 작용' 과 '의식 내용' 으로 번역되고 있는 부분입니다.

이렇듯 인식론적 색채가 짙은 현상학의 초기 모습은 1920년대 이후로 접어들면서 역사 철학, 종교 철학, 실존 철학, 해석학, 존재론, 형이상학 등 다양한 측면에 그 영향력을 끼치고 있습니다.

3. 변증법적 방법

변증법의 원어인 dia-lektike가 의미하는 바는 서로dia, 말하다le-ktike라는 뜻(혹은 logos로써 말하다)입니다. 이미 잘 알고 있듯이 고대 철학자 소크라테스는 그의 철학적 방법으로 대화법을 사용하였는데, 그 내용은 서로 간의 대화를 통해서 보다 확실한 진리를 이

끌어내는 방법입니다. 즉, 어느 한 사람만의 주장은 잘못하면 독단에 빠지기 쉽다는 것입니다. 따라서 어느 한 사람이 어떤 내용을 주장하면 다른 사람이 그 내용에 대한 이견을 제시하고 그 둘 사이의 문제점을 서로 보충해 가면서 보다 더 이상적인 결론에 도달할 수 있다는 발상이죠.

헤겔(1770~1831)

물론 또 다른 한편으로서는 고대 자연주의 철학자 가운데 한 사람인 헤라클레이토스의 만물유전萬物流轉 사상도 변증법적 사상에 많은 영향을 주었다고 봅니다. 즉, 이 세상 어느 것도 고정적으로 존재하는 것은 하나도 없으며 모든 것은 다 변한다는 것입니다. 단지 그 변화가 그냥 자기 멋대로 변화되는 것이 아니고, 그 변화 가운데 어떤 일정한 법칙이 있어서 그 법칙에 따라 바뀌게 된다는 것입니다.

그 법칙 혹은 원리를 지칭하는 개념으로 등장한 것이 바로 logos란 용어입니다.

바로 이러한 발상을 철학적으로 가장 잘 정립시킨 사람이 바로 헤겔Hegel입니다. 다소 거칠게 헤겔 철학을 이해해 보면 결국 헤겔의 주장에 따르면 이 세상의 모든 것은 다 변화하게 마련인데 물질적인 세계는 말할 것도 없이 인간이 만들어 놓은 여러 가지 제도들이나 예술, 종교, 학문들도 마찬가지이며 인간의 정신도 모두 다 변화되어 간다는 것입니다. 이세상의 어느 것도 고정적으로 자기 자신을 유지할 수 없다는 말입니다.

또 이 세상에는 '모순' 이 존재하는데, 바로 그 모순이 이 세상의 본질적인 모습이라는 것이죠. 즉, 모든 것들은 자기 자신을 유지하려고 하면서도 늘 변화되게 마련이라는 것입니다.

문제는 그 변화가 아무렇게나 되는 것이 아니라, 어떤 일정한 법칙에 의해서 바뀌어진다는 것입니다. 바로 그 법칙을 일컬어 '변증법' 이라고 부릅니다.

주지하다시피, 어떤 긍정적인 한 입장이 **정립**These 되면, 그에 대해 부정적인 **반정립**Anti-these이 만들어지고, 이 모순 대립하는 두 입장을 지양止揚aufheben함으로써 새로운 통일된 입장인 **종합**Synthese으로 발전하게 된다는 이론입니다.

이렇듯 즉자卽自an sich에서 출발하여 대자對自für sich를 거쳐 즉자대자an und für sich의 단계를 거듭하는 것이 소위 삼 단계 방식인 변증법의 요체입니다.

이러한 헤겔의 관념 변증법은 다시 맑스의 유물 변증법과 키에르케고르의 실존 변증법에 많은 영향을 끼쳤습니다.

PHILOSOPHIE

6강
철학의 기초
종교사상 및 철학사상

1. 불교 사상

불교 사상은 여러분이 잘 아시는 것처럼 그 내용이 참으로 방대합니다. 그러나 이 장에서는 그 핵심적인 부분만 검토하겠습니다. 여러분들은 불교 사상의 어떤 부분이 가장 핵심적인 부분이라고 생각하십니까? 수십, 수백 가지 방법으로 이야기할 수 있지만, 한정된 지면에 세세하게 다룰 수는 없고 크게 몇 부분으로 나누어 전개시켜 보겠습니다.

즉, 연기와 윤회와 업보에 관련된 부분, 인생의 고苦와 사성제 부분, 깨달음과 팔정도 부분이 그것입니다. 부처님의 말씀을 어떻게 정리할 수 있을까요? 그 시각을 논의하자면 한도 끝도 없을 것입니다. 여러분도 잘 아시다시피 여러 종류의 대장경이 있지 않습니까? 그 어마어마한 내용들을 어찌 다 이야기할 수 있으며, 저 스스로가 과연 얼마나 이해했겠습니까?

따라서 불교 사상에 있어서 몇 가지 주요한 개념을 중심으로 해서 이야기해 볼까 합니다.

엄청난 내용을 축약시키는 과정에서 발생하는 비약을 최소화시키도록 노력은 하였지만, 얼마나 정확히 전달이 될지 참으로 미지수입니다.

여러분들도 잘 아시다시피, 불교 사상 역시 단순히 머리로만 이해되는 그러한 종교가 아니기 때문입니다. 소위 깨달음의 종교라고 한마디로 할 수 있으나, 그 깨달음이라는 것이 상당 부분 언어를 뛰어넘는 요소를 지니고 있기 때문에 과연 그 영역을 어떻게 전달할 수 있을지 참으로 문제가 아닐 수 없습니다. 하여간 이심전심의 비법을 활자 너머에서 찾아보시기 바랍니다.

윤회輪廻, 연기緣起, 업業

불교 사상의 특징을 여러 가지 측면에서 논의할 수 있겠습니다만, 그 가운데 특히 두드러진 특징 가운데 하나는 바로 윤회 사상이라고 볼 수 있을 것입니다. 잘 아시는 것처럼, 윤회 사상이란 인간의 모든 생사는 한번에 그치는 것이 아니라, 계속해서 돌아간다는 것입니다. 즉, 태어남과 죽음이 계속적으로 반복되어진다는 주장입니다. 윤회 사상에 따르면, 크게 5가지 존재 방식으로 윤회는 반복되고 있습니다. 즉, 천상天上, 인간人間, 축생畜生, 아귀餓鬼, 지옥地獄이 그것입니다.

> 모든 중생들은 은혜와 사랑에 얽매여서 생사를 떠돌아 다니면서, 여기서는 죽고, 저기서는 나며, 끝날 때가 없도다...

윤회의 원리는 무엇입니까? 그것은 인간이 살아있는 동안에 행하는 모든 행위는 일종의 업보를 갖는 바, 자신이 저지른 행위의 결과로 다음 생이 결정된다는 것입니다. 현재의 우리 생은 과거 우리 업보의 결과인 것이며, 미래의 우리 생 역시 현재의 우리 업業karma에 의해 결정되며, 이 세상 모든 삼라만상은 그저 자기 혼자 독립해서 존재하는 것은 단 하나도 없다는 것입니다. 모든 것은 서로 서로 연결되어 있습니다. "저것이 있으므로 이것이 있고, 이것이 있으므로 저것이 존재하는 것"입니다. 이것이 바로 불교의 연기緣起 이론입니다.

불교식으로 설명하자면, 여러분들과 나와의 만남은 우연이 아닙니다(어느 누구의 유행가 가사처럼, 우리 만남은 우연이 아니야...). 우리는 잘 알지 못하는 어떤 인연에 의해서 어쩔 수 없이 만나게 된 것입니다. 아, 이 기기묘묘한 만남의 미학이여... 또한 이 세상 삼라만상 가운데 변하지 않는 것은 하나도 없으며諸行無常, 영원무궁한 실체는 존재하지 않는다諸法無我는 것이 부처님의 가르침입니다.

우리들 남녀 간의 사랑을 놓고 생각해 봐도 그렇습니다. 우리들은 서로의 사랑이 변치 않기를 하늘에 대고, 땅에 대고, 서로의 가슴에 대고, 새끼 손가락, 엄지 손가락에 대고 맹세에 맹세를 거듭하지만, 그것이 얼마나 잘 지켜지고 있습니까? 우리 나라의 이혼율이 나날이 증가하고 있다는 사실은 잘 알고 계시죠?

여러분들의 젊음 또한 항상 있는 것이 아닙니다. 여러분들은 젊은 시절의 어머님의 사진을 보면서 '아, 우리 엄마도 한때는 이런 모습도 있었구나!' 하고 놀란 적이 있죠? 지금으로부터 40년이 지난 뒤의 여러분의 모습을 한번 상상해 보세요? 과연 어떤 모습이겠습니까? 생각하면 끔찍할지 모릅니다. 얼굴이 쭈글쭈글하고, 허리가 휜 할머니는 그렇게 되고 싶어 됐겠습니까? 인생은 그렇게 되어져 가는 것입니다. 활짝 핀 예쁜 장미꽃도 언젠가는 시드는 법입니다. 그것이 인생이라는 것입니다.

돈도 많이 벌고 싶고, 멋진 사람과 결혼하고 싶고, 높은 명예도 갖고 싶고, 권력도 한번 멋대로 휘두르고 싶고, 큰소리 뻥뻥치면서 살고 싶지만, 그렇게 마음대로 되지 않는 것이 인생이라는 것입니다. 아니 설령 그런 것들을 모두 가졌다 할지라도 곧 잃어버리고 말 것입니다.

삼성그룹의 이병철 회장도 말년에 가서는 죽 한 모금 제대로 들지 못했다는 사실 아시죠? 대우 그룹의 김우중 회장은 지금 어디에 있습니까? 전두환, 노태우 전 대통령들은 모두 감옥에 다녀왔습니다. 한국의 철강왕 박태준 국무총리도 총리 취임 128일 만에 불명예스럽게 권좌에서 물러나고 말았습니다.

인생 고苦와 사성제

불교의 경전에 따르면 인간의 생노병사, 즉 태어나고, 늙고, 병들고, 죽는 것이 모두 다 고苦duhkha라는 것입니다. 인간이라면 어느 누구도 이 네 가지 고통에서 벗어날 수는 없다는 것이죠. 물론 잠깐 동안의 즐거움이나, 기쁨이나, 쾌락을 즐길 수는 있을지 몰라도 결국 인간은 근원적인 고통에서 쉽게 벗어날 수 없다는 것입니다. 즉, '원망스럽고 미운 사람과 만나는 것이 고통怨憎會苦' 이요, '사랑하는 사람과 이별해야 하는 것이 고통愛別離苦' 이요, '구하지만 얻지 못하는 것이 고통求不得苦' 이요, 결국 인간 존재는 고통 그 자체五陰盛苦라는 것입니다. 인생 자체는 불완전한 것이요, 끊임없는 좌절과 실망의 연속인 것입니다. 우리는 우리가 원하는 존재와는 다른 존재로 만들어져 가고 있으며, 우리가 하고 싶고 갖고 싶어 하는 쪽과는 전혀 다른 쪽으로 인생은 전개되고 있다는 것입니다.

아주 상식적으로 많은 고등학교 학생들이 자신이 원하는 대학교에 제대로 입학하지 못하고 있으며, 자신이 원하는 학과에 제대로 가지 못하고 있다는 사실만 보아도 알 수 있습니다. 그렇다면 왜 인생은 고통의 연속일까요? 왜 우리들은 이러한 고통에 시달려야 할까요?

부처님의 답변은 간단합니다. 모두 다 우리들의 잘못된 욕망, 갈애渴愛tanha 때문이라는 것입니다. 그것으로 인해서 온 우주 전체의 본 모습을 보지 못하고, 알지 못하여 무명無明, 오직 미망迷妄의 세계에 사로잡혀 있다는 것입니다.

"무릇 모든 괴로움이 생기는 것은 다 애욕愛慾으로 말미암나니..."

인간은 한없는 욕망의 지배 아래 놓여져 있습니다. 인간은 자신도 모르는 사이에 욕망에 의해 지배받으며, 스스로 괴로워하고 있다는 것입니다.

인간은 끊임없이 자신의 욕구를 채우려고 몸부림치지만, 그러면 그럴수록 욕망은 점점더 커져갈 뿐이요, 그것은 마치 목마른 사람이 바닷물을 마시는 것과 같아서, 마시면 마실수록 더 큰 갈증을 느끼는 것과 같습니다.

"너희가 히말라야 산 만큼 커다란 황금 덩어리를 갖는다 하여도 만족하지 못할 것이요…"

"보석이 소나기처럼 쏟아진다 해도 너희들의 욕심을 채우지는 못하리라…"

그러면 이러한 잘못된 욕심으로부터 어떻게 벗어날 수 있을까요? 이와 관련된 부처님의 가르침이 소위 사성제四聖諦입니다. 고제, 집제, 멸제, 도제가 그것입니다. 고苦, 집集, 멸滅, 도道에 관련된 네 가지의 원리를 깨우쳐야만 인생을 바로 볼 수 있다는 것입니다. 고가 결과요, 집이 원인이며, 멸이 결과요, 도가 원인입니다. 다시 말해 모든 것에 대한 애착과 집착함으로 인해서 고가 생기는 것이요, 우리가 닦아야 할 도를 통해서 모든 욕망이 사라지는 멸의 단계, 즉 열반涅槃Nirvana에 도달한다는 것입니다.

여러분들이 현재 가장 애착을 갖고 있는 것이 무엇입니까? 지금 현재 여러분들을 사로 잡고 있는 욕심은 무엇입니까? 무엇 때문에 여러분들은 지금 괴로워하고 있습니까?

불교경전(雜阿含 제3권, 72, 제6권 123 등)에 따르면, 인간은 육체적인 부분인 色(ru-pa)와 정신적인 부분 名(nama)으로 구성되어 있는데, 名은 다시 수受(vedana-), 상想(sam.jn~a.), 행行(samskara), 식識(vijn~a-na) 등 사종四種으로 이루어져 있다는 것입니다.

- 色 ● 육체는 다시 地, 水, 火, 風의 네가지 요소로 이루어져 있는데(이를 사대四大라고 부릅니다), 地는 손톱, 머리카락, 뼈 등 육체의 딱딱한 부분이며, 水는 침, 혈액, 소변 등 액체 부분, 火는 체온을, 風은 몸속의 氣를 의미.
- 受 ● 모든 감수 작용과 감정 부분을 의미합니다. 즉, 육체적으로 받는 쾌, 불쾌감과 정신적으로 느끼는 苦, 樂 등의 감정.
- 想 ● 개념과 표상을 만들어 내는 작용, 즉 각 대상의 성질을 인식하고, 그 대상에 이름을 부여하는 정신 기능의 영역을 뜻함.
- 行 ● 의지 작용, 기억, 정신 통일, 여러 지적 작용 등을 뜻하는데, 인간의 모든 業이 만들어지는 이유가 바로 이 行에 의거한 것이라는 것.
- 識 ● 모든 분별을 일으키는 작용으로, 이는 다시 六識으로 나뉘어 눈, 귀, 코, 혀, 몸, 마음(이를 六根이라 하는데)에 상응하는 안식眼識, 이식耳識, 비식鼻識, 설식舌識, 신식身識, 의식意識이 생겨난다는 것입니다.

인간 존재는 지금까지 살핀 것처럼, 다섯 개의 요소가 합쳐져서 만들어진 존재로 그 중 어느 한 가지도 실체는 존재하지 않는다는 것입니다.

다시 말해 色은 거품덩어리 같고, 受는 거품 방울과 같고, 想은 신기루이며, 行은 속알맹이 없는 바나나 줄기이며, 識은 허깨비 같은 것(잡아함 제10권 265)이라는 말입니다. 그런 면에서 영원한 실체를 갖고 있지 않는 '나' 라고 하는 ego에 대한 집착에서 빨리 벗어나야 한다는 것입니다.

깨달음, 해탈, 팔정도八正道

그렇다면 이러한 생과 사의 윤회의 고리는 끊임없이 돌아가며, 집착과 애증과 갈애에 의해서 빚어지는 고통와 백팔번뇌는 언제나 계속되는 것일까요? 부처님께서는 그렇지 않다고 말씀하셨습니다. 그것들을 뛰어 넘는 길이 있다는 것이죠. 그것이 곧 깨달음이요, 해탈이요, 열반입니다.

열반이란 말은 Nirvana에 대한 한자 음역으로 그 원래의 뜻은 '소멸시킴' '불을 끔'의 의미를 갖고 있습니다. 즉, 인간의 끊임없이 타오르는 갈망과 욕구와 욕정의 불꽃을 깨끗이 소멸시킨다는 뜻을 지니고 있습니다. 앞에서도 말했던 것처럼 우리들이 괴로운 이유는 채우지 못하는 욕망을 갖고 이를 끊임없이 채우고자 몸부림치고 있기 때문인데, 그러한 일체의 욕심에 지배를 받는 존재가 아니라 자신의 욕심을 통제할 수 있는 존재가 되면, 일체의 고통은 사라지게 된다는 것입니다.(한마디로 자기를 이기는 극기克己의 존재가 최후 승리자가 되는 것이죠)

이런 열반의 경지에 이르게 되면 더 이상 업을 쌓지 않게 되며, 윤회의 고리에서 벗어나게 된다는 주장입니다. 생사와 선악의 고리에서 완전히 벗어난 상태가 곧 해탈解脫의 상태인 것입니다.

그렇다면 대체 무슨 방법으로 그런 경지에 들 수 있을까요? 그 길은 지나친 쾌락의 길도 아니요, 그렇다고 극단적인 고행의 길도 아닌 중도中道의 길을 가야한다는 것입니다.(중아함, 제56권 204)

팔정도八正道

1) 정견正見 ● 바른 견해, 바른 세계관, 바른 인생관. 사성제의 도리를 깨달음.

2) 정사正思 ● 바른 생각, 바른 의사, 바른 분별력, 부드럽고 자비로우며 청정한 마음.
즉, 삼독三毒(탐진치貪瞋癡 - 욕심을 부리며, 성을 내며, 어리석은 마음을 지님)에서 벗어남.

3) 정어正語 ● 바른 말. 거짓말, 남을 이간시키는 말, 욕하는 말, 아첨하는 말을 사용하지 않음.

4) 정업正業 ● 바른 행위. 생명을 해치지 말고, 도둑질하지 않고, 사음邪淫에 빠지지 않음. 즉 나쁜 업보를 버리고, 좋은 업보를 쌓음.

5) 정명正命 ●바른 생활 방식. 바른 직업. 즉 남을 해치는 직업(무기, 술, 독약 장사, 도살업, 사냥 등)을 갖지 않음 또한 남이 이익을 얻는 것에 시기하지 않으며, 자신의 이익에 기뻐하지 않음.

6) 정정진正精進 ● 바른 노력. 이상을 향한 바른 수도 생활. 악을 끊으며 선을 증진시킴.

7) 정념正念 ● 바른 기억. 올바른 이상과 목적을 항시 잊지 않음. 사념邪念(마음의 어지러움)을 없앰.

8) 정정正定 ● 바른 정신 통일. 진실한 도리에 통달한 경지. 선정禪定에 몰입.

이 중도를 보다 구체적으로 전개시킨 것이 바로 팔정도인 것이죠. 주지하다시피, 팔정도란 앞 페이지의 8가지 수행 방법을 의미합니다.

8정도 가운데 앞의 7가지는 결국 제일 마지막의 정정正定을 위한 과정일 수 있습니다. 7정도를 닦음으로서 정정에 도달할 수 있고, 그리함으로써 삶의 실상과 인간의 실상과 만물의 실상을 깨닫게 되며, 모든 욕망은 사라지게 된다는 것입니다.

자, 이제 이야기를 정리합시다. 결국 불교 사상이란 우리 인간은 윤회의 과정과 지나간 업業에 의해서 인간으로 태어났으며, 자신의 욕망이 주는 고뇌에 시달릴 수밖에 없는 존재인데, 스스로의 노력에 의해서 깨달음의 경지에 갈 수 있으며, 비로소 그 해탈의 경지에서 인생의 실상을 바라볼 수 있게 된다는 것입니다.

그리고 그 열반의 상태에서 모든 욕망은 자취를 감추고 사라지게 된다는 것이죠. 그때 우리들은 영원히 계속되는 윤회의 고리를 끊고 대자유를 누리게 된다는 주장입니다.

물론 제일 앞부분에서 말씀드린 것처럼, 불교 사상 역시 단순히 머리로 이해되는 내용이 절대 아닙니다. 스스로 체득하지 않으면, 수박 겉핥기 식밖에는 되지 않는다는 사실을 명심하기 바랍니다.

부처님께서 많은 중생을 앞에 두고 꽃을 쳐들었을 때에 오직 가섭 존자만이 그 뜻을 알아차리고 웃음을 지었다고 합니다. 그 깊은 속을 어찌 전할 수 있으리요....

다음의 글을 잘 읽어보시기 바랍니다.

제자: 오, 스승님, 저는 지금까지 인생의 비밀을 찾고 또 찾아 헤매었습니다!

Oh, Master, I' ve been searching and searching for the secret of life!

스승: 오? 내가 잘 알고 있지.

Oh? I know that.

제자: 스승님은 그 인생의 비밀을 알고 계시나요?!

You know the secret of life?!

스승: 그럼, 나는 잘 알고 있지.

Yes, I know that.

제자: 제발, 스승님, 인생의 비밀을 말씀해 주십시오.

Please Master, tell me the secret of life.

스승: 오, 나는 그렇게 할 수가 없네 그려.

Oh, I couldn' t do that!

제자: 왜 안 됩니까?

Why not?

스승: 비밀이기 때문이지!

It' s a secret!

불교 사상

1) 각종 불교 경전
불교 경전은 너무 방대하여 소개를 자세하게 하지 못하는 것을 용서하기 바랍니다. 단 한 가지 여러분들이 아셔야 할 것은 부처님께서 제자들에게 설법하실 때에 그들 수준의 성장에 따라서 그 정도를 높이셨다는 사실입니다.
즉, 아함경에서 시작해서 금강경, 반야경을 거쳐 화엄경 등에 이르기까지 다양한 차이를 보인다는 사실을 명심하기 바랍니다.
2) 심재룡, 『동양의 지혜와 禪』, 세계사, 1990.
3) 김용옥, 『금감경강해』, 통나무, 1999.
4) 『불교성전』, 동국대 역경원, 1992.
5) 마스다니 후미오, 『불교와 기독교의 비교연구』, 이종택역, 고려원, 1993.(기타 고려원 간, 다르마 총서 참조할 것)
6) 스즈끼 다이세쯔, 『선이란 무엇인가』, 을유문화사, 1980.
7) 필립 카플로, 『눈푸른 스님께 묻습니다』, 정신세계사, 1993.
8) 앨런 와츠, 『해탈의 길』, 고려원, 1994.
9) 캐리 듄, 『석가와 예수의 대화』, 종로서적, 1981.
10) 아베 마사오, 『선과 종교철학』, 대원정사, 1996.
11) 아베 마사오,『선과 현대철학』, 대원정사, 1996.
12) 현각, 『하버드에서 화계사까지』, 열림원, 1999.
13) 이원섭, 『법구경의 진리』, 기린원, 1980.
14) 조계종 포교원, 『불교교리』, 조계종출판사, 1998.
15) 콘즈, 『한글세대를 위한 불교』, 세계사, 1990.
16) 정승석, 『100문 100답』 불교강좌, 민족사, 1999.
17) 나까무라 하지메, 『불타의 세계』, 김지견역,김영사, 1984.
18) 한용운 편찬, 『불교 대전』, 이원섭역주, 현암사, 1980.
19) 요안나 살라잔 그림, 『선만화』, 해뜸, 1988.

2. 기독교 사상

기독교 사상도 여러분들이 잘 아시는 것처럼, 그 내용이 하도 방대하여 세세히 서술한다면 아마 수백 권도 모자랄 것입니다. 따라서 이 장에서는 그 핵심적인 부분만 검토해 보겠습니다.

여러분들은 기독교 사상의 어떤 부분이 가장 핵심적인 부분이라고 생각하십니까? 여러 가지로 이야기할 수 있겠지만, 크게 3부분으로 볼 수 있습니다. 즉, 창조론, 타락론, 구원론이 그것입니다.

물론 전혀 다르게 기독교를 볼 수도 있을 것입니다. 여호와를 중심으로 볼 수도 있으며, 예수 그리스도를 중심으로 볼 수도 있을 것입니다. 또는 사도 바울의 사상을 중심으로 전개할 수도 있을 것입니다. 그 외에도 원죄를 중심으로, 부활을 중심으로, 성령을 중심으로, 구속사를 중심으로 등등 여러 가지 시각으로 논의할 수 있을 것입니다. 그래서 심지어는 기독교 학자의 수만큼 기독교 이론이 존재한다는 말까지 나오지 않았습니까. 그러나 이 강의에서는 앞에서 말한 것처럼 세 가지 부분, 즉 창조, 타락, 구원의 측면에서만 논의하고자 합니다. 기독교는 성경을 중심으로 전개된 종교이므로 성경을 인용하면서 강의를 해 나가도록 하겠습니다.

우주 창조와 인간의 탄생

창세기 1장 1절에서 말해 주고 있는 것처럼, 먼저 하나님이 모든 우주를 창조했다는 선포에서 성경은 시작합니다. "태초에 하나님이 천지를 창조하시니라"는 이 주장은 모든 것들의 존재 근거를 하나님에 두고 있습니다. 모든 만물들이 다 하나님에 의해서 만들어졌다는 것입니다.

「창세기」라는 책자는 그러한 창조의 순서를 하나하나 보여 주고 있습니다. 성경에 따르면(창세기 1장~2장), 우주 창조 첫째 날 빛이 만들어졌으며, 둘째 날에는 궁창이, 셋째 날에는 땅, 바다, 식물이, 넷째 날에는 해, 달, 별들이, 다섯째 날에는 물고기와 새가, 그리고 마침내 여섯째 날에 짐승과 사람이 만들어졌다고 합니다. 이 모든 것을 지으시고 일곱째 날에 안식하셨다(쉬셨다)고 기록되어 있습니다.

재미있는 것은 다섯째 날까지 모든 것을 하나하나 만든 다음에 "보시기에 좋았더라"라고 기록하고 있는데, 특히 여섯째 날 인간을 창조하신 뒤에는 "보시기에 심히 좋았더라"라고 말하고 있습니다.

그런데 성경에 따르면 인간은 다른 존재와는 특별히 구별되게 만들어졌습니다. 즉, 인간은 "하나님의 형상Imago Dei ; Image of God에 따라 독특하게 만들어진 존재란 것입니다. 그리하여 인간에게 "바다의 고기와 공중의 새와 육축과 온 땅과 땅에 기는 모든 것을 다스리도록(창 1:26)" 하는 책임과 권한을 특별히 부여했다는 것이죠.(이런 구절을 바탕으로 일부 학자들은 기독교적 세계관으로 인해서 이 세계가 인간의 정복으로 황폐화되어 가고 있다고 주장하고 있습니다만, 사실 엄격히 따져 보면, 위의 구절은 잘 관리하라는 의미가 더 강하지 자연 세계를 마구 파괴하라는 의미가 강한 것은 아닙니다. 인간의 자연 세계에 대한 파괴는 실상 인간의 타락 이후에 전개된다는 사실에 주목할 필요가 있습니다.(창세기 3장 17~18

절 참조.)

또 성경이 인간 창조 과정에서 보여 주고 있는 것은, 여호와 하나님께서 생기를 코에 불어 넣은지라 인간이 생령生靈이 되었다는 사실입니다. 생령이 되었다는 것을 다양하게 이해할 수 있겠습니다만, 무엇보다도 인간은 하나님을 인식하고, 그 하나님의 말씀을 들을 줄 아는 놀라운 능력을 부여받았다고 생각됩니다.

그리하여 하나님께서 그 '첫 사람'을 만드신 뒤에 살기 좋은 에덴 동산에 두었으며, 그에게 첫 명령을 내리는데 그것이 곧 "동산의 각종 나무의 실과는 네가 임의로 먹되, 선악을 알게 하는 나무의 실과는 먹지 말라"는 것입니다. 그것을 먹는 날에는 정녕 죽게 된다는 말이었습니다.

사단의 유혹과 인간의 타락

「창세기」에서 우리가 발견하게 되는 재미있는 사실 하나는 하나님께서 그 첫 사람이 혼자 있는 것을 보시기에 좋지 않았다는 사실입니다.

어떤 책에서인가 하나님께서 인간을 왜 만들었는가 하는 물음에 대해서 "하나님께서 너무 외로우셔서 사랑할 대상으로 인간을 만드셨다"라고 써 놓은 구절을 보며 혼자 고개를 끄덕였던 기억이 있습니다만, 여하튼 아담 혼자 외롭게 있는 것을 하나님은 도저히 그냥 지나치실 수 없으셔서 놀라운 수술(?)을 감행하십니다. 그것이 아담을 마취시키신 뒤에 그의 갈빗대 중 하나로 한 여성을 탄생시킨 사건입니다.

누군가 농담삼아, 왜 남자가 여자보다 평균적으로 일찍 죽을 수밖에 없는가 라는 물음에 대해서 "하나님께서 남자는 본래 흙으로 만드셨고, 여성은 세라믹으로 만드셨기 때문에 그렇다"라고 말하기도 합니다만...

우리가 여기에서 성경을 주의깊게 들여다볼 내용은 그 여성을 하나님께서 지으실 때, 하나의 중요한 조건을 달아 놓으셨다는 것입니다. 즉, "아담이 돕는 배필이 없으므로(창 2: 20)"라는 구절입니다. (이 글을 읽는 많은 여학생께서 반발을 일으킬지 모르겠습니다만, 성경 상으로 보면 여성의 존재 의미는 남성을 돕는데 있습니다. 그리고 이 말은 절대로 여성을 비하하는 말이 아닙니다. 한번 잘 생각해 봅시다. '도와 주는 자' 와 '도움을 받는 자' 를 놓고 생각해 볼 때, 사실 어느 쪽이 더 우세합니까? 우리가 거지를 도와 준다고 할 때, 사실 누가 더 우위에 있는지 잘 생각해 보면 됩니다.)

물론 엄격한 의미에서 남성과 여성 가운데 누가 더 우위에 있느냐 하는 것은 그 문제 자체가 잘못된 질문이며, 실상 서로가 서로를 돕는데 더 큰 의미가 있다고 여겨집니다.

이렇게 본래는 서로 잘 돕고, 잘 지내야 할 남성과 여성의 관계가 불행히도 한 사건으로 인해서 갈라지게 되며, 그로 인해서 인간과 하나님과의 관계도 단절되고 말았다고 성경은 전하고 있습니다.(창 3장 1~24)

뱀의 꼬임에 빠져서 먼저 여성이 소위 선악과를 따먹게 되고, 이어서 그 여성의 권유로 남자도 그 과일을 따먹게 되어 그 두 사람은 에덴 동산에서 쫓겨 나고, 그런 뒤에 인간적인 온갖 노고는 시작되었다고 성경은 기록하고 있습니다.(창 3장)

여기에서 우리들이 주목해야 할 부분은 인간이 그 동안에 맺고 있었던 중요한 3가지의 관계가 다 단절되고 말았다는 것입니다. 우선 하나님의 명령을 거역한 까닭에 하나님과의 좋은 관계가 단절되었으며, 선악과를 따먹은 죄과를 서로에게 미루는 바람에 남성과 여성의 관계가 서로 사랑하는 단계에서 서로 원망하는 단계로 바뀌었으며, 인간의 타락으로 말미암아 자연과 인간과의 관계도 나빠지고 말았다(창 3: 17~18)는 것입니다.

성경은 인간이 원죄에 빠지는 이유를 다음과 같은 욕심에 두고 있습니다.

> "너희가 그것을 먹는 날에는 너희 눈이 밝아 하나님과 같이 되어 선악을 알 줄을 하나님이 아심이니라"(창 3: 5).

성경에서 이야기하고 있는 죄는 우리가 일상적으로 이야기하고 있는 죄와는 그 성격이 다르며, 무엇보다도 인간적인 교만을 가장 잘못된 죄로 보고 있습니다.(결국 하나님의 존재를 부인하는 것도 따지고 보면 일종의 교만이라 할 수 있겠습니다.)

다시 말해 하나님을 우습게 알고 모든 일을 할 때 자신이 하나님인 양 제멋대로 행동하는 것을 가장 경계하고 있는 것입니다.

에덴 동산에서 추방된 뒤에 인간은 참으로 타락의 일로를 걷습니다. 가인은 자신의 동생인 아벨을 살인하며(질투하는 인간), 하나님께서 도저히 참을 수 없을 만큼 많은 인간들이 잘못을 저지릅니다.

성경은 그러한 타락을 다음처럼 기록하고 있습니다.

"때에 온 땅이 하나님 앞에 패괴하여 강포가 땅에 충만한지라, 하나님이 보신즉 땅이 패괴하였으니 이는 땅에서 모든 혈육있는 자의 행위가 패괴함이었더라"(창 6: 11-12)

그리하여 하나님은 인간에게 전무후무한 홍수 심판을 내리게 되었다는 것입니다.

인간에 대한 구원과 예수 그리스도의 의미

그러나 하나님은 은혜의 하나님이신지라, 모든 인간을 다 쓸어버리지 아니하시고 극소수의 의인으로 하여금 새롭게 역사를 시작하도록 만드셨다고 성경은 전하고 있습니다. 그들이 바로 노아와 그의 자손으로 셈, 함, 야벳인 것입니다.(창 9장, 10장 참조)

그 뒤 성경에 기록되는 역사는 결국 타락한 인간이 하나님의 도우심을 받아 '젖과 꿀이 흐르는 가나안 땅' 으로 들어가는 과정을 상세히 기록하고 있는데, 그럼에도 불구하고 인간은 여전히 그 원초적인 교만성을 버리지 못하고 하나님께서 보내신 무수히 많은 선지자들을 여지없이 배척하였고, 그로 인하여 선택된 민족으로서의 이스라엘은 멸망당할 수밖에 없었으며, 다시 진정한 구원을 이루어 줄 수 있는 새로운 메시야를 갈망하기에 이릅니다. 그리하여 성경은 또 하나의 놀라운 사건을 인류에게 제시하고 있는데, 그 사건은 다름 아닌, 말씀이 육신이 되신 예수 그리스도의 탄생인 것입니다. 인간이 지은 온갖 죄와 죽음의 구렁텅이에서 우리를 구원시키기 위해 하나님께서 보내셨다는 그 분에 대해서 알아봅시다.

내용을 조금 재미있게 하기 위해서 한번 질문과 대답하는 형식으로 꾸며 보겠습니다.

질문 1. 당신에게 있어서 예수는 어떤 분이십니까?(20초쯤 생각한 뒤에 여러분 나름대로 답을 달아보기 바랍니다.)

질문 2. 그렇다면 성경은 예수를 어떤 분으로 묘사하고 있을까요?

(마 16:13~17) 예수께서 가이사랴 빌립보 지방에 이르러 제자들에게 물어 가라사대 사람들이 인자人子를 누구라 하느냐 가로되 더러는 세례 요한, 더러는 엘리야, 어떤이는 예레미야나 선지자 중의 하나라 하나이다 가라사대 너희는 나를 누구라 하느냐 시몬 베드로가 대답하여 가로되 주는 그리스도시요, 살아 계신 하나님의 아들이시니이다 예수께서 대답하여 가라사대 바요나 시몬아, 네가 복이 있도다 이를 네게 알게 한 이는 혈육이 아니요 하늘에 계신 내 아버지시니라.

(빌 2:6~8) 그는 근본 하나님의 본체시나 하나님과 동등됨을 취할 것으로 여기지 아니하시고 오히려 자기를 비어 종의 형체를 가져 사람들과 같이 되었고 사람의 모양으로 나타나셨으매 자기를 낮추

시고 죽기까지 복종하셨으니 곧 십자가에 죽으심이라.

질문 3.그렇다면 예수님께서는 왜 이 땅에 오셨을까요?

(눅 5:30~32) 바리새인과 저희 서기관들이 그 제자들을 비방하여 가로되 너희가 어찌하여 세리와 죄인과 함께 먹고 마시느냐 예수께서 대답하여 가라사대 건강한 자에게는 의원이 쓸데 없고 병든 자에게라야 쓸 데 있나니 내가 의인을 부르러 온 것이 아니요 죄인을 불러 회개시키러 왔노라.

질문 4. 여러분은 지금 어느 방향으로 날아가고 있습니까? 하나님께서 지시하시는 방향입니까? 아니면 자신이 제멋대로 생각하고 있는 방향입니까? 당신이 가야 할 방향 가운데 얼마나 열심히 살고 계십니까?

(여기에서 잠시 죄의 원뜻을 생각해 보면 본래 죄를 뜻하는 원어는 하마르티아hamartia인데, 이 말은 '표적을 벗어났다'는 의미를 지니고 있습니다. 즉 하나님께서 원하시는 방향에서 우리 인간들이 어긋나 있다는 의미를 지니고 있는 것입니다.)

대표적인 예를 구약 가운데 「요나서」를 통해 살펴보겠습니다.

(욘 1:1~4) 여호와의 말씀이 아밋대의 아들 요나에게 임하니라 이르시되 너는 일어나 저 큰 성읍 니느웨로 가서 그것을 쳐서 외치라 그 악독이 내 앞에 상달上達하였음이니라 하시니라 그러나 요나가 여호와의 낯을 피하려고 일어나 다시스로 도망하려 하여 욥바로 내려갔더니 마침 다시스로 가는 배를 만난지라 여호와의 낯을 피하여 함께 다시스로 가려고 선가를 주고 배에 올랐더라 여호와께서 대풍을 대작하여 배가 거의 깨어지게 된지라

(욘 1:10~15) 자기가 여호와의 낯을 피함인줄을 그들에게 고하였으므로 무리가 알고 심히 두려워하여 이르되 네가 어찌하여 이렇게 행하였느냐 하니라 바다가 점점 흉용洶湧한지라 무리가 그에게 이르되 우리가 너를 어떻게 하여야 바다가 우리를 위하여 잔잔하겠느냐 그가 대답하되 나를 들어 바다에 던지라 그리하면 바다가 너희를 위하여 잔잔하리라 너희가 이 큰 폭풍을 만난 것이 나의 연고인 줄을 내가 아노라 하니라 그러나 그 사람들이 힘써 노를 저어 배를 육지에 돌리고자 하다가 바다가 그들을 향하여 점점 더 흉용하므로 능히 못한지라 무리가 여호와께 부르짖어 가로되 여호와여 구하고 구하오니 이 사람의 생명 까닭에 우리를 멸망시키지 마옵소서 무죄한 피를 우리에게 돌리지 마옵소서 주 여호와께서는 주의 뜻대로 행하심이니이다 하고 요나를 들어 바다에 던지매 바다의 뛰노는 것이 곧 그친지라

(욘 2:1~10) 요나가 물고기 뱃속에서 그 하나님 여호와께 기도하여 가로되 내가 받는 고난을 인하여 여호와께 불러 아뢰었삽더니 주께서 내게 대답하셨고 내가 스올의 뱃속에서 부르짖었더니 주께서 나의 음성을 들으셨나이다 주께서 나를 깊음 속 바다 가운데 던지셨

으므로 큰 물이 나를 둘렀고 주의 파도와 큰 물결이 다 내 위에 넘쳤나이다 내가 말하기를 내가 주의 목전에서 쫓겨났을지라도 다시 주의 성전을 바라보겠다 하였나이다 물이 나를 둘렀으되 영혼까지 하였사오며 깊음이 나를 에웠고 바다 풀이 내 머리를 쌌나이다 내가 산의 뿌리까지 내려갔사오며 땅이 그 빗장으로 나를 오래도록 막았사오나 나의 하나님 여호와여 주께서 내 생명을 구덩이에서 건지셨나이다 내 영혼이 내 속에서 피곤할 때에 내가 여호와를 생각하였더니 내 기도가 주께 이르렀사오며 주의 성전에 미쳤나이다 무릇 거짓되고 헛된 것을 숭상하는 자는 자기에게 베푸신 은혜를 버렸사오나 나는 감사하는 목소리로 주께 제사를 드리며 나의 서원을 주께 갚겠나이다 구원은 여호와께로서 말미암나이다 하니라 여호와께서 물고기에게 명하시매 요나를 육지에 토하니라

질문 5. 예수님은 스스로를 가르켜 어떤 존재라고 했을까요?

(요 8:12) 예수께서 또 일러 가라사대 나는 세상의 빛이니 나를 따르는 자는 어두움에 다니지 아니하고 생명의 빛을 얻으리라

질문 6. '세상의 빛' 이란 어떤 의미가 있는 말처럼 느껴집니까?

(요 6:35) 예수께서 가라사대 내가 곧 생명의 떡이니 내게 오는 자는 결코 주리지 아니할 터이요 나를 믿는 자는 영원히 목마르지 아

니하리라

질문 7. '생명의 떡' 이란 어떤 의미가 있는 말일까요?

(요 14:6) 예수께서 가라사대 내가 곧 길이요, 진리요, 생명이니 나로 말미암지 않고는 아버지께로 올 자가 없느니라

질문 8. '길' 이란 어떤 의미가 있는 말입니까?

질문 9. '진리' 란 어떤 의미가 있는 말입니까?

질문 10. '생명' 이란 어떤 의미가 있는 말입니까?

질문 11. 왜 예수님을 통하지 않고서는 하나님 아버지께로 갈 수 없다고 했을까요?

(사 53:5~6) 그가 찔림은 우리의 허물을 인함이요 그가 상함은 우리의 죄악을 인함이라 그가 징계를 받음으로 우리가 평화를 누리고 그가 채찍에 맞음으로 우리가 나음을 입었도다 우리는 다 양 같아서 그릇 행하며, 각기 제 길로 갔거늘 여호와께서는 우리 무리의 죄악을 그에게 담당시키셨도다

(마 28:5) 천사가 여자들에게 일러 가로되 너희는 무서워 말라 십자가에 못박히신 예수를 너희가 찾는 줄을 내가 아노라

(마 28:6) 그가 여기 계시지 않고 그의 말씀하시던대로 살아나셨느니라. 와서 그의 누우셨던 곳을 보라

질문 12. 당신은 십자가의 의미를 어떻게 이해하고 있습니까? 또 예수의 부활에 대해 어떻게 생각하고 계십니까?

1) 신약 성경에서도 인간은 여전히 죄를 짓고 있다고 묘사되고 있습니다.

(로마서 3: 23) 모든 사람이 죄를 범하였으매, 하나님의 영광에 이르지 못하더니

2) 인간이 지니고 있는 죄는 인간의 힘과 노력, 선행 등으로서는 도저히 제거될 수 없다고 보고 있습니다.

(로마서11:6) 만일 은혜로 된 것이면 행위로 말미암지 않음이니, 그렇지 않으면 은혜가 은혜 되지 못하느니라

3) 그리하여 이 죄 문제를 해결하기 위해 인간을 만드신 하나님께서 인간을 너무 사랑하셔서 독생자 예수 그리스도를 이 땅에 내려 보냈다는 것입니다.

(요한복음 3:16) 하나님이 세상을 이처럼 사랑하사 독생자를 주셨으니 이는 저를 믿는 자마다 멸망치 않고 영생을 얻게 하려 하심이니라

4) 따라서 예수를 영접하는 자에게 영생이 있으며, 그렇지 않은 자에게는 최후의 심판이 있다는 것입니다.

(요한계시록 20:12) 또 내가 보니 죽은 자들이 무론대소하고 그 보좌 앞에 섰는데 책들이 펴 있고 또 다른 책이 펴졌으니 곧 생명책이라 죽은 자들이 자기 행위를 따라 책들에 기록된 대로 심판을 받으니...

물론 기독교 사상에 대한 접근은 단순히 학문적으로만 할 것은 아닙니다. 아니 학문적으로만 접근해서는 그 본질을 파악 못할 수 있습니다. 어떻게 인식의 차원에서 믿음의 세계를 논할 수 있겠습니까?

상당 부분 기독교적 내용은 예배 참석, 말씀읽기, 기도, 전도, 봉사, 헌금, 구제 생활 등 여러 가지 부분들이 서로 조화를 이루지 않으면 제대로 이루어질 수 없는 것입니다. 무엇보다도 기독교는 체험과 실천의 종교입니다.

소위 성령 체험이나 말씀을 통한 깨달음과 사랑의 실천을 통한

질문 13. 당신은 이러한 기독교사상에 대해서 어느 정도 동의하고 있습니까?

질문 14. 동의하고 있다면 그 이유는 무엇이며, 동의하지 못하고 있다고 하면 또 그 이유는 무엇입니까?

질문 15. 당신은 기독교적 죄의 문제를 인간이 해결할 수 있다고 생각하십니까? 그렇게 주장하는 근거는 무엇입니까?

기쁨 없이 기독교를 논한다는 것은, 마치 지구본을 돌리면서 세계 여행을 하는 것과 비슷하다고 할 수 있습니다.

다음 페이지에 소개하는 책들을 접하면서 좀더 그 깊은 세계로 들어가 보시기 바랍니다.(주로 기독교 서점에서 구할 수 있겠죠...)

참고 문헌

기독교 사상

1) 하용조 목사, 『예수 그리스도』(강해설교 시리즈1), 두란노 서원, 1994.

2) 조용기 목사, 『4차원의 영적 세계』, 서울말씀사, 1996.

3) 김진홍 목사, 『새벽을 깨우리로다』, 홍성사, 1993.

4) 전병욱 목사, 『파워 로마서』, 규장, 1998.

5) 박효진 장로, 『하나님이 고치지 못할 사람은 없다』, 홍성사, 1998.

6) 김상복 목사, 『속 시원한 상담』, 도서출판 M & B, 1999.

7) 김복남 전도사, 『사랑은 늘 아름답다』, 나침반, 1998.

8) 베니 힌 저, 안준호역, 『안녕하세요, 성령님』, 열린 책들, 1991.

9) 래리 리처즈, 이길상역, 『735가지 성경난제 뛰어넘기』, 아가페, 1999.

10) 성경공부용으로,

잭 쿠핫쉑 저, 신성철역, 『자존감』, IVP 출판사, 1997.

빌 하이벨스, 『변화』, 두란노 서원, 1998.

빌 하이벨스, 『난제극복』, 두란노 서원, 1998.

11) QT 용으로는 『매일성경』 혹은 『생명의 삶』을 권합니다.

그러나 무엇보다도 매일처럼 성경을 조금씩 정기적으로 읽는 것이 가장 중요하다고 생각합니다. 말씀에 마음을 열어 놓기 바랍니다.

3. 유교 사상

공자의 사상을 중심으로

1999년 『공자가 죽어야 나라가 산다』라는 책이 출간되었을 때, 그리고 그 책이 곧바로 베스트셀러로 올랐을 때, 한동안 이 땅에서는 그 책을 둘러싸고 많은 논쟁이 있었습니다. 그동안 어느 누구도 말하지 못했던 내용을 속시원히 잘 지적한 역사적 저술이라고 긍정적인 평가를 내렸는가 하면, 한편에서는 유교 사상을 완전히 왜곡시켰고, 공자를 폄하시킨 신사대주의적新事大主義的 발상의 산물이라고 공격하기도 했습니다.

그리하여 같은 해 후반기에 『공자가 살아야 나라가 산다』는 반론서가 출간되기도 했었습니다. 이 문제에 대해 필자의 견해를 논구하자면 상당한 양의 지면을 빌려야 하겠지만, 여기에서 간략히 피력하자면 유교나 공자의 사상은 하나의 사상일 뿐, 지나치게 비판하는 태도나 지나치게 옹호하는 태도, 양쪽이 다 문제가 된다고 봅니다. 현명한 취사선택만이 우리가 해야 할 일이라고 생각합니다.

유교 사상에 대해서 논의할 때에 과연 유교를 종교로 볼 것인가, 아니면 단순한 철학 사상으로 볼 것인가에 대해서 논란의 여지가 있다고 봅니다. 어떤 학자들은 유교는 '여타 종교가 지니고 있는 절대자를 숭배하는 종교 예식 등이 많이 결여되어 있기 때문에 종교는 아니며, 다양한 철학적 개념을 지니고 있는 철학 사상' 이라고 주장하는가 하면, 또 다른 쪽에서는 유교도 천天에 대한 숭배사상敬天思想을 분명히 지니고 있으므로 일종의 종교라고 보기도 합니다.

그렇지만 이 자리에서는 그런 전문적이고 현학적인 내용을 다루지는 않겠습니다. 단지 유교 사상이 지니고 있는 주요한 뼈대를 중심으로 가능한 한 이해하기 쉽게 논의하도록 하겠습니다.(흔히들 유가儒家의 학문적인 성격을 얘기할 때는 유학儒學, 종교적인 내용을 강조할 때는 儒教라고 쓴다고 합니다만, 꼭 그런 것만은 아닙니다.)

여러분도 잘 알고 있듯이 유교 사상은 중국의 전통적인 사상으로 수천 년의 역사를 지니고 있으며 그 영향은 한국, 일본, 베트남 등지에 크게 미친 바 있습니다. 실로 유교 사상을 간단히 논구하기란 그리 쉬운 일이 아닙니다. 왜냐하면 사서삼경四書三經으로 대표되는 주요 경전의 사상적 깊이와 폭은 말할 것도 없고, 관련된 사상가만 해도 그 수를 헤아릴 수 없이 많기 때문입니다.

그렇긴 하지만 유교사상을 가장 대표하는 사상가요 철인으로 공자孔子를 꼽는 데에 이견은 없을 것입니다. 따라서 여기에서는 공자의 주요 사상을 중심으로 유교 사상을 살펴보도록 하겠습니다.

공자의 사상을 이해하기 위해서 우리는 무엇보다도 몇 가지 그의 철학 개념을 이해하는 것이 필요하다고 생각됩니다. 자, 그렇다면 어떤 개념이 그의 사상을 이해하는 키key가 될 수 있을까요? 이 문제도 학자에 따라 의견이 분분하기는 하지만, 필자는 천天과 인仁, 이렇게 두 개의 개념을 갖고 공자의 사상을 이해해 볼까 합니다. (예禮, 악樂, 효孝 등에 대해서는 다음 기회에 보충할 예정입니다.)

천天

많은 학자들이 공자의 사상의 핵심을 인仁이라고 보고 있는데 큰

이의는 없지만, 그 사상을 더 깊이 있게 이해하기 위해서는 인仁보다는 천天을 먼저 파악해야 할 필요가 있다고 필자는 봅니다. 그렇다면 공자에게 있어서 천天은 어떤 의미를 지니고 있다고 보아야 할까요?

먼저 공자의 사상이 가장 잘 드러나 있는 『논어』에 있어서 천天은 단순히 물리적이거나 자연적인 의미의 '하늘'이 아니라, 우리의 삶의 방향을 제시해 주고, 우리가 지향해야 할 바를 일깨워주는 초월적인 하늘이요, 인격적인 하늘인 것입니다.

단 공자사상에 있어서 '천天이 초월적이다' 라고 했을 때, 그 초월은 자연 세계나 인간 세계를 완전히 벗어난 초월이 아니라, 우리의 선천적 본성에 연결되어 있는 내재적 의미의 초월이라는 것이 아주 특이하다고 하겠습니다.

『논어』에 보면, 공자는 자신의 인생을 돌이켜 보면서 아주 유명한 말을 남기는데, 그것은 다음과 같습니다.

> 나는 15세에 학문에 뜻을 두고, 30세에 자립했으며, 40세에 미혹됨이 없었고, 50세에 천명을 깨달았으며, 60세가 되어서는 들리는 말에 거슬림이 없었으며, 70세가 되어서는 마음에서 원하는 바를 하여도 법도에 어긋남이 없었다.
>
> 吾十有五而志于學, 三十而立, 四十而不惑, 五十而知天命, 六十而耳順, 七十而從心所欲, 不踰矩 〈爲政편〉

여기에서 공자가 50세가 되어서 깨닫게 되었다는 천명天命이란 개념에서 우리들이 알 수 있듯이 이 때의 天은 그냥 단순한 하늘이 아니라 우리가 살아가야할 바의 인생의 의미, 목표를 제시해 주는 '인격적 하늘' 이라고 해석해도 무리가 없을 것입니다.

또 다른 예를 찾아보면 공자가 큰 나무 밑에서 제자들에게 예禮에 대해서 가르치고 있을 때에 환퇴라는 벼슬아치가 큰 나무도 뽑아 버리고 공자를 해코자 하였는데, 이 때 제자들이 빨리 피신할 것을 권유한 바, 공자께서 말씀하시기를,

> 하늘이 내게 덕을 주셨는데, 환퇴가 나를 어찌하겠는가?
> 天生德於予 桓魋其如予何 〈述而편〉

라고 하셨습니다. 이 때에도 나에게 덕을 주신 하늘이란 개념은 단순히 수동적인 하늘이 아니라, 나에게 삶의 의미와 사명을 주신 적극적인 의미의 인격적 하늘인 것입니다.

사서四書 가운데 하나인『중용中庸』이라는 책에서도 '천명을 일컬어서 性이라 한다天命之謂性' 라 하여 우리의 품성이 그냥 만들어지는 것이 아니라, 하늘에 의해서 만들어진 것이라는 사실을 분명히 밝히고 있습니다.

공자는 자신이 가장 사랑했던 제자 안연顔淵이 먼저 세상을 떴을 때에도

> 아, 슬프도다, 하늘이 나를 버리셨도다, 하늘이 나를 버리셨도다!
> 噫! 天喪予! 天喪予! 〈先進편〉

라고 한탄한 적이 있으며, 그가 위나라에 갔을 때에 당시 음행이 있

다고 알려진 영공靈公 부인인 남자南子를 만나게 되었는데, 그 사실에 대해서 제자인 자로子路가 좋지 않게 생각했을 때,

> 내가 만약 잘못한 일이 있다면, 하늘이 싫어하실 것이다, 하늘이 싫어하실 것이야!
> 予所否者, 天厭之! 天厭之! 〈雍也편〉

라고 토로한 바도 있습니다.

그리하여 공자가 그리는 이상적 인간상인 군자君子는 항시 천명을 두려워 할 줄 알아야 하며畏天命 〈季氏편〉, "하늘에 대해서 죄를 지어서는 빌 곳이 없다獲罪於天, 無所禱也."〈八佾편〉라고 설파하였습니다.

이렇듯 공자사상에 있어서 하늘이란 단순히 자연적 하늘이 아니요, 우리의 삶에 깊이 관여하고 있는 살아 있는 하늘이요, 인격적인 하늘인 것입니다. 우리가 그 도道를 따라야 할 하늘이요, 그것으로부터 벗어났을 때에는 벌을 받을 수밖에 없는 하늘인 것입니다.

공자는 그러한 하늘이 너무 크고 높으므로, 백성들이 무어라 쉽게 이름 지을 수는 없지만, 요堯 임금처럼 천도天道에 따라서 살아야 할 것을 거듭 강조하고 있습니다.唯天爲大, 唯堯則之. 蕩蕩乎, 民無能名焉. 〈泰伯편〉

과연 현대인들은 얼마나 하늘을 두려워하면서 살고 있을까요? 아니, 이 글을 읽는 당신은 얼마나 하늘을 두려워하면서 살고 계십니까? 윤동주 시인은 "죽는 날까지 하늘을 우러러 한 점 부끄럼 없기를 잎새에 이는 바람에도 나는 괴로워했다..."라고 고백했는데,

과연 이렇게 순수한 고백을 하는 현대인들이 몇 명이나 될까요?

정말 염치도 없는 이기주의자들로 가득 찬 이 세상에 공자께서 다시 오신다면 우리들에게 무어라 말씀하실까 궁금하기도 합니다.

인仁

아마 공자사상을 대표하는 핵심 단어가 인仁이라고 하는 것은 초등학교를 나온 사람들이라면 이미 다 알고 있는 사실일 것입니다. 그러나 문제는 그러한 인仁이 정말 무엇이며, 어떻게 하는 것이 인仁을 실천하는 것인지에 대해서 설명해 보라고 하면 그렇게 쉽지는 않을 것입니다. 뻔히 알 것처럼 보이는 인仁을 설명하려고 하면 왜 어려운 것일까요? 과연 공자께서 얘기하는 인仁이란 무엇일까요?

우리가 『논어』를 읽어 보았을 때, 크게 느끼게 되는 것은 논어 어디에서도 인에 대해서 공자께서 한마디로 딱 정의定義내려 놓지 않으셨다는 것입니다. 다시 말해 그때그때의 상황과 제자들의 수준에 따라서 아주 다양하게 말씀해 주고 계신다는 것이죠. 어찌보면 이러한 『논어』적 상황이 우리로 하여금 인仁이 무엇인지 갈피를 잡기 더 힘들게 만드는 것인지도 모릅니다.

그러나 『논어』에서 공자는 제자 증삼曾參에게 '나의 도道는 하나로 꿰뚫어져 있다吾道一以貫之' 〈里仁편〉라고 얘기한 바도 있으며 다른 제자들이 다시 증자에게 묻자, 증자는 '선생님의 도는 충忠과 서恕일 따름이야夫子之道 忠恕而已矣' 〈里仁편〉라고 답한 부분이 나옵니다.

그리고 주자朱子는 이 말에 대한 주석에서 충忠은 진기盡己를 뜻함이요, 서恕는 추기推己를 뜻한다고 했는데, 필자는 이 개념들이 공자의 사상을 포함해서 유교사상을 이해하는데 중요한 단서를 지니고 있다고 봅니다. 즉, 진기盡己라 함은 자신에게 부여받은 바 천성天性을 다 발휘하는 것, 즉 자아실현에 최선을 다함을 의미함이요, 추기推己라 함은 자신을 통해서 남에게 베푸는 것을 의미하는 것입니다.

주자는 이것을 다시 설명하여 진기는 '하늘의 도天道' 요, 추기는 '땅의 도地道' 라고 했습니다. 유교의 오랜 경전인 주역 계사전繫辭傳에서 말하고 있는 천지인天地人 삼재三才를 다시 연상케 하는 대목이라 할 수 있겠죠. 문제는 하늘의 이치를 자신을 통해서 이 땅에 실현시켜야 한다는 것입니다.

그런 의미에서 공자가 그토록 강조한 인仁은 우리가 마땅히 이 땅에서 이룩해 내야 할 하늘의 도리인지도 모르겠습니다. 필자가 인을 설명하기에 앞서 먼저 하늘天의 개념을 이해해야 한다고 강조한 소이所以가 여기에 있는 것입니다.

문제는 그러한 엄청난 하늘의 이치를 이 땅에서 실현하고자 할 때에, 일상의 아주 사소한 일에서부터 나라를 다스리고, 천하를 평정하는 커다란 일에 이르기까지 어디 하나 적용되지 않는 곳이 없다는 것입니다. 하늘의 이치가 적용되지 않는 곳은 어디에도 없기 때문입니다.

이런 기본적인 이해를 갖고 다시 『논어』를 들여다 봅시다. 충忠이란 글자는 가운데 중中자와 마음 심心자로 구성되어 있고, 서恕라는 글자는 '같을 여如' 자와 '마음 심心' 자로 이루어져 있는데, 이 두 글자가 의미하는 바가 아주 크다고 할 수 있겠습니다. 즉, 충은

〈가운데 마음〉이요, 서는 〈같은 마음〉입니다. 〈가운데 마음〉이란 무슨 마음일까요? 그것은 다름 아닌 하늘의 마음인 것입니다. 사서 가운데 하나인 『대학』에서 말하고 있는 명덕明德을 의미하는 것입니다. 그리고 〈같은 마음〉이란 어리석고, 고통을 겪고 있는 중생의 마음과 같은 마음인 것입니다. 일찍이 맹자도 인仁을 설명할 때 측은한 마음이 인의 단서가 된다惻隱之心 仁之端也고 했습니다.

『논어』에서 공자는 번지樊遲가 인에 대해서 물었을 때, 아주 간단히 사람을 사랑하는 것愛人이라고 답하고 있으며, 자공子貢이 "백성들에게 널리 베풀어서 능히 많은 사람들을 구제할 수 있다면, 어떻겠습니까? 가히 仁하다고 할 수 있습니까?如有博施於民而能濟衆 何如 可謂仁乎"라고 물었을 때, 다음과 같이 답하였습니다.

> 어찌 어질다고만 할 수 있겠느냐? 필히 성인의 경지에 이른 것인바, 요 임금과 순 임금도 그 문제에 대해서는 부족함을 느꼈느니라. 무릇 어진 사람은 자신이 서고자 하는 곳에 남을 세워 주고, 자신이 도달하고자 하는 곳에 남을 도달케 하는 법이니, 능히 가까운 자신으로부터 남의 입장을 새겨 볼 줄 안다면, 이것이 가히 어짊의 비결이라 할 수 있다.
>
> 何事於仁 必也聖乎 堯舜 其猶病諸 夫仁者 己欲立而立人 己欲達而達人 能近取譬 可謂仁之方也已〈雍也편〉

여기에서 우리가 주목해야 할 것은 공자께서 의도하신 것은, 나와 남이 마지막에 가서는 구별되지 않는다는 것입니다. 다시 말해 자신이 서고자 하는 곳에 남만 세워 주고 자신이 물러나는 것이 아니라, 같이 서게 된다는 것입니다. 공자의 표현에 따르면 이것이 성인成仁, 즉 인을 이루는 것입니다. 단지 여기에서 아주 중요한 것은 먼저 자신의 희생 없이는 이러한 성인成仁은 불가능하다는 것이죠.

그러므로 공자는 다음처럼 말씀하셨던 것입니다.

> 뜻을 지닌 사람과 어짊을 실현하는 사람은 자신의 목숨을 구하고자 하늘의 뜻을 해하지 아니하고, 자신을 희생시켜 그 뜻(어짊)을 이루는 것이다.
>
> 志士仁人 無求生以害人 有殺身以成仁 〈衛靈公편〉

■ 철학 연습 ■

비교 종교 차원의 논문 「유교적 인仁 개념과 기독교적 사랑 개념의 비교 연구」 편이 9강 '철학 연습'에 실려 있습니다. 약간 글이 어렵더라도 충분히 생각하면서 읽으시면 훌륭한 철학 연습이 될 것입니다.

4. 고대 그리스 사상

서양 철학사적으로 볼 때 철학적 사유의 중요한 단초를 그리스 사람들이 제공해 주었다고 보기 때문에 무엇보다도 먼저 그리스 사상부터 논의해야 합니다.

얼핏 생각해 보면 상당히 유치한 주장인 것처럼 보이지만 그 속뜻을 하나하나 파악해 보면 그들이 지니고 있었던 우주와 자연과 인간에 대한 독특한 시각은 우리에게 많은 생각할 꺼리를 제공해 주고 있습니다. 일반적으로 고대 그리스 철학을 크게 두 부분, 혹은 세 부분으로 흔히들 나누어서 이야기합니다.

즉, 소크라테스 이전의 철학pre-socratics과 소크라테스 이후의 철학으로 나누기도 하고, 또는 자연 철학의 시대, 아테네 중심 철학의 시대, 아리스토텔레스 사후의 철학 시대로 나누기도 합니다.

이에 속한 모든 사상가 내지 철학자에 대해서 논의를 하려면 너무나 많은 시간과 지면을 할애해야 하므로, 아주 간략하게 살펴보도록 하겠습니다. 우선 자연 철학 시대의 세계관과 인간관을 살펴보도록 합시다.

이오니아 학파(밀레토스학파)의 사상

그리스 자연철학시대에 우리가 제일 먼저 접할 수 있는 학자들은 그리스 동쪽 이오니아 지방 밀레토스 시에 그 생활 바탕을 둔

탈레스Thales(BC 약 624~546),

아낙시만드로스Anaxymandros(BC 약 611~546),

아낙시메네스Anaxymenes(BC 약 585~525) 등입니다.

대략 기원전 6~5세기에 활약했던 이들은 소아시아 연안에 있던 이오니아 지방의 풍부한 물질적 번성을 바탕으로 그들의 여가餘暇 schole(이 말은 나중에 영어 school의 어원이 되었음)를 즐김에 있어 철저하게 우주와 자연에 대한 근원적인 물음을 제기하였습니다.

이오니아 지방은 다른 여러 지역 간의 교역의 중심지였던 까닭에 부의 축적뿐 아니라 문화적인 번성도 누릴 수 있었으며, 그러한 몇몇 조건은 새로운 철학사적 지평을 열어 놓게 만들었다고 할 수 있겠습니다. 그렇다면 도대체 그들의 어떤 주장들이 새로운 철학의 지평을 열었다고 볼 수 있을까요?

흔히들 서양 철학의 아버지라 부르는 탈레스는 무엇보다도 먼저 '모든 우주를 구성하고 있는 근원적인 원질原質arche은 무엇인가?' 라고 하는 질문을 제기하고서 그것에 대한 나름대로의 답으로 '물' 이라고 주장했던 것입니다. 현재의 시각으로 생각해 보면 너무나 단순하고 유치하기까지 한 주장이라고 볼 수 있겠습니다만, 무엇보다도 우주의 근원적인 문제에 대한 제기와 그 답으로 초자연적인 어떤 것을 들어서 설명한 것이 아니라, 바로 자연적인 것 안에서 답을 찾으려했던 것과, 무수히 다양하게 변화되고 있는 이 세계에 대해서 영속성을 지니고 있는 어떤 단일한 동질성의 기본 물체를 사유를 통해서 찾으려 했다는 그 자세가 철학사적으로 큰 의미를 지니고 있다는 것이죠.

그리하여 어떤 학자는 그러한 사유를 바로 Mythos적 사유에서 Logos적 사유에로의 이행(혹은 전환)이라고 강조한 바 있습니다.

다시 말해서 자연 현상을 설명함에 있어 어떤 신화적인 내용을 가지고 설명하려는 발상이 아니라, 바로 이 세계 안에 있는 어떤 내용을 가지고 인간의 이성을 통해서 해명하려는 획기적인 태도를 취했다는 것입니다.

탈레스

그런데 한 가지 우리가 고대 그리스 사상을 이해하는 데 주의해야 할 사항은 그들의 저술이 온전한 상태로 전해 오고 있지 않다는 사실입니다. 그러니까 그들의 주장은 상당히 단편적인 내용fragment으로 짤막짤막하게 전해 오고 있다는것이죠. 따라서 그들이 왜 그런 주장을 펼쳤는지에 대해서 그들의 실제적인 논거를 찾기는 대단히 어렵다는 것입니다.

그리하여 우리는 어쩔 수 없이 다양한 해석과 각 낱말들의 사용법과 그 말들이 쓰여지고 있는 맥락에서의 의미 등을 다양한 시각에서 분석하지 않을 수 없는 것입니다. 거꾸로 이야기 하면 그만큼 고대 그리스 사상에 대해서는 일방적인 이해나 잘못된 해석을 내릴 가능성이 항상 잔존해 있다는 위험성을 염두에 두어야 한다는 것입니다.

그리고 이 문제는 비단 고대 그리스 사상에만 해당되는 문제는 아닙니다. 오랜 과거에 있어 왔던 사상에 관련된 대부분의 내용들이 다 그러하다고 해도 과언은 아닐 것입니다.

예를 들어, 성경에 대한 해석을 한번 생각해 보십시오. 얼마나 많은 해석과 다양한 주장과 논쟁이 있어 왔는지 쉽게 느낄 수 있을 것입니다. 그에 따라 엄청난 교파와 교리와 학설과 이단들이 난무하고 있지 않습니까? 그렇기 때문에 여러분들도 어떤 사상을 이해하고자 할 때 무척 조심스럽게 접근해야 한다는 것을 다시 강조하고자 합니다. 어느 한 편의 일방적인 해석에 지나치게 의존하기보다는 다양한 주석과 해석을 통해 보다 입체적으로 그 숨겨져 있는 뜻을 찾아내도록 무척 노력하지 않으면 안 되는 것입니다.

그러면 다시 이야기로 돌아가서 탈레스는 왜 세계를 구성하고 있는 근원적인 원질을 물이라고 했을까요?

학자들의 의견은 대략 다음과 같습니다.

우선 모든 생명체의 대부분에 물이 가장 많이 함유되어 있다는 것이죠. 우리 인간은 말할 것도 없고, 각종 동식물이나 씨앗에 이르기까지 수분을 포함하지 않은 것은 거의 없다는 것이며, 또한 물은 여러 가지 모습으로 변화무쌍하게 바뀌면서도 언제나 같은 재료로 이루어지고 있다는 것입니다. 즉, 어떤 때는 일반적인 액체로 있다가 더워지면 수증기라는 기체로 바뀌기도 하고, 또 추워지면 얼음이라는 고체로 바뀌어진다는 것이죠.(심지어 어떤 이는 인간의 정액이 대부분 액체로 구성되어 있지 않느냐? 아마도 그런 의미에서 생명의 근원으로서 물을 가장 주요한 원질로 탈레스는 보았을 것이다라고 말하기도 합니다만, 실제로 무엇을 근거로 그러한 주장을 했는지는 그리 분명치 않습니다.)

여하튼 탈레스의 주장에 따르면, 만물은 물로 이루어져 있고, 그리고 이 근원은 살아 있으며 스스로 움직이는 것처럼 보이기 때문에 만물은 또한 스스로 살아 있다고 합니다. 우리가 여기에서 또 하나 찾아낼 수 있는 사실은 그가 모든 만물은 그 스스로 살아 있다고 주장했다는 것입니다.

소위 이러한 주장을 물활론物活論hylozoism이라고 부릅니다만, 대부분의 고대 그리스 자연 철학자들의 자연관 안에는 이러한 사상이 상당히 깊게 자리를 잡고 있다는 사실을 유념해 둘 필요가 있습니다. 즉, 세계 전체는 죽어 있는 것이 아니라, 그 나름으로 하나의 생명체로서의 의미를 지니고 있다는 것입니다.

그리고 놀랍게도 오늘날 환경 문제를 심각하게 생각하고 있는 많은 생태주의자들도 이와 비슷하게 주장하고 있는 것 아닙니까? 물론 그 당시와는 상황이 전혀 다르고 그 주장하는 의미와 의도도 같은 맥락에서 다룰 수 있는 내용은 전혀 아니겠습니다만, '살아 숨쉬고 있는 지구'를 우리들이 숨통을 조이고 있다는 주장은 바로 모든 세계는 서로 서로 보이지 않는 끈에 의해서 연결되어 있으며, 그것은 결국 우리가 일반적으로 파악하고 있는 비생명체와 생명체 간에 불가분의 관계가 형성되어 있다는 세계 유기체론으로 나갈 수밖에 없는 것입니다.

이러한 주장은 화학자였던 James Lovelock이 발표한 소위 Gaia 이론이라는 독특한 학설로 전개된 바 있습니다. 과연 그 Gaia 이론이란 무엇이며, 그 이론은 타당성이 있는 이론일까요? (관심 있는 학생은 한번 연구해 보세요. J. E. Lovelock, 『가이아-생명체로서의 지구』, 홍욱희역, 범양사, 1992.)

자, 이제 다시 탈레스 이야기로 돌아갑시다.

철학사에서 흔히들 전해 오는 재미있는 이야기가 하나 있습니다. 철학에 조금만 관심을 갖고 있는 사람은 다 아는 얘기입니다만, 위대한 7대 현인 가운데 한 사람인 탈레스가 하루는 먼 별자리를 관측하다가, 그만 자신의 발 앞에 있는 물웅덩이를 보지 못하고 빠지고 만 사건이 벌어졌습니다. 그 꼴을 눈여겨 본 하녀 한 사람이 "탈레스 님은 먼 곳의 별들의 운행은 잘 관측하시면서(실제로 탈레스는 BC 585년 자신의 천문학적 지식을 활용하여 일식과 같은 현상을 정확히 맞힌 적이 있었다고 합니다.) 바로 눈 앞에 있는 작은 웅덩이는 헤아리지 못하셨네요."라고 놀렸다고 합니다.

이 사건은 흔히들 철학자들이 갖고 있는 두 가지 모순된 태도를 상징적으로 잘 보여주고 있는 사례라고 합니다. 즉, 미래에 전개될 이상理想적인 것에 대해서는 나름대로 혜안을 지니고 있으면서, 바로 눈앞에 전개되는 현실에 대해서는 속수무책인 철학자의 이중성 말입니다.

여러분, 자본주의에 대해서 다시 말해 돈에 대해서 엄청난 양의 책을 집필했던 칼 마르크스가 그 스스로는 돈이 없어서 자신의 자녀들을 영양실조로 굶겨 죽여야 했던 비참한 현실을 한번 생각해 보십시오. 막내딸이 세상을 떴을 때는 관을 살 돈도 없었다고 하니까요... 그래서 더 악이 나서 자본주의를 무너뜨리려고 했나????...

아니, 마르크스까지 갈 것도 없이 탈레스 시대와 아주 가까운 시대를 살았던 소크라테스의 경우를 한번 생각해 보십시오. 그 엄청난 철학적 논의를 전개시켰던 소크라테스!! 그러나 제대로 돈벌이를 하지 못해서 항상 마누라 크산티페에게 구박을 받았던 소크라테스! 왜 철학자들은 그렇게 철없이 세상을 살았을까요? 너무나 역설적이지 않습니까?

여하튼 우리는 탈레스에게서 우주의 문제를 이성적으로 해결하고자 하는 중요한 단초를 제공받았다는 데에 우선 만족해야 하겠습니다. 다시 말해 외견상 무질서하게 보이는 세계 안에 어떤 통일성이 존재하고 있는데 인간은 그것을 자신의 이성으로 파악할 수 있는 존재라고 간주하는 독특한 시각을 비로소 갖기 시작했다는 말입니다.

탈레스의 연하이며 동료 시민이었던 아낙시만드로스에 대해서는 아리스토텔레스의 저술과 테오프라스토스Theophrastos의 저술을 통해서 그래도 조금은 다양하게 접근해 볼 수 있습니다.

아낙시만드로스는 인간과 우주에 대해 진화론적 사고를 지니고 있었습니다. 그에 따르면 최초의 생명은 다름 아닌 진창 혹은 진흙에서 만들어졌으며, 최초의 동물은 물고기 같았으며, 가시가 돋고 비늘이 난 외피들로 둘러싸여 있었다는 것입니다. 그리고 이러한 동물이 인간을 포함한 모든 육지 동물로 진화되어 나왔는데 결국 인간도 일종의 물고기에서 진화되어 나온 존재라는 것입니다. 또 그에 따르면 우주의 최초 상태는 어떤 것으로 분화되기 이전의 상태로 어떤 요소나 성질로 구별될 수 없는 상태, 즉 한정되어 있지 않는 존재無限定者to apeiron로 있었다고 합니다.

그런데 이 최초의 덩어리가 어떤 영속적인 운동을 하게 되었고, 그런 가운데 서로 대립되는 성질을 지닌 원질arche들이 스스로 분리되어 나오게 되었다는 것이죠. 즉 오늘날 천문학에서 이야기하고 있는 일종의 선회 운동을 하는 성운과 같은 어떤 것이 차츰 운동을 거듭하면서 해와 달과 별, 그리고 지구가 만들어졌다는 주장입니다. 그리고 이러한 지구는 하나의 둥근 모양인 우주의 중심에 위치하여 원기둥 모양을 하고 있으면서 어떤 것에도 받침이 없이 공중에 떠 있다고 주장했습니다.

여러분, 어떤 면에서 보면 참으로 놀라운 몇 가지 주장을 발견해 볼 수 있겠지요? 도대체 지금으로부터 2500년 전 사람이 어떻게 인간의 기원과 우주의 기원에 대해서 그처럼 놀라운 주장을 할 수 있었을까요?

여러분들도 잘 알다시피 실상 모든 동물들의 태아의 모습은 그 모양이 거의 비슷하며, 물고기 모습을 하고 있다는 것은 이미 생물학적 상식으로 우리들도 잘 알고 있는 사실입니다만, 그 당시 아낙시만드로스는 그러한 사실을 어떻게 알아낼 수 있었을까요? 더욱이 조금 황당한 내용도 없지 않아 있지만, 온 우주가 회전 운동을 거듭하면서 모든 천체가 하나하나 자리를 잡아 가기 시작했다는 그의 천체관은 오늘날의 시각에서 보았을 때, 나름대로는 놀라운 혜안을 지니고 있음에 틀림없습니다.

우리는 이러한 아낙시만드로스의 인간관과 우주관을 접하면서 서양의 진화론적 사고 방식이 얼마나 오랜 역사를 가진 주장인가 하는 것을 알 수 있을 것입니다. 여러분들은 이러한 아낙시만드로스의 진화론적 주장에 대해 어떤 의견을 지니고 있으십니까?

흔히들 진화론과 창조론이라고 하는 두 가지 입장이 항상 논란을 거듭하고 있습니다만, 여러분의 시각은 어떠한지요? 진화론이 맞다고 하면 그 근거는 어떻게 댈 수 있으며, 창조론이 맞다고 하면 또 그 근거는 어떻게 댈 수 있을까요?

이 문제는 과학의 문제입니까? 아니면 믿음의 문제입니까? (스스로 답변해 보세요...)

밀레토스 학파의 막내격인 아낙시메네스에게서 우리들은 우주 진화론과 관련된 어떤 새로운 설명을 얻지는 못하지만, 우주를 구성하고 있는 근원적인 원질에 대해서는 새로운 대답을 얻게 됩니다. 즉 아낙시메네스에 따르면 arche는 곧 공기aer(이 말은 영어 air의 어원이기도 합니다)라는 주장입니다. 우리가 호흡을 하지 않으면 죽을 수밖에 없지요? 공기를 호흡함으로써 생명을 유지할 수 있겠지요.

이 공기가 농축되었을 때 안개로 바뀌고 그것이 또 농축되었을 때 물로 다시 흙탕물로, 또 진흙으로 그리고 돌로 변한다는 것이죠. 반대로 공기가 희박하게 되었을 때 증기, 연기, 불로 각각 바뀐다는 주장입니다.

그런데 이러한 아낙시메네스의 주장 가운데 공기란 개념을 오늘날의 에너지energy란 개념으로 바꾸어 놓고 생각해 보면, 문제는 그리 간단하지 않다는 사실을 알게 됩니다. 물론 아낙시메네스가 오늘날 우리들이 지니고 있는 에너지의 개념을 우리처럼 분명하게 인식하고 사용했다고는 거의 생각할 수 없을 것입니다.

하지만 오늘날 우리의 과학적 상식으로 볼 때 모든 사물들은 결국 에너지의 뭉침과 흩어짐에 의해서 이루어져 있다고 보아도 지나친 말은 아닐 것이기 때문에 위와 같은 아낙시메네스의 주장은 그저 단순히 웃어 넘겨 버릴 만큼 단순한 주장은 아니라는 데 관심을 둘 필요가 있습니다.

더욱 흥미로운 것은 그의 영혼관입니다. 아낙시메네스에 따르면 인간의 영혼도 공기인데, 그것은 태양에 있는 것보다는 훨씬 차지만, 바깥 공기보다는 뜨거운 공기라고 합니다. 또 인간의 영혼은 신神의 작은 일부분으로서, 육체 안에 갇혀 있는 존재라는 것입니다.

여러분은 오늘날 과학적인 실재관에 대해서 어떤 의견을 갖고 있습니까? 정말 모든 물체는 에너지의 결합일 뿐일까요? 그렇다면 사람의 경우는 어떠할까요? 우리도 단순히 에너지의 결합물에 불과한 것일까요? 아니면 그 이상의 무엇이 존재할까요? 영혼의 정체는 어떻게 이해해야 할까요? (스스로 답변해 보세요...)

우리는 지금까지 밀레토스 학파의 사상에 대해서 검토해 보았습니다. 이들은 조금씩 서로 다른 주장을 하고 있습니다만, 공통적인 측면을 찾아본다면

1) 자연 현상에 대해서 어떤 합리적 설명을 시도했으며,
2) 그들의 주장을 상당 부분 관찰에 의존했고,
3) 자연 현상을 자연 안에서 설명코자 했으며,
4) 세계를 일원론적인 시각에서 파악하고자 하였습니다.

그리고 그러한 그들의 발상은 서양이 지니고 있는 과학적 전통이 뿌리를 내리는 중요한 구실을 했다는 것입니다.

이제는 관점을 바꾸어서 피타고라스 학파, 헤라클레이토스 학파, 파르메니데스 학파 등을 중심으로 하는 그리스 사상을 살펴 볼까 합니다.

피타고라스 학파의 사상

여러분, 피타고라스(BC 약 570~500) 하면 벌써 생각나는 개념이 하나 있죠? 네, 그렇습니다. 〈피타고라스의 정리〉가 생각나시죠? 초등학교 때부터 기하학 시간에 언제나 들어왔던 〈피타고라스의 정리〉... 그런데 우리가 피타고라스의 사상을 연구해보면 단지 〈피타고라스의 정리〉뿐만 아니라, 정말 의미심장한 많은 내용을 찾아볼 수 있습니다. 그가 했던 주장 안에는 자연 철학 시대의 한 획을 그을 수 있는 중요한 발언을 많이 찾아볼 수 있기 때문입니다.

우리는 흔히들 피타고라스를 수학의 아버지라고 부르고 있습니다. 글쎄요. 이 당시가 서양 철학의 탄생기가 되어서 그런지 무슨 무슨 아버지 이름이 붙는 경우가 많습니다. 탈레스는 철학의 아버지, 아리스토텔레스는 학문의 아버지, 그리고 피타고라스는 수학의 아버지... 등등.

여러분들은 어떤 아버지를 두고 계십니까? 용돈의 아버지, 잔소리의 아버지, 침묵의 아버지, 그도 아니라면 실직의 아버지...

여러분, 세상살이에 힘들어 하시는 우리 아버지께 잘해 드리세요. 그리고 어머니께도 물론이구요. 예전에 베스트셀러가 되었던 '아버지' 란 소설 기억나세요? 한번 읽어 보기 바랍니다.

정말 피타고라스는 그의 이름에 걸맞게 이 세상의 자연 현상을 탐구해 내는 데 있어 모든 것을 수학적인 질서와 조화 가운데서 파악하고자 했습니다. 그에게 우주란 바로 그러한 수학적 질서 가운데 전개된 아름다움 그 자체였습니다. 우리가 잘 알고 있듯이 이 우주를 코스모스KOSMOS라고 이름 지었던 이가 바로 이 피타고라스라고 알려져 있을 정도로 그는 온 우주를 하나의 조화harmonia 안에서 이해하고자 노력했습니다.

피타고라스

굳이 우리가 앞서 공부했던 원질의 개념에 맞추어서 그의 주장을 설명하고자 하면, '모든 원질原質arche은 곧 숫자이다.' 라고 이야기할 수 있을 것입니다. 그는 특히 그러한 숫자적 질서의 한 중요한 사례로 음악을 들고 있습니다. 우리가 음악을 들을 때 아름답게 느끼는 것은 다름이 아니라 바로 조화를 느끼기 때문에 그렇다는 것입니다. 사실 훌륭한 음악이란 바로 멋진 음이 조화를 이루고 있는 집합체라고 보아도 과히 틀린 말은 아닐 것입니다.

그러나 여러분들이 조심해야 할 것은 소위 요사이 new age 음악 가운데에는 악마 숭배 사상, 죽음과 자살에 대한 찬미, 현실에 대한 극단적 부정 등의 내용이 깃든 좋지 못한 음악들도 유행한다는 사실입니다.

피타고라스가 우리에게 더욱 흥미를 주는 사실은 그는 이 세상 모든 현상이나 관계들도 모두 숫자로 표현하고자 애를 썼다는 것입니다. 그저 단순한 물리적 현상만이 아닌, 추상적인 내용들까지 말입니다. 예를 들면 결혼, 사랑, 우정 등과 같은 것들 말입니다. 즉, 1은 보편적 본질이며, 2는 대립의 원리이고, 3은 종합 통일의 원리인데, 5는 여성수 2와 남성수 3의 결합을 뜻하는 것이기 때문에 결혼을 의미한다는 것이죠. 또 숫자 8은 궁극적 조화의 모습인 한 옥타브를 의미하므로 사랑과 우정이 바로 그에 해당된다는 것입니다. 그는 특히 10이라고 하는 숫자를 아주 중시하였습니다. 왜냐하면 10이라는 숫자는 1+2+3+4 로 형성되는 숫자로서,

0
0 0
0 0 0
0 0 0 0

위와 같은 모습을 하고 있기 때문에 가장 안정되며, 완전하며, 신성한 숫자라는 주장입니다.

심지어 그에 있어서 건강이란 다름이 아니라 인체의 여러 가지 대립되는 요소들이 잘 균형을 이루고 있을 때라는 것이며, 의사란 결국 이러한 대립되는 것들 간의 조화를 잘 이루게 조절해 주는 사람이라는 것입니다.

피타고라스는 인간을 특히 세 가지 유형으로 나누고 있습니다.

첫째, 이론적인 형

들째, 실리적인 형

셋째가 쾌락주의적인 형입니다.

그는 올림피아olympia 경기에 모인 사람들을 비유로 이런 유형을 설명하고 있습니다. 즉 물건을 팔기 위해 온 사람은 실리적인 유형의 사람이며, 경기하기 위해 온 사람(운동선수)은 쾌락주의적 유

형이며, 경기를 구경하기 위해 온 사람은 이론적인 유형의 사람으로서 마지막 유형의 사람들이야말로 지혜를 사랑하는 사람philosophoi(philosopher)이라는 것입니다.

참고로 말씀드리면 '철학philosophy' 이라는 단어는 지혜를 사랑하는 학문, 곧 사랑한다, 좋아한다는 그리스어 동사 philein과 지혜 혹은 지식을 의미하는 sophia라는 두 낱말이 합해져서 탄생되었다고들 합니다.

그는 특히 인간 영혼의 정화淨化katharsis를 무척 중시하였는데 철학, 수학, 음악을 통해서 인간은 정신적 정화를 이루게 되며, 의학을 통해서 육체적 정화를 이루게 된다는 것입니다.

그는 영혼은 육체 안에 갇혀 있으며, 죽음으로써 육체에서 해방된다고 하는 일종의 영혼 불멸설을 강조하여 나중에 플라톤 철학에 많은 영향을 주었습니다. 이와 관련되어 재미있는 이야기가 하나 전해 내려오는데, 그는 평생토록 절대로 콩을 먹지 않았다고 합니다. 콩 속에 있는 씨눈 같은 모습의 것에 영혼이 깃들어 있다고 생각했다는 것이죠. 그리하여 그는 말년에 Orpheus교가 발전된 Kroton 종단을 남부 이탈리아 지방에 전파시켰는데, 그 곳의 신도 간의 불신과 질투, 갈등 등으로 인하여 모함을 받아 도망하게 되었다고 합니다.

그런데 불행하게도 도망치던 끝에 그만 콩밭에 도달하게 되었다고 합니다. 그리하여 그는 평소 신념대로 콩을 발로 밟는 일은 절대 할 수 없다고 하여 그곳에서 적에게 붙잡혀 비극적인 최후를 마쳤다는 것입니다.

너무나 역설적이죠? 그렇게 똑똑하고 영리한, 온 우주가 만들어

내는 음악을 감상하고 있다고 큰소리 치던 그가 콩밭을 뛰어넘지 못해서 그만 생을 마감하고 말았다니 말입니다.

(오! 그의 묘지가 있다면 그 앞에 땅콩을 한줌 뿌릴지어다!...)

헤라클레이토스학파의 사상

우선 변증법적 사고의 아버지라 할 수 있는 헤라클레이토스 하면 떠오르는 말이 두 가지가 있습니다. 그것이 무엇일까요?

네, 그렇습니다.

바로 "사람은 똑같은 강물에 두 번 발을 담글 수 없다."라는 말과 또한 "만물은 유전流轉한다"라는 말입니다. 흔히들 panta rhei라고 철학계에서 말하고 있는 그 내용입니다. 굳이 영어로 번역하자면 "All things are in a state of flux."라고 할 수 있겠습니다.

철학사적으로 볼 때, 이 주장은 참으로 의미심장합니다. 왜냐하면 이러한 헤라클레이토스Herakleitos(BC 약 540~475)의 발언은 철학자들의 관심이 원질, 즉 arche에서 시작해서 점차로 운동과 변화라는 쪽으로 관심의 폭이 넓어지고 있음을 의미하기 때문입니다. 그에 따르면 만물의 근원은 곧 투쟁이라는 것이며, 이 투쟁이야말로 온갖 생성과 조화를 가져온다는 것입니다.

또 세계는 여럿多이면서 동시에 하나一라는 것입니다. 더 정확히 말하면 모든 여러가지 것들은 하나로 되어진다는 것입니다All to b-e One. 그리하여 다양한 모든 것들이 하나로 되어지고자 할 때, 바로 투쟁이 필요하다는 것이죠. 다시 말해 대립되는 요소들이 하나로 만들어지고자 할 때 투쟁이 일어나게 되는데, 그것은 또 "불"

을 의미한다는 것입니다. 그에 의하면 세계는 영원히 살아 있는 불이라는 주장입니다. 그리고 그러한 끊임없이 변화하는 과정 밑바닥에 바로 logos가 작용하고 있다는 것입니다. 그는,

헤라클레이토스

불은 흙의 죽음을 살고,
공기는 불의 죽음을 살고,
물은 공기의 죽음을 살고,
흙은 물의 죽음을 산다

라고 주장하였습니다.

즉, 불 → 공기 → 물 → 흙, 이 네가지 요소가 서로 상향도上向道와 하향도下向道에 따라서 생성과 소멸을 거듭한다는 말입니다.

그러나 더욱 중요한 사실은 헤라클레이토스는 무엇보다도 감각의 세계와는 다른 인간 내면의 세계를 비로소 중시하기 시작했다는 것입니다.

감각은 각자에게 하나의 다른 세계를 보여 준다.
그대 자신 속을 즉 그대의 마음을 들여다 보라.
그러면 그대는 진리인 logos를,
그리고 모든 사물에 공통되는 logos를 발견하게 될 것이다.

이러한 변화무쌍한 세계 속에서 변화되지 않는 법칙 내지 어떤

존재의 발견 가능성을 우리는 바로 헤라클레이토스적 단편의 주장에서 엿볼 수 있으며, 이러한 발상이야말로 서양 철학사의 중요한 한 맥을 형성하는 것이라 하겠습니다. 수수께끼를 내는 사람이라는 별명을 얻었던 그가 한 다음과 같은 수수께끼 같은 말을 잘 새겨 들어보시기 바랍니다.

> 내 말에 귀기울이지 말고 logos에 귀 기울일지니라.
> 영구히 참되며,
> 모든 것이 그것에 의해서 일어나며,
> 모든 것에 공통된 것이며,
> 인간도 그것에 따라야 한다.

라고 강변했던 헤라클레이토스의 logos란 것을 어떻게 이해해야 할까요? 곰곰히 생각해 보시기 바랍니다.

엘레아학파의 사상

우리가 세 번째로 살펴야 할 학파는 바로 엘레아Elea 학파입니다. 흔히 크세노파네스, 파르메니데스, 제논 등의 학자들로 잘 알려져 있는 엘레아 학파는 헤라클레이토스적 사고와는 정반대의 주장을 하는 것으로 유명합니다.

즉 이들은 주장하기를 운동이나, 변화, 생성, 소멸 등은 존재하지 않는다는 것입니다. 생성, 소멸한다는 것은 있는 것이 없어지는 것이고 없는 것이 생겨나는 것인데, 그러한 일은 있을 수 없다는 말이죠. 다시 말해 존재하는 것은 존재하며, 존재하지 않는 것은 존재하지 않는다는 말입니다.

어찌보면 말장난처럼 들릴지 모르나, 적어도 그 당시에는 아주 심각한 문제였슴에 틀림 없습니다. 사실 지금도 이 문제는 그리 간단한 문제가 아닙니다. 우리 인생의 모든 것이 다 변화하고 있는데 정말로 영원히 변하지 않는 것은 하나도 없을까요? 많은 철학자들은 이 문제를 놓고 씨름해 왔으며, 지금도 씨름 중이라고 할 수 있습니다.

첫 주자인 크세노파네스Xenophanes(BC 약 576-480)는 다음처럼 주장했습니다.

신神은 하나이며, 전체다.

물론 이러한 크세노파네스의 주장은 유일신이나 다신론적 사고가 아니라, 범신론적이라고 평하고 있습니다만, 그 당시 다양한 신관을 갖고 있던 시절을 돌이켜 볼 때에 획기적인 주장임에 틀림없습니다.

그리하여 신은 일체를 보며, 일체를 생각하고, 일체를 듣는다는 것인데, 어찌되었던 그는 신에 대해서 학문적인 규정을 내리고자 애를 썼으며, 종교와 도덕을 합치시키고자 노력했던 것은 분명합니다.(여러분들은 신 앞에 떳떳한 삶을 살고 계십니까?)

엘레아 학파의 대표격인 파르메니데스(BC 약 540-470)에 따르면 생성되지 않고, 소멸되지도 않으며, 전체적이고, 움직이지 않으며, 무시간적이며, 하나이며, 계속적인, 실재만이 존재할 뿐이다.

라고 합니다.

그리하여 그에 따르면 우리가 보고 듣고 느끼는, 움직이며, 변화되며, 생성 소멸하는 모든 것들은 실상은 다 환영幻影에 불과하다는 것입니다. 그것들은 모두 감각들이 만들어 낸, 허상일 뿐이라는 것이죠.(그러니 여러분, 너무 사람을 외모만으로 판단하지 마세요. 하하하...)

따라서 철학사적으로 볼 때, 바로 이 파르메니데스가 헤라클레이토스보다 조금 앞서서 감각의 길이 아닌 사유의 길을 걸었으며, 소위 본격적인 추상적 사유의 철학적 단초를 제공하기 시작했다고 평가하고 있는 것입니다. 그는 감각으로 알 수 있는aisthetos,sensible 앎과 지성으로 알 수 있는noetos,intelligible 앎을 분명히 구분하였으며, 보다 참된 앎은 감각이 아닌 지성(혹은 이성nous)을 통한 앎이여야 한다고 강조하고 있는 것입니다.

이러한 강력한 파르메니데스적 발상은 그의 제자인 엘레아의 제논(철학사적으로 유명한 제논이 두 사람 나오는데 또 한 사람은 스토아 학파의 창시자로 알려져 있는 제논입니다. 따라서 이 두 사람을 구별하기 위해서 앞선 시대의 제논을 Zenon of Elea라고 명명하고 있습니다.)에 의해서 계승되게 됩니다.

우리는 엘레아의 제논(BC 약490~?)에게서 유명한 역설paradox을 듣게 됩니다. '제논의 역설' 이라는 것이죠. 즉 날아가는 화살은 실상은 운동하는 것이 아니다. 한점 한점 따져보면, 바로 각각의 시점에 정지해 있을 뿐이다라는 것과 또 하나는, 거북이와 달리기 선수인 아킬레스가 달리기 시합을 할 때, 먼저 출발한 거북이를 아킬레스는 도저히 따라잡을 수 없다는 것이죠. 왜냐하면 거북이가 있는 지점까지 아킬레스가 도달했을 때, 조금이라도 거북이는 앞서 갔을 것이고, 또다시 아킬레스가 그 지점에 도달했을 때, 아주 조금이라도 거북이는 앞서 나갔을 것이라는 겁니다. 그리하여 아무리 빠른 아킬레스라도 영원히 거북이를 따라잡을 수 없다는 주장입니다.

이렇듯 운동과 변화, 감각적인 현상세계에 대한 전면적인 거부는 이제 그리스 철학사를 새로운 국면으로 접어들게 하였습니다. 즉, 거부되어 버린 현상 세계를 어떻게 살려낼 수 있느냐 하는 데에 그 관심의 초점이 맞춰지게 된 것입니다. 바로 이 문제를 해결하려던 해결사들이 소위 말하는 다원론자들이며, 원자론자들인 것입니다.

다원론 사상

이번에는 다원론자, 원자론자 등을 중심으로 하는 그리스 사상을 살펴볼까 합니다.

이른바 다원론자로 불리우는 학자는 엠페도클레스Empedokles(BC 495~435)와 아낙사고라스Anaxagoras(BC 500~428)라고 할 수 있습니다.

이들을 다원론자로 부르는 것은 다른 것이 아니라, 이들이 세계를 구성하는 근원적인 요소가 하나나 둘이 아니라 여러 개라고 주장하고 있기 때문입니다. 엠페도클레스는 피타고라스로부터 많은 영향을 받았는데, 인간 영혼의 윤회를 강하게 믿고 있었습니다. 그는 현상 세계를 설명하기 위해서 4가지의 기본 요소를 상정하고 있는데 물, 불, 공기, 흙 등이 그것입니다. 즉 현상계는 이 4가지 요소가 서로 비율을 달리하여 결합된 결과로 만들어진다는 것입니다. 소위 **4가지의 뿌리들**rhizomata이라고 불리어지는 이것들로 인해서 모든 만물이 이루어져 있다는 것입니다.

예를 들어 '뼈'는 '흙2, 물2, 불4'의 비율로 만들어졌다고 주장하기도 했습니다. 무슨 근거로 그런 주장을 했는지는 잘 모르겠지만 오로지 실재란 이 네가지 뿌리 원질들인 것이며 우리 눈에 보이는 생성, 소멸의 변화란 다름이 아니라, 이 4 요소들의 우연한 결합과 흩어짐의 결과일 뿐이라는 주장입니다.

즉, 엠페도클레스에 와서는 스스로 살아서 운동하는 것으로서의 이오니아 학파적 질료 개념은 별 의미를 획득하지 못하게 되었는데, 별도의 운동의 원인을 가정하지 않을 수 없게 되었던 것이죠. 그리하여 그는 재미있게도 **사랑**philotes과 **불화**neikos(혹은 미움)라는 원인을 주장하게 되었습니다. 사랑은 한 요소가 다른 요소와 혼합해서 복합적인 산물을 창조해내는 힘이라고 보았으며, 불화는 각 요소들을 분리시키는 성향이라고 보았던 것입니다. 그래서 사랑이 절정에 이르면 여러 요소들은 하나의 덩어리로 융합하고자 하며, 불화가 승리를 거두게 되면 여러 요소들은 중심을 같이하는 별도의 층으로 구성되게 된다고 했습니다.

우리가 주의 깊게 들여다볼 것은 엠페도클레스는 자연과학적인 설명을 하는 한편, 자신도 모르게 심리적 도덕적 언급을 해 버리고 말았다는 점입니다. 즉, 사랑은 사람들로 하여금 선의로 생각하게 하고 선행을 하도록 권하는 반면에, 불화는 세상에 온갖 해악과 죄를 가져다 주게 된다는 것이죠.

하기는 동양, 특히 중국적인 사고방식 가운데 오행 사상과 같은 발상도 일종의 다원론이라고 볼 수 있을 것입니다. 우리가 매일처럼 접하게 되는 월, 화, 수, 목, 금, 토, 일과 같은 달력의 요일도 따지고 보면 결국 이 세상을 바로 그러한 요소들로 나누고자 했던 중국적 발상이라고 볼 수 있을 겁니다. 더우기나 인간의 여러 특성을 화성, 수성, 목성, 금성, 토성 등으로 나누어서 서로 간의 궁합을 맞추어 보는 사고 방식도 따지고 보면 이러한 다원론적 사고에 도덕적, 윤리적 평가가 가미된 한 모습이라고도 볼 수 있을 것입니다.

수성과 화성이 만나게 되면 물과 불이 만나게 되니까 행복하게 살 수 없으며, 반면 수성과 목성이 만나면 나무에 물을 대주는 꼴이니까 행복할 수 있을 것이라는 발상이 바로 그런 것입니다. 이러한 발상에 대해 여러분들은 어느 정도나 신뢰를 보내고 있습니까?

한편 아낙사고라스는 아테네의 막강한 정치가였던 페리클레스의 친구였는데, 그는 페리클레스와 친하다는 이유로 그만 아테네에서 추방을 당하는 불운을 겪게 됩니다. 그는 피타고라스 학파적인 다소 신비적인 종교 사상에서는 한층 벗어나서 보다 더 철저히 과학적인 사고 방식을 지니고자 무척 애를 쓴 흔적이 있습니다.

예를 들어, 태양은 어떤 신도 아니며 단지 펠로폰네소스 반도보다 조금 더 큰 백열의 돌덩어리에 불과하다고 과감하게 주장하였습니다.(바로 이 주장이 그가 고발당하게 되었던 죄목이기도 합니다.)

그런데 우리가 특히 아낙사고라스에게 주목해야 할 이유는 그가 물질과 정신 사이에 명확한 구분을 두었다는 점입니다. 즉 그는 대담하게 엠페도클레스처럼 운동하는 물질과는 별도로 그것을 운동하게 하는 어떤 원인이 있음에 틀림없다고 주장했을 뿐만 아니라, 그 원인은 물질적인 것이 아니라, 정신적인 것이라는 놀라운 주장을 했다는 것이죠.

즉, 정신nous(혹은 이성)이 세계를 지배하며 혼돈 상태의 세계에 질서를 가져다 주었다고 그는 주장하고 있습니다.

여기에서 우리는 그리스적인 창조관을 엿보게 되는데, 그들에 의하면 무無에서 어떤 것이 창조creatio ex nihilo된 것이 아니라, 기존의 물질적 혼돈chaos에 어떤 질서cosmos가 부여되어서 우주가 형성되었다는 것입니다.

그리하여 이러한 다원론적인 사고는 점차 이성적理性的 사고의 길을 열어 놓았으며, 그러한 사고의 절정에 원자론이 자리 잡고 있는 것입니다.

원자론 사상

원자론의 창시자는 레우키포스Leukippos(BC 약500~440)와 데모크리토스Demokritos(BC 약460~371)로 알려져 있습니다. 그러나 레우키포스에 대해서는 그리 많은 자료가 남아있지 않으며, 우리들은 원자론하면 보통 데모크리토스를 많이 연상합니다. 그는 그리스 북쪽 트라케의 압데라 출신으로, 아낙사고라스에 비해 연하로서 동시대 사람이었습니다. 특히 그에 대해서 후세의 아리스토텔레스는 많은 칭찬을 아끼지 않고 있습니다.

자연적인 사물들의 외견적인 탄생과 소멸을 설명함에 있어 그는 엠페도클레스가 그러했듯이 다양한 원소들의 우연한 결합과 분리의 결과라고 간주하고 있었습니다. 문제는 엠페도클레스와 같은 다원론자는 그것을 몇 개로 한정지었는데 반해서 그는 놀랍게도 한 가지만으로 설명을 시도하고 있는데 그것이 바로 원자론입니다.

그에 의하면, 진짜 실재는 아주 작은 고체의 물체들인데, 이것들은 너무나 작아서 우리의 감각으로는 지각되지 않으며 무한한 공간에서 끊임없는 운동을 하며, 충돌하며, 서로 되튀고 있다는 것이죠. 이들 원자들atomai이라 부를 수 있는 것들은 더 이상 쪼갤 수 없는 고체들로서 그것들의 질質은 동일한 것인데, 다만 크기와 모양에 있어서만 차이가 있을 뿐이라는 것입니다.

우리가 단단하다고 느끼는 것은 그 물체를 구성하고 있는 원자들이 촘촘히 들어차 있기 때문이며, 우리가 부드럽다고 느끼는 것은 원자와 원자 사이의 간격이 너무 넓어서 촉각에 덜 저항하기 때문이라는 주장입니다.

미각의 경우, 단 맛을 내는 것은 매끄러운 원자들로 구성되어 있기 때문이며, 떫거나 쓴 맛을 내는 것은 갈고리 모양을 하거나 뾰족한 원자들로 인해서 그렇다는 것이죠.

빛 또한 작은 원자인데, 특히 아주 작고 섬세한 원자들로서, 작고 둥글기 때문에 아주 빠르게 운동한다는 설명입니다. 재미있는 것은 인간이나 동물의 영혼도 원자라는 물질로 설명하고 있다는 사실입니다. 즉 원자들 가운데 가장 섬세하며 가장 완전한 형태의 구형인 것들로 가장 잘 움직일 수 있고, 가벼운 것들이 바로 영혼이라는 발상이 데모크리토스적 유물론인 것입니다.

원자론자들은 엠페도클레스처럼 끌어당기는 힘과 반발하는 힘,

아낙사고라스에서의 정신과 같은 별도의 운동 원인을 상정하고 있지 않습니다. 물론 이 점이 후에 아리스토텔레스가 원자론자들을 공격하는 부분이기도 합니다.

그는 정치적으로는 민주주의를 강조한 듯이 보입니다.

> 민주주의 속의 가난은 소위 권력층의 주위에서 얻는 행복보다 훨씬 좋으며, 자유는 노예 상태보다 훨씬 좋다.

라고 주장하면서 무분별하게 부를 추구하는 탐욕보다 공동의 부의 창출과 절제에 더 관심을 보이고 있습니다.

그의 윤리관은 비록 원자론에 입각한 인식론적 감각주의를 기반으로 하고 있지만, 그렇다고 저급한 쾌락주의를 주장하는 것은 아닌 것 같습니다.

그에 의하면 쾌락 역시 원자 운동의 양차에 의한 것인데, 영혼의 원자가 격렬하게 운동하게 되는 감각적 쾌락과는 달리 부드럽고 고요하게 운동하게 될 때, 불혹, 부동의 사유를 갖게 되는데, 그 상태를 그는 아타락시아ataraxia라고 불렀으며, 도덕의 이상적인 상태로 보았던 것입니다.

■ 철학 연습 ■

고대 그리스 철학의 백미인 플라톤과 아리스토텔레스에 관한 논문 두 편이 9강 '철학 연습'에 실려 있습니다. 약간 글이 어렵더라도 충분히 생각하면서 읽으시면 훌륭한 철학 연습이 될 것입니다.

플라톤과 아리스토텔레스

PHILOSOPHE

7강

현대 철학 연구

1. 현대 철학의 역사적 배경

이번 장에서는 먼저 현대 철학이 만들어진 배경을 개략적으로 살펴보겠습니다. 일반적으로 현대 철학이라는 개념은 시대적인 구분에 의해 형성된 개념이라고 볼 수 있는데, 특히 서양 철학사에 있어서 현대 철학의 개념은 시대적 흐름을 고려한 근대 철학 다음의 철학을 의미합니다.

여러분도 잘 알고 있듯이, 고대 철학은 그리스를 중심으로 하여 형성된 철학적 흐름을 일컫고 있는데, 흔히 소크라테스 이전 시대 pre-socratic age와 소크라테스 이후 시대로 나누어 이야기합니다.

즉, 소크라테스 이전의 자연 철학 시대와 플라톤, 아리스토텔레스로 연결되는 아테네 중심의 철학 시대 및 아리스토텔레스 사후 신플라톤주의가 정립되는 시기까지를 보통 고대 철학 시대라고 부르고 있습니다.

중세 철학은 기독교 교리의 이론적 체계화를 꾀했던 2세기에서 8세기 말엽까지의 교부敎父 철학 시기와 9세기에서 14세기까지 진

데카르트의 저술을 연구하던 끝에 몇 가지 문제에 대해 직접 원저자의 설명을 듣기를 원하는 스웨덴의 크리스티네 여왕의 부름을 받아 1649년에 극히 영예로운 조건하에 스웨덴으로 간 데카르트는 익숙하지 못한 기후로 말미암아 그곳에 도착한 바로 다음 해에 세상을 뜨게 되었다고 전해짐.

행되었던 스콜라철학scholastic philosophy 시기로 나누고 있는 것이 상례입니다.

그 뒤, 근세 철학은 프랑스의 데카르트René Descartes(1596~1650)를 중심으로 일어나게 됩니다. 여기서 한 가지 우리가 주의를 기울여야 할 것은 데카르트를 근세 철학의 아버지로 칭하는 이유가 신의 존재를 부정했기 때문이 아니라는 사실입니다.

제가 이런 내용을 다시 강조하는 이유는 흔히 고등학교에서나 중학교에서 데카르트가 근세 철학의 아버지로 불리우는 이유를 선생님들께서 설명하실 때, 경우에 따라서는 잘못 설명하는 경우도 많기 때문입니다. 데카르트가 근세 철학의 아버지가 된 이유는 신의 존재를 거부해서가 아니라, 오히려 신의 존재를 증명하려다 보니까 그렇게 된 것이라 해도 과언이 아닐 것입니다.

오히려 데카르트는 그 이전의 많은 철학자들이나 신학자들이 신의 존재를 증명하려고 여러 가지 시도를 했었지만, 단단한 기초를 지니지 않은 상태로 논의를 전개시켰기 때문에 대부분 실패로 그치고 말았다고 보고 있습니다. 따라서, 자기 자신은 아주 확고 부동한, 그의 표현에 따르면 명석明晳clear하고 판명判明distinct한 진리를 바탕으로 새롭게 철학을 전개시키고자 했으며, 그러한 그의 시도가 그 전 철학과는 너무나 확연히 구별되었기 때문에 근세 철학의 아버지란 칭호를 붙이게 된 것입니다.

일반적으로 많은 철학사가들이 주장하건대 현대 철학을 이해하는 중요한 관건은 헤겔 철학에 대한 사상적 반동이라고 이해합니다. 다시 말해서 헤겔 철학을 어떤 시각에서 이해했으며, 어떻게 그 사상에 반론을 제기하면서 새로운 사상을 전개시켰냐에 따라 현대 철학의 맥을 짚어 볼 수 있습니다.

자, 그럼 한번 위의 주장이 어떤 의미를 지니고 있는가를 살펴보기 위해서 현대 철학의 대표적 사조들과 사상가들을 개략적으로 검토해 보도록 합시다. 우선 사상적인 측면뿐 아니라, 실제적인 생활에도 큰 영향을 준 사회주의 내지 공산주의의 중요한 주창자인 칼 맑스Karl Marx를 생각해 봅시다. 그는 젊은 시절 헤겔 철학에 심취해 있었으며, 그의 사상의 상당 부분은 헤겔 철학에 대한 새로운 재해석과 비판에서 비롯된 것이라 해도 과언이 아닐 것입니다. 흔히 맑스의 사상을 영국의 고전 경제학과 프랑스의 사회주의와 독일의 헤겔 철학을 혼합하여 탄생시킨 열매라고 말하지만 사상적 뼈대는 헤겔 철학에 있다고 볼 수 있습니다.

다음으로 실존주의의 창시자라 할 수 있는 키에르케고르Kierkegaard도 실상 헤겔 철학에 대한 전적인 반동으로 만들어진 사상이라고 해도 지나친 말이 아닐 것입니다. 왜냐하면 그는 이성을 강조하는 헤겔 철학에 반항하여 감성 중심의 인간관을 주장했기 때문입니다.

흔히 생의 철학자로 분류되고 있는 쇼펜하우어Arthur Schopen hauer도 따지고 보면 철저히 헤겔 철학과는 다른 시각으로 인생과 우주와 자연을 들여다 보았던 사람입니다. 나중에 자세히 언급하겠지만, 조금 과격하게 이야기하면 그는 헤겔이 그렇게 강조하였던 이성의 위치에 의지意志를 갖다 놓았던 것입니다.

또 논리 실증주의와 분석 철학에 많은 영향을 끼쳤던 신실재론新實在論Neo-Realism자인 영국의 석학 럿셀Russell도 청년 시절 그 당시 유행하던 헤겔 철학에 휩싸여 있다가 나중에는 독일 관념론이 지니고 있는 황당한 허구성(?)을 통렬히 비판한 바 있습니다.

더욱이 미국 실용주의 철학에 중추적 역할을 담당하고 있는 듀이 John Dewey도 젊은 시절 한때는 헤겔 추종자였습니다. 그러다가 사상적 깊이가 더해짐에 따라 관념론이 지니고 있는 비실효성과 비진리성에 대해서 크게 회의를 가지면서 그 나름의 독특한 도구주의 Instrumentalism를 전개시켜 나갔던 것입니다.

이런 시각에서 보았을 때, 현대 철학의 전개라고 하는 것은 헤겔 철학의 몰락과 더불어서 발흥되었다고 볼 수 있습니다.

물론 보는 시각에 따라서 1차 세계대전이 끝난 1918년 전후를 현대 철학의 시발점으로 보는 경우도 있으며, 철학사에 있어서 반反형이상학내지 반反전통의 기운이 싹트기 시작한 1920년대를 중심으로 현대 철학이 출발했다고 보는 경우도 있습니다. 저 나름대로는 다 의미있는 주장이라고 여겨집니다. 즉, 1차 세계대전이라는 그야말로 전대 미문의 엄청난 참화는 우리들의 낭만적인 철학관을 뒤흔들기에 충분한 사건이었으며, 1920년대에 불기 시작한 전통 철학과 형이상학에 대한 근원적인 회의懷疑는 철학을 새로운 시각에서 전개시키기에 충분한 바탕을 마련해 주었습니다.

또 하나 우리들이 집고 넘어가야 할 것은 위와 같은 세계적인 사상적 흐름과 더불어서 우리 나라에서의 현대 철학은 어떤 시각에서 보아야 할 것인가라는 문제입니다. 아직 이 내용은 상당한 논의를 필요로 하는 부분이며, 학자들 간에도 여러 가지 주장이 나누어져 있는데, 여기에서는 철학을 전공하고 있는 학생들에 초점을 맞춘 것이 아니고, 현대 철학에 대한 초보적이며 입문적인 성격을 띠고 있는 연고로 아주 깊게는 들어가지 않고 단지 몇 가지 주장만 간단히 언급할까 합니다.

즉, 한국에서의 현대 철학의 출발은 서양 철학이 우리 나라에 본격적으로 알려지기 시작한 1910년 경으로 잡아야 한다는 주장, 혹은 민족주의 철학과 맑스 철학이 손잡기 시작했던 시기를 주장하는 경우, 혹은 1945년 해방 이후를 중심으로 해야 한다는 주장, 또는 갑오경장 이후, 혹은 대한제국 성립 이후, 혹은 삼일운동 이후, 혹은 경성제국대학에 철학과 설치 이후, 또는 휴전 협정 성립 이후 등 여러 가지 주장이 있을 수 있을 것입니다.

저자는 삼일운동 이후 독립 의식이 고조되면서 서구적 사상이 본격적으로 유입되기 시작한 1920년대로 잡는 것이 가장 좋을 것 같다고 생각합니다.

2. 현대 철학의 분류

자, 그럼 이번 절에서는 현대 철학을 나누어 보도록 하겠습니다. 현대 철학을 분류하는 방법에는 여러 가지가 있지만, 저는 두 가지 방법만을 사용하겠습니다. 하나는 철학적 주제에 의한 분류이며, 다른 하나는 지역적 특성에 따른 분류입니다.

우선 첫 번째로 철학적 주제에 의한 분류를 살펴봅시다. 제가 시도하는 이러한 분류는 주로 현대 철학자 가운데 한 사람인 보헨스키I.M.Bohenski라고 하는 폴란드 철학자의 주장을 중심으로 나누는 것입니다.(참조:보헨스키저, 한전숙역, 『현대 철학』, 정음사간, 조금 오래 전에 나온 책이지만, 현대 철학을 이해하는데 아주 좋은 책입니다. 여러분들이 읽기에는 조금 어렵지 않나 하는 우려도 있습니다.

원제목 : Europäische Philosophie der Gegenwart, Francke Verlag, Bern und München, 1951.

1. 물질質物의 철학

1. 러셀Bertrand Russell의 철학
2. 신新실증주의에서 분석 철학에 이르기까지
3. 변증법적 유물론 – 맑스, 엥겔스Engels, 레닌Lenin, 스탈린Stalin

2. 관념觀念의 철학

1. 크로체Benedetto Croce ; 신新헤겔주의자, 이탈리아 철학자
2. 브륀슈비크Leon Brunschvicg ; 프랑스 철학자, 정신의 철학 강조
3. 신新칸트 학파 ; 칸트 철학을 새로운 시각에서 재해석하는 다양한 학파. 많은 학파가 있지만 대표적으로 마르부르크Marburg학파와 바덴Baden학파 – 일명 서남西南학파가 있다

3. 생生의 철학

1. 베르그손Bergson의 철학
2. 실용주의 철학
3. 역사주의 ; 역사의 비합리성, 역사의 상대주의적 요소 강조

참고로 여러분들이 여기에서 하나 알아두어야 할 것은 우리말로 역사주의라고 번역할 때, 사실 독일어 원어의 Historismus(Historism)와 Historicismus(Historizism)를 모두 역사주의라고 번역을 하기 때문에 약간의 혼동이 온다는 사실입니다.

그러나 이 둘은 그 개념의 내용이 판이하게 다른 것이라는데 주의해야 합니다.

즉, Historismus는 바로 생의 철학과 관련되어 있는 개념인데 반하여, Historizismus는 칼 포퍼Karl Popper라는 철학자가 공산주의를 비롯한 전체주의를 공격하기 위해서 주장했던 개념으로, 역사에는 필연적인 법칙이 있기 때문에 모든 역사는 그 법칙에 따라서 진행된다고 주장하는 일련의 학설들을 통칭하여 Historizismus라고 불렀던 것입니다.

그런데 우리 나라에서는 이 두 개념을 모두 역사주의라고 번역하는 바람에 많은 혼란이 있습니다.

따라서 저는 칼 포퍼의 역사주의를 역사 법칙주의라고 번역해야 한다고 생각합니다.

4. 본질本質의 철학

1. 후설Edmund Husserl의 현상학
2. 셸러Max Scheler의 가치 철학

5. 실존實存의 철학

1. 하이데거Martin Heidegger
2. 사르트르Jean Paul Sartre
3. 마르셀Gabriel Marcel
4. 야스퍼스Karl Jaspers

6. 존재存在의 철학

1. 신新형이상학 ; 드리쉬Driesch, 브롱델Blondel, 라벨Lavelle, 알렉잔더Alexander, 산타야나Santayana
2. 하르트만Nicolai Hartmann의 철학
3. 화이트헤드Alfred North Whitehead의 유기체 철학
4. 신新토마스주의 ; 마리탱Maritain, 질송Etienne Gilson

이번에는 현대 철학을 지역적으로 나누겠습니다. 물론 이 내용도 학자들의 기준에 따라 달라질 수도 있지만, 저는 크게 서유럽권, 영미 북유럽권, 동유럽권, 아시아권으로 나누겠습니다. 우선 처음 소개하는 내용이므로 아주 상세한 설명은 피하도록 하겠습니다. 각 철학자를 거론할 때, 그의 철학을 대표하는 철학적 개념을 적어 놓겠습니다. 그 개념이 무엇을 의미하는 것인지는 여러분들은 철학사전과 여러 책자들을 찾아 보십시오.

현대 철학의 커다란 구조를 전반적으로 검토해 보도록 합시다.

서유럽권

1. 현상학 ; Edmund Husserl - 선험적 자아와 생활세계
2. 실존주의

   키에르케고르SØren Kierkegaard - 고독한 실존과 하나님

   하이데거M. Heidegger - 시간, 죽음, 현존재, 시적 사색

   야스퍼스K. Jaspers - 실존과 이성, 포괄자

   사르트르J.P. Sartre - 즉자卽自와 대자對自, 저주받은 자유

   마르셀G. Marcel - 존재의 신비와 만남의 의미
3. 삶의 철학

   쇼펜하우어A. Schopenhauer - 의지의 철학

   니체F. Nietzsche - 초인과 힘에의 의지, 가치 전도

   베르그손H. Bergson - 직관, 창조적 진화, 열린 도덕
4. 해석학 ; 딜타이W. Dilthey - 체험, 표현, 이해

   가다머G. Gadamer - 진리와 방법론

5. 철학적 인간학

셸러M. Scheler – 가치 직관, 우주에서의 인간의 위치

란트만M. Landmann – 미완성 교향악으로서의 인간

겔렌A. Gehlen – 결핍 존재로서의 인간

플레스너H. Plessner – 인간의 탈중심성

6. 비판적 사회 이론

호크하이머M. Horkheimer – 이성의 몰락

(프랑크푸르트 학파)

아도르노T. Adorno – 변증법의 정지

마르쿠제H. Marcuse – 이성과 혁명, 일차원적 인간

프롬E. Fromm – 존재 양식과 소유 양식

하버마스J. Habermas – 인식과 관심, 의사의 상호 소통성

7. 비판적 합리주의

포퍼Karl Popper – 인간의 오류 가능성, 열린 사회

알베르트H. Albert – 혁명의 정치적 신화성

8. 신新존재론 ; 하르트만N. Hartmann – 신형이상학

마리탱J. Maritain – 신토마스주의

화이트헤드A. N. Whitehead – 유기체의 철학

9. 구조주의 ; 레비–스트로스 Levi-Strauss – 문명과 야만

알튀세L. Althusser – 맑스주의와 구조

10. 후기 구조주의 ; 데리다J. Derrida – 이성 중심주의 비판

푸코M. Foucault – 지식의 계보

리오타르J. Lyotard – 무의식과 욕망

영미, 북유럽권

1. 논리 실증주의
   슐릭M. Schlick – 철학과 과학의 의미
   카르납R. Carnap – 사이비 명제와 기호 논리
   에이어A. J. Ayer – 검증 가능성의 원리
2. 캠브리지 학파
   무어G. E. Moore – 철학의 근본 성격, 언어 분석
   러셀B. Russell – 수학과 논리학, 지시론
   비트겐슈타인L. Wittgenstein – 발언과 무언無言, 철학의 치료적 성격
3. 옥스포드 학파 ; 오스틴J. L. Austin – 언어 행위론
   (일상 언어학파)
   라일G. Ryle – 철학과 일상 언어
   스트로슨 Strawson – 수정 형이상학과 기술記述 형이상학
4. 시카고 학파 ; 헴펠C. Hempel – 과학적 설명과 예언
   모리스C. Morris – 언어와 상징
   콰인W. v. O. Quine – 언어, 인식, 논리
   쿤T. Kuhn – 과학적 혁명
5. 실용주의 ; 퍼어스C. S. Pierce – 실천과 실용
   제임스W. James – 진리의 다원성
   듀이J. Dewey – 지성과 도구주의

6. 신언어 철학 ; 크립키S. Kripke – 명명命名과 필연성

(후기 분석철학)

더미트M. Dummett – 진리의 의미

퍼트남H. Putnam – 진리와 사실

데이비슨D. Davidson – 인식과 의미론

로티R. Rorty – 자연, 인간, 인식, 후기 실용주의

7. 사회 철학 ; 롤즈J. Rawls – 정의正義의 문제

노직R. Norzick – 신자유주의

동유럽권

1. 변증법적 유물론

맑스K. Marx – 자본주의와 소외, 혁명, 공산주의

레닌V. Lenin – 제국주의론

스탈린I. Stalin – 러시아 팽창주의

2. 신맑스주의

루카치G. Lukacs – 맑스주의의 재해석

샤프A. Schaff – 역사와 진리

3. 폴란드 실증주의

타르스키A. Tarski – 진리와 언어, 의미론

루카지에비츠Lukasiewicz – 과학, 철학, 의미

아시아권

1. 삼민주의 ; 손문 – 사회, 이념, 현실
2. 아시아 사회주의 ; 모택동 – 전통, 사회주의, 혁명
3. 비폭력주의 ; 간디M. Gandhi – 비폭력, 진리, 절대자
4. 비교 철학

   라자크리수난S. Radhakrishnan

   – 동양과 서양, 철학과 사상

   라주P. T. Raju – 비교철학, 방법

   나카무라 하지메中村 元 – 동양적 사유의 특성

   박종홍 – 창조의 논리, 한국의 사상적 방향

3. 현대 철학자 연구

이번 장에서부터는 대표적인 현대 실존 철학자를 중심으로 그들의 생애와 사상을 하나하나 살펴보도록 하겠습니다. 우선 그들의 생애를 먼저 살펴보고, 그런 다음 그들의 주요 사상을 검토한 뒤에 그들 사상이 남겨놓은 문제를 논구하겠습니다.

1) 키에르케고르S φ ren Aabye Kierkegaard의 생애와 사상

키에르케고르의 생애부터 살펴봅시다. 우선 여러분들에게 문제를 하나 내 보겠습니다. 키에르케고르는 어느 나라 사람일까요? 영국 사람? 독일 사람? 아니면 프랑스 사람? 힌트: 쉐익스피어가 쓴 『햄릿』은 어느 나라 왕자일까요? 네, 그렇습니다. 덴마크왕자입니다. 키에르케고르도 덴마크 사상가입니다.

하나 더 물어볼까요?

『로미오와 쥴리엣』의 배경이 된 나라는?

영국이요? 글쎄요... 바로 이탈리아입니다.

1813년 5월 5일 코펜하겐에서 태어난 키에르케고르(본래 원어 발음은 키르케고어)는 7남매 중 막내로 태어났습니다. 흔히들 우수憂愁의 철학자라고 불리우는 키에르케고르는 엄격한 금욕주의적 루터교 신자였던 아버지 미카엘 키에르케고르와 그 집 가정부였던 안네 사이에서 태어난 사생아였습니다.

아버지 미카엘이 전처를 잃은지, 채 일 년도 못 되어 하녀와 불륜의 관계를 맺었고 그 불행의 열매가 곧 키에르케고르였던 것입니

키에르케고르(1813~1855)

다. 이러한 사실을 나중에 알아차린 키에르케고르는 젊은 시절 상당히 많은 번민을 했던 모양입니다. 위의 불륜의 사건을 포함하여, 키에르케고르 스스로 자신의 일생에 있어서의 '대지진' 이라고 부르고 있는 몇 가지 사건들은 그로 하여금 실존적 고뇌를 갖게 하는데 충분했던지도 모릅니다.

위의 초상화에서도 여러분들이 느낄 수 있는 것처럼 무엇인가 삶의 우수에 사로 잡혀 있는 인상을 지울 수가 없지요.

그는 또 어려서 나무에서 떨어졌는데 그것이 잘못되어 평생 등과 허리에 통증이 있었다고 합니다. 여러분들도 그러시겠지만 사람이 몸이 불편하면 만사가 괴로운 법입니다. 아마 이러한 겉으로는 보이지 않는 원인이 그로 하여금 또 다른 실존적 고뇌를 하게 했을지도 모르겠습니다.

더욱이 키에르케고르를 깊은 고뇌로 몰고간 사건은 그의 형제들의 때이른 사망 소식이었습니다. 상인이었던 둘째 형은 미국에서 객사했으며, 셋째 형도 학교를 다니던 중 머리 파열상으로 세상을 떠났으며, 위의 누나 셋도 모두 일찍 세상과 이별했다고 합니다. 그리하여 아버지 미카엘이 세상을 떠날 때(1838년)에는 7남매 가운데 목사였던 맏형 페테르와 막내 죄렌만이 남게 되었습니다.

혹 여러분도 그런 경험이 있으실지 모르겠지만, 자신의 부모는 물론이요, 자신의 형제 자매가 제 수명을 다 하지 못하고 일찍 세상을 떠나게 되었을 때, 남아 있는 다른 형제 자매들이 받게 되는 충격은 상당한 것이며, 그 상처는 아주 깊고 오래가는 법입니다.

또 여러분이 잘 알고 계신 것처럼 키에르케고르는 그가 25세가 되던 해에 레기네 올센Regine Olsen이라는 아리따운 소녀(당시14세)와 사랑에 빠져 3년에 가까운 교제 끝에 약혼을 했다가(1840년 9월), 그 이듬해 10월 파혼을 선언하고 헤어지게 됩니다.

스스로가 지니고 있는 내적인 죄의식과 애정의 극한적 갈등에서 그는 이루어질 수 없는 고귀한 사랑(?)을 남긴 채 이별을 고하게 된 것입니다.

여기에서 젊은 시절의 그의 일기장을 한번 들추어 보도록 합시다. 그 당시의 그의 심정은 다음과 같이 기록되어 있습니다.

> 그러나 만약 내가 그녀에게 이 모든 사실들을 털어놓는다면, 아마 나는 그녀를 아주 끔찍한 세계로 인도하는 꼴이 되고 말것이다. 나와 아버지와의 관계, 그가 지니고 있는 우울함, 나를 뒤덮고 있는 이 깜깜한 밤, 나의 절망, 욕구, 그리고 무절제함...
> 이 모든 것들은 아마 하나님의 눈으로 보았을 때에는 너무 가증한 것들이리라. 나로 하여금 방황토록 만드는 그것은 바로 (어떤 특정한 대상이 없는) 두려움 그자체이다.

여러분들은 이해할 수 있겠습니까?

보다 순결한 사랑을 위한 결단(?)을...

(혹시 이런 문제를 놓고 고민하고 있는 학생이 있으면 메일을 주시기 바랍니다.)

1830년 코펜하겐대학에 입학하여 신학과 철학을 공부한 키에르케고르는 그 당시 유행하던 헤겔 철학을 만나게 됩니다. 헤겔 철학을 공부하며 그의 관념론에 대해 크게 반발하게 됩니다.

그리고 파혼을 선언한 뒤, 1841년 베를린대학으로 유학을 떠납니다. 유학 중에는 셸링, 슐라이어마하 등의 사상적 영향을 크게 받습니다. 이듬해 1842년 귀국한 뒤에 그는 본격적인 저술 활동을 시작하게 됩니다. 그 대표적인 저술들은 다음과 같습니다.

1843년 『이것이냐 저것이냐』
1843년 『반복』
1843년 『공포와 전율』
1844년 『불안의 개념』
1844년 『철학적 단편』
1845년 『인생 행로의 여러 단계』
1846년 『철학적 단편에의 종결적 비학문적 후서 ; 단편 후서』

재미나는 사실은 이 모든 저작에 대한 저자 이름을 모두 익명으로 그 책의 내용에 맞게 사용했다는 것입니다.

특히 키에르케고르는 레기네 올센과의 파혼이 그의 삶 전체에 끼친 영향에 대해서 여러 저술들에서 언급하고 있는데, 『이것이냐 저것이냐』라는 책도 이미 그 제목에서 풍기고 있듯이 그의 인생, 아니 우리들의 인생의 한 중요한 단면을 잘 보여 주고 있다고 해도 과언이 아닐 것입니다. 왜냐하면 우리들은 언제나 '이것이냐 저것이냐'를 선택하지 않으면 안 되는 상황에 항상 직면하고 있는 실존적 존재들이기 때문입니다.

여러분들도 이 철학 강의를 들을 것인가 말 것인가, 또 듣는다면 이 강좌를 들을 것인가 저 강좌를 들을 것인가 여러 번 망설였을 것입니다. 마찬가지로 키에르케고르도 레기네 올센을 선택할 것인가 말 것인가, 욕망을 충족시키는 이기적 삶을 살 것인가, 아니면 무수한 고통이 따르는 도덕적 · 종교적 삶을 살 것인가를 결정해야 했습니다.

한편 그는 1846년 풍자적인 신문인 『Korsa』(해적이란 뜻)가 그의 저술 전반에 걸쳐 악평을 가해옴에 따라 그 잡지에 관련된 문학 평론가 골드슈미트Goldschmidt와 치열한 논쟁을 치르게 됩니다.

비록 그 논쟁에서 나름대로 승리를 거두기는 하였지만, 논쟁을 치루는 과정에서 그는 인간에 대한, 그리고 세속적 세계에 대한 심한 모멸감을 지니게 되었으며, 그로 인한 상당한 심적 타격 또한 받게 되었습니다.

그런 가운데 그는 그의 후기 저술이라고 할 수 있는 일련의 기독교 관련 서적을 출간하게 됩니다. 그것들은 다음과 같습니다.

1847년 『사랑의 행위』
1848년 『기독교 강론』
1849년 『죽음에 이르는 병』
1850년 『기독교에의 훈련』
1851년 『하나님의 불변성』

1851년 『자기 수련을 위하여』
1855년 『순간』이란 잡지를 10호까지 발간

그는 사상적 후기에 접어들면서 사회적인, 특히 그 당시 기성 기독교 교회들이 지니고 있는 위선적인 신앙에 대해서 맹렬한 공격을 가하기 시작합니다. 특히 1854년 당시 국민의 존경을 받던 교회의 수장인 뮌스터 감독이 사망한 뒤, 그 후임으로 마르텐젠이 임명되자, 이러한 결정에 키에르케고르는 분노를 금치 못하게 됩니다.

그리하여 그 당시 기성 기독교계의 리더들과 일대 논전을 치르게 되는데 그 와중에서 그는 기력을 탕진하게 되고 1855년 가을 그만 길거리에서 쓰러져 같은 해 11월 11일 그의 우수에 찬 생애를 마감하게 됩니다.

이번 절에서는 키에르케고르의 사상에 대해서 논의해 보도록 합시다.

잘 알려진 것처럼 키에르케고르는 실존주의Existentialism의 선구자로 불려지고 있습니다. 그 이유는 바로 그가 현대에 들어 실존에 대해서 어느 누구보다도 가장 먼저 깊이 있는 사유를 우리에게 보여 주었기 때문일 것입니다.

물론 학자에 따라서는 실존주의의 뿌리를 멀리는 성경의 원죄설이나 그리스의 운명론에 두기도 하며, 근세에 있어서 파스칼의 사상에 그 연원을 두기도 하지만, 적어도 헤겔 철학에 대한 사상적 반론을 제기하며, 인간 실존의 문제를 새로운 시각에서 전개시킨 것은 키에르케고르의 공이라 해도 무방할 것입니다.

헤겔 철학에 대한 반박

키에르케고르는 우선 헤겔 철학의 이성 중심적 사고와 거대한 체계 안에서 존재 전체를 설명하려는 시도를 거부합니다. 특히 인간의 실존적 상황이란 어떤 개념으로 쉽게 객관화시킬 수 있는 것이 아니며, 오히려 인간의 내면을 이해하면 할수록, 파고 들면 들수록 추상화시키거나 개념화 시킬 수 없는 그 무엇이 있다는 것입니다.

그런 의미에서 그는 우리들의 로고스logos적 요소보다는 파토스pathos적 요소를 훨씬 근본적이고 본질적인 것으로 보고 있습니다.

그가 젊은 시절에 쓴 일기를 들여다보면, 그는 자신에게 부족한 것은 무엇을 아느냐가 아니라, 무엇을 해야 할 것인가를 마음속에 분명히 하는 데 있다고 주장하면서, 객관적 진리, 철학적 체계 인식, 논리적 흠집을 찾아내는 일들을 거부합니다. 그는 자기 자신이 어떤 존재인지를 분명히 파악하려 하며, 정말 그 진리를 놓고 생명을 걸 수 있는 그 무엇을 찾고자 몸부림친 흔적을 곳곳에서 엿볼 수 있습니다. 마치 아프리카에서 생수를 갈구하듯이 우리들의 메말라 있는 영혼을 적셔 줄 수 있는 그런 진리를 그는 갈망했습니다. 그에 따르면, '그러한 앎이 자신의 피와 살이 될 수 있는 어떤 것'을 끊임없이 찾아 헤맸습니다.

진리의 주관성

그리하여 그는 전통적인 진리관과는 완전히 상치되는 충격적인 주장을 하게 됩니다. 즉, 진리는 주관적이라는 것입니다.

그에 따르면 우리들이 어떤 존재가 될 것인가 하는 것은 어떤 객관적 요소에 의해서 결정되는 것이 아니고, 철저히 나의 선택에 의해서, 즉 이것이냐 저것이냐의 기로에서 내린 결단에 의해서 만들어진다는 말입니다.따라서 인간의 자유는 항상 불안Angst을 수반하게 됩니다. 이때 말하는 불안은 공포와는 구별됩니다.

공포는 어떤 두려움의 대상이 분명히 존재하는 데 반해 실존적 불안은 그 대상이 선명치 않으면서 인간 누구나가 갖지 않을 수 없는 두려움을 의미합니다. 그것은 끊임없이 결단을 내리지 않을 수 없는 인간의 실존 상황이 가져다 주는 어쩔 수 없는 조건 때문이라는 것입니다.

결단과 전율

우리들은 불안 속에서 결단하지 않을 수 없습니다. 여러분들이 누구를 만날 것인가, 어떤 직업을 선택할 것인가, 어떤 직장에 응모할 것인가, 누구와 결혼할 것인가, 선을 볼 것인가 말 것인가, 하나님을 믿을 것인가 말 것인가, 살 것인가 죽을 것인가 등 모든 문제는 사실 결단에 관련되어 있습니다. 특히 키에르케고르가 들고 있는 결단의 유명한 예는 바로 구약성경에 나와 있는 아브라함과 이삭에 관련된 내용(창세기21장-22장)입니다.

성경을 읽어 보신 분은 다 아시겠지만, 혹 모르시는 분을 위해서 짤막하게 말씀드리겠습니다.

이스라엘 민족의 믿음의 조상이라 일컬어지는 아브라함은 100세가 되어서야 자신의 본처인 사라에게서 아들을 얻습니다. 그 아들이 바로 이삭이지요. 그러던 어느 날 이삭이 어느 정도 성장했을 때 하나님이 아브라함에게 명하기를 외아들 이삭을 번제물로 바치라는 것입니다. 아무 이유도 없이요.

여러분, 한번 생각해 봅시다. 우리들이 아주 늙으막에 도저히 아이를 둘 수 없는 나이에 자식을 한 명 두었다고 합시다. 얼마나 귀한 자식이겠습니까? 그런데 밑도 끝도 없이 그 귀한 자식을 내놓으라니... 말이 안 되지 않습니까? 그런데 놀랍게도 아브라함은 믿음의 조상답게 하나님의 명령에 무조건 복종한 것입니다. 그리하여 자신의 사랑하는 외아들 이삭을 번제물로 바치기 위해 칼을 빼들고 자식을 내려치려는 순간, 천사가 내려와 '네가 하나님을 경외하는 줄을 알았노라' 는 말을 남기고, 숲속에 이미 준비되어 있었던 양으로 번제물을 삼게 했다는 내용입니다.

그런데 키에르케고르에 의하면, 인간의 실존적 경험이란 실상 이러한 무조건적인 결단과 관련이 있습니다. 어떤 이성적 이해를 갖고서는 도저히 풀리지 않는 비합리적 요소, 특히 진정한 크리스찬이 되고자 갈망했던 그에게 아브라함의 믿음의 절대성은 사실 일종의 전율을 불러일으키지 않을 수 없었습니다. 그것이 인간의 한계이자, 또 역설적으로 표현하면 놀라운 질적質的 비약을 가져올 수 있는 가능성일 수 있다는 말입니다.

실존의 여러 단계

어찌보면 키에르케고르에 있어서 인간은 스스로 모순을 내포하고 있는 존재입니다. 그 자신 영원과 순간을 동시에 지니고 있으며, 영靈과 육肉이 결합되어 있으며, 유한과 무한이 공존하고, 자유와 필연이 뒤섞여 있는 실존의 장場이 곧 인간이라는 것입니다. 그는 실존의 여러 모습을 단계적으로 우리에게 보여 주고 있습니다. 흔히 이야기하는 실존의 3단계입니다.

실존의 첫 단계는 **심미적** 혹은 **감성적** 단계입니다. 돈 환으로 상징되는 단계로서 극히 이기주의적이며, 쾌락주의적이며 관능을 추구하는 단계를 의미합니다. 그러나 이러한 단계에 속한 인간들은 결국 절망할 수밖에 없으며 더 영원한 것, 더 가치있는 것을 갈망할 수밖에 없게 됩니다.

그래서 우리들은 실존의 두 번째 단계인 **윤리적** 단계로 옮겨가게 됩니다. 소크라테스로 상징되는 이 단계는 그야말로 양심적 시민의 삶을 통해서 도덕적이고, 이타주의적 모습이 어느 정도 갖추어진 단계를 의미합니다. 그러나 이 단계에서도 우리들은 인간의 도덕적 한계를 뼈저리게 깨달을 수 밖에 없습니다.

우리는 여기에서 그 다음 단계인 **종교적** 단계를 지향하지 않을 수 없게 됩니다. 이 단계에서도 일반 세속적 종교인과 참된 크리스찬을 그는 구분하고 있습니다. 일반 종교인들은 종교를 내세우지만 실상은 실리를 추구하는 사이비 신자들이며, 영원에 관련된 하나님을 믿는 자들이야말로 참된 크리스찬이라는 것입니다. 또 그들은 삶과 실존이 지니고 있는, 기독교가 지니고 있는 파라독스를 받아들이며, 불합리하므로 나는 믿는다Credo quid absurdum est는 주장을 액면 그대로 받아들이는 자들이라는 겁니다.

실존의 비약

키에르케고르에 의하면 우리와 절대자, 즉 하나님 사이에는 무한한 심연이 가로놓여 있습니다. 이것을 뛰어 넘기 위해서는 용기를 수반한 놀라운 비약을 하지 않으면 안 됩니다. 그러나 그것은 불행히도 합리적으로 설명되지도 않으며, 이성적으로 납득되지도 않습니다. 건너뛸 것인가, 아니면 포기할 것인가 하는 결단만이 남아있을 뿐입니다. 오직 절대 믿음만이 그것을 가능케 한다는 것입니다. 인간은 자기 자신에 대해서 굉장히 잘 알고 있는 것처럼 여기지만, 실상은 자신에 대해서 아무것도 모르고 있는, 하나님 앞에 벌거벗고 서 있는 고독한 실존이라는 말입니다.

이번 절에는 키에르케고르의 사상이 오늘날 우리들에게 주는 의미와 그 사상이 지닌 몇 가지 문제점을 나름대로 검토해 보겠습니다.

키에르케고르의 철학사적 의의

우선 키에르케고르는 실존주의의 선구자적인 역할을 담당하였으며, 비단 철학계뿐만 아니라, 신학, 문학, 미학 등 다방면에 걸쳐서 많은 영향을 후세에 주었습니다. 특히 독일 실존주의 계의 양대 거목인 하이데거와 야스퍼스의 철학 형성에 커다란 영향력을 끼쳤으며, 스위스의 실존 신학자 칼 바르트와 오스트리아의 문학가 프란츠 카프카 등의 문학형성에도 지대한 공헌을 하였습니다.

남는 문제들

키에르케고르는 그의 삶이 보여 주듯이 상당히 치열한 인생을 살았습니다. 그의 글도 그의 삶 못지 않게 우리에게 다양한 긴장감을 줄 정도로 아주 생동감 있게 전개되고 있습니다. 그러나 그럼에도 불구하고 그의 철학이 지니고 있는 몇 가지 문제점을 지적하지 않을 수 없습니다.

첫째, 그의 철학이 지니고 있는 실존적 개체 중심의 윤리성 문제입니다. 물론 종교적인 특히 기독교적인 색채를 강하게 띠고 있는 그의 사상은 인간의 내면 세계를 실존을 중심으로 예리하게 파헤치고 있으며, 한계에 부딪치고 마는 실존적 상황을 정확히 그려내고 있지만 과연 그러한 접근이 우리들의 사회적 문제 내지 윤리적 문제를 어떻게 풀어나갈 수 있는가 하는 점입니다. 과연 그런 문제에 대한 철학적 대안을 키에르케고르 철학에서는 기대하기 힘들 것입니다. 그러한 문제를 막연히 믿음의 차원으로 돌려 놓기에는 여전히 석연찮은 구석이 남아있게 됩니다.

둘째, 그의 철학이 지니고 있는 진리관 문제입니다. 물론 그의 주장을 따라가 보면 충분히 그가 주장하는 주관적 진리성을 인정할 수 있을 것입니다. 그러나 그렇다고 객관적 진리성이 쉽게 사라지는 것은 아닐 것입니다. 조금 엄밀히 따져보면 그가 주장하고 있는 진리란 실상은 종교상의 진리라고 말할 수 있을 것입니다. 종교적 진리는 그야말로 선택의 문제이며, 주관의 문제입니다. 그러나 그렇다고 과학적 진리를 도외시할 필요는 없습니다. 그러한 진리도 그 나름으로 의미를 지닐 수 있는 것입니다. 그것이 비록 종교적 의미, 종교적 무게를 지니고 있지 않다 할지라도 말입니다. 오히려 진리의 문제에 접근할 때에는 다양한 진리관을 전제로 하게 되면 그러한 진리에 대한 극단적인 오해는 사라지지 않을까 합니다.

세 번째로 생각해 볼 수 있는 것이 그의 파토스 중심적 인간관입니다. 이러한 발상은 헤겔 철학에 대한 강력한 반발에서 나왔다고 보아도 과언이 아닐 것입니다. 그러나 그렇다고 인간의 이성적 측면은 여전히 소홀히 할 수 없는 부분이며, 파토스적 측면 못지 않게 중하게 여기지 않을 수 없는 본질적인 요소를 지니고 있는 부분입니다.

이러한 인간의 합리적인 측면에 대한 지나친 공격은 물론 그가 속한 시대적인 맥락에서 이해한다 해도 여전히 문제로 남을 수 있는 부분인 것입니다. 하지만 위의 몇 가지 지적들이 실존의 내면성을 적나라하게 보여 준 키에르케고르의 사상적 위대성을 쉽게 해칠 수는 없습니다.

2) 하이데거Martin Heidegger의 생애와 사상

자, 이번에는 실존주의자의 대표격인 하이데거의 철학 사상에 대해서 살펴보겠습니다. 먼저 그의 생애에 대해서 한번 알아봅시다.

하이데거는 1889년 9월 26일 독일 서남쪽에 있는 메스키르히Messkirch라는 곳에서 태어났습니다. 그의 양친은 모두 가톨릭 신자였는데, 아버지 프리드리히 하이데거는 성 마르틴 성당의 성당지기였습니다.

그는 어려서부터 신부가 되고자 했으며, 프라이부르크대학 신학부에 입학했습니다. 그러나 대학교 2학년 때인 1911년 수학과 자연과학 쪽으로 학문적 관심을 바꾸었다가, 결국은 철학에 모든 학문적인 초점을 맞추어서 1913년 『심리학주의의 판단론』이라는 제목으로 철학 박사 학위를 취득합니다.

2년 뒤 그는 신칸트 학파의 대가였던 하인리히 리케르트의 지도 아래 교수 임용 자격 논문을 쓰게 되는데 그것이 「둔스 스코투스의 범주론과 의미론』이었습니다. 그는 '현상학으로의 나의 길' 이라는 짧은 글에서 자신의 사상 형성에 관련된 이야기를 하고 있는데 특히 그는 후설 현상학과의 사상적 관계에 대해서 몇 가지 이야기를 하고 있습니다. 그 글에 따르면 그는 1907년 브렌타노의 학위 논문 「아리스토텔레스의 여러 존재 의미에 대하여」라는 글을 읽고 철학에 대한 학문적 관심을 지니게 되었다고 밝히면서, 그의 철학 전반에 걸쳐 끊임없이 제기되었던 문제인 '존재란 무엇인가?' 라는 질문을 하게 됩니다. 그리하여 그는 그 문제에 대한 답변의 근거로 후설의 『논리연구』를 그야말로 철저히 연구하였습니다.

그는 초창기 후설 철학에 완전히 몰입해 있었음을 고백하면서 현상학이 그의 철학 사상을 형성하는데 얼마나 많은 영향력을 미쳤는가를 상세히 설명하고 있습니다. 그러나 한편 하이데거는 후설의 현상학이 남겨놓은 문제점을 놓고 자신이 씨름하고 있음 또한 명백히 밝히고 있습니다. 즉, 후설이 그처럼 강조하고 있는 '사태 자체로!' 경험되어야 할 것이 의식과 그 대상인가, 아니면 나타나기도 하고 숨기도 하는 존재인가의 문제가 바로 그것입니다.

그는 1915년 가을부터 프라이부르크대학에서 강사로 그의 교수 활동을 시작했습니다. 1916년 봄 후설이 프라이부르크대학 교수로 부임하면서 둘은 개인적으로 교분을 나누다가, 1918년 하이데거는 잠시 군대에 입대하게 됩니다. 3개월 동안 기상병으로 근무하다가 다시 프라이부르크로 복귀하게 된 그는 1919년 1월 21일 후설의 조교로 발탁이 됩니다. 이 모든 과정에서 그는 상당히 많은 사람들로부터 사상적 영향을 받게 되는데 그 대표적인 사람들이 기독교의 사도 바울, 아우구스티누스, 마이스터 에카르트, 키에르케고르, 딜타이, 니체 등입니다.

그러나 여전히 그에게 가장 많은 영향을 끼친 학자는 바로 후설과 아리스토텔레스라고 할 수 있을 것입니다.

하이데거(1889~1979)

그는 1927년 그 유명한 저술인 『존재와 시간Sein und Zeit』을 발간하는데, 이 책은 그에게 많은 명성을 가져다 주었습니다. 이 책이 출간된 다음해 그는 후설의 후임으로 프라이부르크 교수로 취임하게 됩니다.

그러던 중 독일은 나치당에 의해 히틀러가 정권을 장악하게 되고, 하이데거는 1933년 4월 21일 프라이부르크대학 총장으로 선임됩니다. 그리고 같은 해 5월 1일 나치당에 입당합니다.

여러분도 잘 아다시피 바로 이 문제는 그의 평생에 많은 문제를 남기게 됩니다. 특히 1933년 5월 27일 행해진 그의 총장 취임연설인 〈독일 대학의 자기 주장Die Selbstbehauptung der deutschen Universität, The Self-Assertion of the German University〉이라는 글은 나치적 혁명에 입각해서 독일 대학을 구조 조정해야 한다는 내용을 담고 있었는데, 이로 인해 그의 학문적 명성에 많은 오점을 남기게 되었던 것입니다.

그는 1934년 4월 23일 총장직을 사임하였지만, 히틀러에 대한 지지는 계속 되었습니다.

2차 세계대전 후 그는 나치와의 관계로 인하여 교수직을 박탈당하고 맙니다. 그러나 프랑스의 많은 학자들의 탄원에 의해서 1951년에 이르러서야 겨우 복권이 허락되어서 간간히 프라이부르크대학 등지에서 강의를 하게 되었습니다. 그것도 겨우 한 학기 정도 말입니다.

그렇지만 1950년대 이후, 그가 심장마비로 세상을 뜨기까지(1976년 5월 26일) 많은 저술을 집필하기도 합니다.

그의 가족으로는 아내 엘프리데 페트리Elfride Petri와 두 아들이 있습니다. 하이데거는 루터교 신자였던 엘프리데와 1917년 3월 21일에 결혼하는데, 1925년 2월 그의 수제자 중의 한 사람인 한나 아렌트Hannah Arendt와 다소 뜨거운(?) 친분 관계를 맺기도 했다고 합니다.

그는 80여 권에 달하는 많은 저술을 남긴 채 자신의 고향인 메스키르히에 조용히 누워있습니다.

자, 이번 절에서는 하이데거의 주요 철학 사상에 대해서 살펴보겠습니다.

앞 장에서 우리는 후설을 살펴보았는데, 그의 이론은 사실 굉장히 광범위하고 난해합니다. 그래서 심지어 후설의 이론은 암호와 같다고 말하는 철학자까지 있었습니다. 그런데 스승 후설 못지 않게 난해한 글로 유명한 학자가 바로 하이데거입니다. 그의 글이 복잡하다기보다는 그가 워낙 독창적이며, 창조적인 사유를 많이 하기 때문에 어떤 때는 독일어 사전에도 없는 여러 말들을 만들어내는 바람에 더 그러한 것 같습니다.

그리하여 버트란드 러셀같은 철학자는 하이데거의 사상적 모호성에 대해 상당히 공격하고 있습니다. 그의 주장은 이렇습니다.

> "하이데거의 철학은 정도를 아주 멀리 벗어난 별난 용어들을 사용하고 있어서 내용이 지극히 몽롱하다. 누구나 그는 언어 사용에 있어서 큰 혼란에 빠져 있다고 의심하지 않을 수 없을 것이다...
> 다른 실존주의자들의 철학들이 대부분 그렇듯이 하이데거의 철학도 심리의 진행 과정에 관한 관찰을 논리로 간주하는 오류를 범하고 있다."

그런데 저는 하이데거 하면 생각나는 저와 친분이 계셨던 어떤 노교수님이 생각납니다.

하루는 그분께서 저와 저녁 식사를 같이 하시다 말고 술을 한 잔 드시더니 갑자기 눈물을 흘리시는 겁니다. 하이데거 철학에 대해서 이런저런 이야기를 나누던 중에 말입니다.

저는 무슨 심각한 문제가 발생하셔서 그러시는가 내심 놀라면서 왜 눈물을 흘리시냐고 여쭈어 보니까, 다름이 아니라 자신이 요사이 하이데거를 쭉 다시 읽기 시작하는데 그렇게 글이 좋을 수가 없더랍니다.

그래서 제가 "아니 그러면 기뻐하실 일이지, 왜 눈물을 지으시느냐"니까, 하시는 말씀이 "이 사람아, 내가 좀더 일찍 이 좋은 글을 이해했더라면, 하이데거에 대해서나 실존 철학에 대해서 더 좋은 글을 남길 수 있었을 것이고, 더 많은 학문적 공헌을 했을 것인데,

이제 내 나이 벌써 환갑을 지나 이제야 학문적으로 철이 들었으니 앞으로 몇 년이나 좋은 글을 남길 수 있을런지, 그게 아쉬워서 이렇게 눈물을 흘린다네." 하시는 거였습니다.

그렇습니다. 위대한 사상가의 철학을 충분히 이해하지 못하는 것이 물론 그들의 표현법에도 어려움이 있겠지만, 우리들의 수준이 낮아서 그럴 수 있습니다. 따라서 늘 겸손한 자세로 모든 철학에 임하시기 바랍니다. 그렇다고 제가 어렵게만 강의하겠다는 것은 물론 아닙니다. 하지만 어떤 때는 어려운 용어를 쓸 수밖에 없다는 사실을 이해하고, 그 철학의 폭과 깊이를 받아들이기 위해서 더욱 여러분의 노력과 분발이 필요하다는 것을 명심하십시요.

자, 잔소리가 길었습니다. 이제 본론으로 들어가도록 합시다.

앞에서도 말씀드렸지만, 하이데거도 자신의 스승 못지 않게 많은 저술을 남긴 철학자입니다.따라서 그의 방대한 철학의 내용을 짧은 시간에 모두 소화시킨다는 것은 상당한 무리가 있을 것입니다.(물론 저 자신의 한계도 있을 것이구요)

여기에서는 그의 몇 가지 주요 개념을 중심으로 사상적인 뼈대를 간추려 보도록 하겠습니다. 아니 간추린다기보다 중요한 개념들을 하나의 끈으로 연결시켜서 하이데거 사상의 한 주요 단면을 드러내고자 합니다.

이러한 시도가 부디 성공하여 여러분께서 하이데거의 사상을 좀 더 가깝게 느끼고, 그의 철학적 깊이를 이해하셨으면 합니다. 왜냐하면 그것이 곧 '나 자신' 을 이해하는 길이기 때문입니다.

존재

하이데거에 있어서 가장 핵심적인 철학 개념이 무엇이겠습니까? 보는 시각에 따라서 여러 가지로 이야기할 수 있겠지만, 한마디로 '존재' 라고 할 수 있을 것입니다.

그의 초기 사상의 가장 주요한 저술의 이름도『존재와 시간』아닙니까? 그만큼 존재란 개념은 다른 어떤 개념보다도 가장 중심이 되는 개념이라고 볼 수 있습니다.

하이데거 자신은 실존주의자라기보다는 기초적 존재론Fundamental Ontologie자로 불려지기를 원했다고 할 정도로 존재의 기초를 철학적으로 밝혀 보고자 했습니다.

그에 따르면 플라톤에서 니체에 이르는 장대한 서구의 형이상학의 역사에 있어서 무수히 많은 철학자들이 그들 나름으로 존재에 대해서 탐구를 해왔지만, 존재가 어떤 것인지를 규명하는 데는 성공하지 못했습니다.

즉, 하이데거에 따르면 플라톤과 아리스토텔레스를 비롯한 그 많은 철학자들은 존재das Sein와 존재자das Seiende, 그리고 존재의 미der Seinssinn를 구별하지 못했다는 것입니다. 다시 말해 그의 말에 따르면 존재론적 구별에 실패했다는 것입니다. 그러므로 지금까지 많은 학자들은 존재의 본질을 파악하지 못하고, 오직 존재하는 것의 표상만을 탐구하는데 그치는, 즉 존재 망각의 역사에 그치고 말았다는 것입니다.

그리하여 그는 철학은 다시 존재에 대한 물음die Seinsfrage을 제기하고, 그 물음에 대해서 다시 존재론의 기초를 다지지 않으면 안 된다고 생각했습니다. 그가 던지고 있는 유명한 질문은 다음과 같은 것입니다.

"도대체 왜 존재자는 존재하며 오히려 존재하지 않는가?
Warum ist überhaupt Seiendes und nicht vielmehr Nichts?"

물론 이 질문의 뿌리는 멀리 근세 철학자 라이프니츠에게까지 이르고 있지만, 하이데거는 종래와는 다른 시각에서 접근합니다.

이러할 때 등장하는 또하나의 개념이 바로 '시간' 개념입니다.

시간

우리들은 여기에서 잠시 하이데거 사상에 대한 일반적인 이해를 먼저 해둘 필요를 느낍니다.

하이데거의 사상을 1930년에 발표한 「진리의 본질에 대하여」라는 논문을 기점으로 하여 전기 사상과 후기 사상으로 보통 나누고 있는데, 그 핵심은 그가 존재에 대해 어떻게 접근하고 있느냐에 달려 있습니다.

즉, 전기 사상에서 그의 존재에 대한 접근은 우선 인간에 대한 분석, 다시 말해 현존재現存在Dasein에 대한 이해를 통해 존재를 규명하려 했다가 후기에 접어들면서 그 접근을 180도로 회전시키게 됩니다.

그러니까 거꾸로 존재 자체가 현존재에게 드러내는 근본 기분Grund-stimmung을 토대로 존재 이해를 해나가지 않으면 안된다는 것입니다.

이것이 그 유명한 하이데거의 사상적 전회轉回die Kehre라고 부르는 내용입니다.

하이데거 초기 사상의 중요한 결론을 아주 거칠게 말하면 그는 현존재의 근본 구조를 그 시간성에 두고자 했습니다.

그의 사상 초기에는 존재의 이해 장소로서 인간을 들여다 보았을 때 현존재의 고유한 본질로서 시간성이 드러난다는 것입니다. 그리고 그 시간성의 핵심으로 떠오르는 내용이 다름아닌 현존재의 심연으로서의 죽음입니다.

모든 인간은 죽음에로의 존재Sein zum Tode이며, 죽음을 준비하는 존재들인 것입니다.

불안

모든 현존재들이 바로 이 죽음을 직시하게 되었을 때 죽음에 대한 깨달음은 우리에게 또하나의 묘한 기분을 주게 되는데, 그것이 바로 불안입니다. 그리고 이 불안에 직면하게 되었을 때, 우리들이 항상 편안하게 느꼈던 일상 세계가 갑작스레 낯설게 느껴지기 시작한다고 합니다.

또 그러한 '인간이 죽을 수밖에 없는 존재' 라는 깨달음은 그 깨달음 이전의 실존과 깨달음 이후의 실존으로 나뉘게 만드는데, 그러한 실존적 균열은 현존재로 하여금 새로운 결단과 비약을 가져오게 한다는 것입니다.

본래적 자기

하이데거에 따르면 대부분의 인간은 잡담과 호기심을 특성으로 공허와 권태에 사로잡힌 채 비본래적 자기로 살아간다고 합니다.

그러나 인간이 그런 태도에서 벗어나 자신의 존재를 근본 문제로 삼고, 새로운 존재 방식을 추구할 때, 다시 말해 인간이 모든 존재자 가운데 유일하게 자신의 고유한 존재 자체를 문제삼는 존재자가 되었을 때, 그러한 인간을 실존Existenz이라고 부를 수 있다는 것입니다.

또한 인간이 죽음을 통한 허망한 실존임을 깨닫게 되었을 때, 비로소 자기 자신으로 되돌아 온다는 말입니다.

이렇듯 인간이 본래적 자기를 추구하게 되었을 때, 자신의 고유한 존재와 존재자 전체의 존재는 비로소 열리기 시작한다고 주장하는 것입니다.

세계 내 존재In-der-Welt-Sein

한편 인간은 혼자 고립해 있는 존재자가 아닙니다. 다른 존재자들과 더불어 있는 존재자이며, 하이데거는 이를 공존共存mitsein이라고 표현한 바 있습니다. 이런 공존의 가능 근거로 세계가 존립해 있는 것입니다. 이때의 세계란 있어도 좋고 없어도 좋은 그런 세계가 아닙니다. 이 세계와 현존재는 뗄레야 뗄 수 없는 관계, 즉 근본적인 공속관계共屬關係에 있는 것이며, 그런 의미에서 현존재는 세계 내 존재인 것입니다.

또한 이 세계는 과학의 대상으로서 분석하고 쪼개서 알려질 수 있는 그런 세계가 아닙니다. 하이데거는 그런 의미에서 데카르트 철학 이후 세계와 현존재는 객관과 주관이라는 이름 아래 서로 이분법적으로 나뉘어져 있는데, 그러한 갈라짐에 대한 새로운 접목을 시도하고 있다고 해도 지나친 말은 아닐 것입니다.

철학의 종말과 서구적 사유의 한계

사실 하이데거의 후기 사상에 대해서 이런 식으로 강의한다는 것 자체가 지극히 비非 하이데거적입니다. 왜냐하면 주지하다시피 후기에 접어들면서 그의 서술 방식은 전기와는 판이하게 다른 방식을 취하기 때문입니다. 즉, 어떤 논리적인 사유를 정리하기보다, 시적인 사색을 중시하였으며, 그의 사상의 전향이란 곧 그의 사유 방식의 대대적인 전환을 의미하는 것이라 할 수 있습니다. 물론 그렇다고 그의 근원적인 물음자체가 바뀐 것은 아닙니다. 그는 여전히 존재에 대한 물음을 지니고 있었습니다. 그러나 앞서 말했듯이 그 물음에 대한 접근은 판이하게 달랐습니다.

그럼에도 불구하고 그의 후기 사상적 태도에 대해 몇 가지 언급을 해 보고자 합니다.

우선 그는 서구의 형이상학의 역사에 있어 존재론적 차이를 올바르게 구별하지 못했기 때문에 전혀 잘못된 길로 접어들었다는 것을 통렬히 지적하면서, 서구적 사고 방식의 숙명을 이야기합니다.

존재란 결국 드러냄(비은폐성)이며, 그것은 결국 밝힘의 과정이며, 현대인은 아타깝게 존재자에 얽매어 있어 고향 상실의 시대에 빠지고 말았다는 지적입니다. 이러한 허무주의에 봉착한 우리는 존재가 걸어오는 말소리에 귀를 기울여야 하며, 존재의 목자牧者가 되지 않으면 안 된다는 것입니다.

우리는 존재의 말함이 소리가 되도록 하지 않으면 안되지만, 하이데거에 따르면 '존재의 도래는 존재의 운명에 기인한다' 는 주장입니다. 그것은 인간의 소관 사항이 아니라 존재 자신의 소관 사항이며, 이것에 대해 철학적으로 논구할 하등의 가능성이 존재하지 않는다는 것입니다.

왜냐하면 미래의 사유는 더 이상 철학이 아니며, 그 사유는 자신의 일시적인 본질의 궁핍 속으로 내려가고 있기 때문입니다.

이번 절에서는 하이데거 철학의 철학사적 의의와 몇 가지 남는 문제에 대해서 생각해 보도록 하겠습니다.

하이데거 철학의 철학사적 의미

아마도 하이데거를 평할 때, '20세기가 낳은 독일 최대의 철학자' 라고 말한다면, 상식적인 수준에서는 가장 무난한 지적이 아닐까 합니다. 적어도 그의 명성은 그의 철학을 이해하건, 이해하지 못하건 간에 관계 없이 널리 알려져 있습니다.

그리고 앞에서도 언급했듯이 많은 양의 저술을 남긴 바 있는데, 그에 못지 않게 그의 학문적 관심의 폭 또한 엄청나게 넓습니다. 논리학, 과학 철학, 역사 철학, 존재론, 언어, 공업 기술, 시, 그리스 철학, 각종 예술론 등 하이데거가 다룬 범위는 웬만한 학자로서는 도저히 따라가지 못할 정도로 다양합니다.

이러한 양적인 내용도 중요하지만, 무엇보다도 하이데거가 우리에게 남긴 가장 중요한 발자취는 첫째, 무엇보다도 '존재의 파수꾼' 으로서의 그의 역할이 아닐까 합니다.

현대를 살아가면서 우리들은 알게모르게 이미 많은 과학 기술의 혜택을 받고 있으면서, 그 풍요로움에 심취되어 진정 우리에게 무엇이 가장 심각한 문제인지를 망각할 때가 많이 있습니다.

그럴 때 하이데거는 많은 현대인들에게 자신을 제대로 돌이켜 볼 매우 중요한 지적을 해주고 있습니다. 즉, 우리들에게 실존적 자각을 불러일으켰다고 말할 수 있습니다.

둘째로 그는 서양 철학 전반에 걸쳐 여전히 문제가 되고 있는 존재에 대한 근원적인 질문에 대해 그 이전의 철학자들과는 전혀 새로운 시각에서 접근해 들어갔다는 사실에 있습니다. 그 스스로 말했듯이 이전의 많은 철학자들이 그들 나름대로 존재 문제에 대한 답을 찾고자 하였으나, 그 질문을 제기한 애초의 기초 자체가 잘못 놓여져 있었다는 주장은 철학사적으로 매우 중요한 의미를 지니고 있다 하겠습니다.

셋째, 그가 남겨 놓은 철학적 사유의 새로운 지평 제시가 큰 의미를 지니고 있다고 볼 수 있습니다.

우리들은 철학이라고 하면, 무조건 논리적이어야 한다거나 학문적인 탐구이어야 한다거나 하는 기존의 철학에 대한 선입견을 지니고 있는 반면에, 하이데거는 그의 후기 사상으로 가면서 그러한 철학에 대한 상투적인 우리의 태도를 완전히 바꾸어 놓게 합니다.

아니, 심지어는 전통 철학의 종말이라는 충격적인 주장과 더불어, 적어도 서양적 사유의 새로운 전개에 대한 놀라운 통찰력을 우리에게 보여 주고 있습니다. (물론 이 부분에 있어서 여러 가지 논란의 소지도 있습니다만...)

결국 하이데거는 그의 철학적 독창성과 예술적 감수성, 그리고 시대를 꿰뚫어 볼 줄 아는 혜안을 통해 우리에게 실존에 대한, 현존재에 대한, 존재의 본질에 대한, 이 시대의 어두움에 대한 새로운 빛을 비추어 주었던 시대의 철인이었다고 볼 수 있습니다.

남는 문제

자, 그렇다면 하이데거 철학이 지니고 있는 문제점은 무엇이 있겠습니까? 이 문제 역시 방대한 그의 철학을 어떤 시각에서 접근하느냐에 따라서 학자들에 따라 천차만별일 수 있습니다. 여기에서는 몇 가지 아주 기본적인 문제만을 제시해 보도록 하겠습니다.

우선 첫째로, 많은 학자들이 지적하듯이 그의 언어 사용법에 문제가 있다고 볼 수 있습니다. 물론 이 내용은 하이데거 철학의 장점이자 약점이라고도 볼 수 있겠지만, 여하튼 그가 사용하고 있는 용어법이 일반적인 사용법과 너무나 동떨어진, 어찌보면 상당히 파격적인 경우들이 많이 있기 때문에 쉽게 이해할 수 없는 난해함을 우리에게 보여 주고 있습니다. 하이데거로서는 새로운 철학적 사유를 담기 위해서 어쩔 수 없이 시도된 새로운 조어법과 새로운 용어 사용법이었다고 말하고 있으나, 너무 다양한 뜻을 담긴 언어 사용은 철학적 깊이와 더불어 의사 소통상의 어려움을 가져 온다는 사실을 부인할 수 없습니다.

둘째로, 그의 철학이 지니고 있는 사회 실천적 요소와 관련이 있습니다. 이 문제 역시 하이데거 철학의 강점이자, 약점이라고 볼 수 있습니다. 즉, 많은 사회철학자들은 하이데거 철학이 보다 구체적인 사회 변혁의 대안을 마련하고 있지 않으며, 너무 신비주의적인 요소가 후기 철학에 접어들면서 강하게 부각되었다고 비판하고 있습니다.

철학이 혼자만의 지적 만족으로 그치지 않는 한, 보다 적극적으로 사회를 변혁시킬 내용도 포함하고 있어야 한다는 주장입니다. 물론 하이데거 옹호론자들은 하이데거의 철학 안에 사회 개혁의 요소가 전혀 없는 것은 아니며, 상당 부분 하이데거도 그러한 면에 관심을 갖고 있었다고 반박하고 있지만, 사회 비판 이론을 주장하는 쪽에서는 여전히 많은 의구심을 표현하고 있는 상황입니다.

셋째로, 우리가 지적하고 싶은 내용은 그의 철학과 신학과의 관련성에 있습니다. 다시 말해서 그의 철학 안에 깃들여진 기독교적 요소 문제입니다. 우리들은 너무 쉽게 실존주의 철학을 유신론적 실존주의와 무신론적 실존주의로 크게 대별하여, 대표적인 유신론적 실존주의자로 키에르케고르와 야스퍼스를 들고 있고, 무신론적 실존주의자로 하이데거와 사르트르를 들고 있습니다만, 그렇게 쉽게 도표화하여 하이데거 철학을 무신론적 실존주의에 놓기에는 여전히 많은 문제가 남아 있습니다. 그의 학문적 배경의 상당 부분은 여전히 기독교적 바탕 위에 있었으며, 비록 그의 철학 안에 그리스 철학적 요소가 많은 비중을 차지하고는 있지만, 기독교적 요소를 배제하고서는 그의 철학은 쉽게 이해될 수 없기 때문입니다.

아주 극단적으로 그의 철학을 해석하여 그가 끊임없이 찾고자 했던 '존재'를 '신(하나님)'으로, 그리고 후기 철학에서 그렇게 강조했던 '언어'를 기독교적 '말씀'으로 이해한다면 오히려 더 편안하게 하이데거 철학을 접할 수 있게 될지 모릅니다.

우리들은 지금까지 하이데거 철학의 몇 가지 문제점을 지적해 보았습니다. 그러나 위대한 사상가들은 많은 얼굴을 갖고 있게 마련입니다. 어떤 시각에서 그들의 사상을 이해하느냐에 따라서 천차만별의 해석이 가능한 것입니다. 지금껏 살펴 봤던 내용들이 하이데거 철학을 올바로 이해하는 한 가지 관점을 제공했으면 하는 마음 간절합니다. 왜냐하면 하이데거처럼 많이 거론되면서 하이데거처럼 난해한 철학자도 드물며, 하이데거처럼 많이 읽혀지면서 하이데거처럼 오해받는 철학자도 드물기 때문입니다.

3) 야스퍼스Karl Jaspers의 생애와 사상

이번 장에서는 하이데거와 더불어 독일 실존주의를 대표하는 칼 야스퍼스의 철학 사상에 대해서 살펴보도록 하겠습니다. 먼저 그의 생애는 다음과 같습니다.

야스퍼스는 1883년 2월 23일 독일 북해 연안의 작은 도시 올덴부르크Oldenburg에서 지사와 은행장을 지낸 아버지 칼 테오도르 야스퍼스Karl Theodor Jaspers와 부농 출신인 어머니 헨리엣Henri-ett 사이에서 태어났습니다. 1892년 9살 때 인문계 김나지움에 입학하여 18살 때인 1901년에 김나지움을 졸업하게 됩니다. 이 시기에 스피노자를 즐겨 읽었다고 합니다. 그런데 그는 어려서부터 심장과 기관지 계통이 좋지 못하여 잘못하다가는 30세를 넘기지 못할지 모른다는 의사의 충고를 듣고 짧은 인생을 의미있게 보낼 수 있는 길을 모색하게 됩니다. 그리하여 그는 변호사가 되기로 결심을 하고 1901년 가을 하이델베르크대학 법학부에 입학하게 됩니다. 그러나 얼마 안가 법학 공부에 실망을 느낀 그는 인간의 본성에 더 많은 관심을 가지게 되어서 학문적 관심을 의학과 심리학에 두게 됩니다.

그는 베를린, 괴팅겐, 하이델베르크대학에서 의학 공부에 몰두하게 되는데 1907년 의학부 동창생인 에른스트 마이어Ernst Meyer와 깊이 교제하던 중, 그의 누이인 게르트루트 마이어Gertrud

Meyer를 만나게 됩니다. 그는 1908년 25세 때 의사 국가 시험에 합격을 하였고, 「향수鄕愁와 범죄Heimweh und Verbrechen」란 제목의 논문으로 의학 박사 학위를 취득합니다. 이듬해 하이델베르크대학 정신 의학 교실의 임상 조교가 되면서 후설을 알게 되고, 사회학자 막스 베버와 친분을 쌓게 됩니다. 1910년 27세의 나이로 게르트루트 마이어와 결혼을 하게 되고, 정신 병리학에 관한 논문을 발표하게 됩니다. 그 뒤 1913년 『일반 정신 병리학』을 출간하게 되는데, 이 책으로 하이델베르크 철학부 주임 교수인 빈델반트의 지도 아래 심리학 교수 자격을 획득하게 됩니다. 그리고 이 무렵 키에르케고르를 읽고 상당한 영향을 받았다고 합니다.

야스퍼스(1883~1969)

1919년 36세 때, 그의 초기 주요 저작이랄 수 있는 『세계관의 심리학Psychologie der Weltanschauungen』을 출간하게 되며, 이듬해 1920년 하이데거와 교제를 시작하게 되었고, 하이델베르크 대학 철학부 객원 교수로 임명을 받게 됩니다.

그러다가 1922년 39세가 되던 해에 그 대학 철학부 주임 교수였던 리케르트Heinrich Rickert의 반대를 뚫고 정교수에 취임을 하게 됩니다. 1931년 그가 48세가 되던 해에 그는 두 권의 중요한 저술을 남기게 되는데, 하나는 『현대의 정신적 상황Die geistige Situation der Zeit』이며, 다른 하나는 『철학Philosophie』입니다. 이 책들로 그는 국제적인 명성을 얻게 됩니다.

그러나 기쁨도 잠시, 1933년 나찌 정권이 들어서자 유태계 학자와 예술가들에 대한 박해가 시작되었는데, 그는 유태인 아내와 이혼을 거부했다는 이유로 하이델베르크 교수직을 박탈당합니다(1937년).

그 직전인 1935년에 그는 『이성과 실존Vernunft und Existenz』이라는 그의 주요 저술을 남기기도 했습니다.

1938년 55세 때 자유독일학회의 초빙 강의였던 『실존 철학Existenz-philosophie』을 출간하게 되었지만, 곧 출판이 금지되고 맙니다. 그 뒤 네델란드로 피신을 하게 됩니다. 1939년 인도학자 하인리히 츠인머를 통해 동양 사상을 깊이 접하게 되는 한편, 파리대학 교수 초빙을 거절합니다. 1941년 스위스 바젤대학의 객원 교수로 초빙을 받았지만, 아내에 대한 여행금지령으로 인해 할 수 없이 거절하게 됩니다. 그러다가 1945년 독일이 연합국에게 무조건 항복하게 되고, 하이델베르크로 다시 돌아옵니다.

1946년에는 『대학의 이념Idee der Universität』, 『니체와 기독교Nietzsche und Christentum』 등을 출간하였으며, 이듬해에는 철학적 논리학 제1부 『진리에 관하여Vor der Wahrheit』를 출간했습니다.

1948년 65세 때에, 바젤대학 초청 강의였던 『철학적 신앙Der ph-ilosophische Glaube』을 출간하였으며, 바젤 대학교 철학부 주임교수로 취임하게 됩니다. 이듬해 『역사의 기원과 목표Vom Ursprung und Ziel der Geschichte』를 출간하며, 1950년 『철학 입문Einfürung in die Philosophie』, 『현대에 있어서의 이성과 반이성Vernunft und Widervernunft in unserer Zeit』 등을 집필합니다.

1957년 74세가 되어서도 위대한 철학자들의 사상을 담은 『대철학자들Die Grossen Philosophen,I』을 출간하며, 그의 일생을 정리한 『철학적 자서전Philosophische Autobiographie』을 출간하게 됩니다. 그 뒤에도 노년임에도 불구하고 계속된 집필 작업 끝에 1958년 『진리, 자유, 평화』, 1960년 『이성과 자유』, 『진리와 학문』 등을 연이어 출간하다가 1961년 78세에 비로소 바젤대학을 물러나게 됩니다.

퇴직한 뒤에도 꾸준한 작업 끝에 1962년 『계시에 직면한 철학적 신앙』, 1963년 『정신 병리학 논문집』, 1964년 『진리와 인생』, 1965년 『철학적 사고의 소학교』 등을 출간하였으며, 그외에도 몇 편의 논문집을 엮어낸 바 있습니다. 그러다가 1969년 86세를 일기로 평생을 사랑한 아내 게르트루트의 90세 생일날인 2월 26일 조용히 눈을 감게 됩니다.

자, 이번 절에서는 야스퍼스의 사상에 대해서 알아보도록 하겠습니다.

야스퍼스의 철학 사상은 물론 하이데거의 철학만큼 난해하지는 않지만, 그 사상의 폭과 깊이는 어느 철학자 못지 않게 넓고 깊다고 할 수 있습니다. 따라서 야스퍼스의 사상에 대한 탐구도 그 대표적 철학 개념을 중심으로 전개시키도록 하겠습니다.

철학적 세계 정위世界定位

우리들은 물리학을 통해서 물질의 세계를, 생물학을 통해서 생명 현상을, 심리학을 통해서 마음의 세계를, 정신 과학을 통해서 정신 세계를 이해하고 있지만, 야스퍼스에 따르면 과학적 세계 인식, 즉 과학적 세계 정위는 현상에 대한 인식일 뿐이며, 세계에 대한 올바른 인식을 충분히 갖기는 어렵다는 것입니다.

즉, 과학적 인식은 세계를 확실히 보여 주지 못하며, 세계는 여전히 어두움에 쌓여있다는 것입니다.

따라서 객관화시킬 수 있는 세계를 아무리 밝힌다 할지라도 실존을 보여 주지 못한다면, 올바르게 세계를 인식했다고는 볼 수 없다는 것입니다. 더욱이 실존은 인식의 대상이 될 수 있는 객관적 실재가 아니며, 오히려 밝혀질 수實存照明Erhellung 있는 성질의 것이라는 주장입니다.

그리하여 실존을 조명 혹은 해명하는데 필요한 실존 범주가 있는데, 그것은 자유, 실존적 교제, 역사성, 한계 상황이라는 것입니다. 야스퍼스에 따르면, 실존은 볼 수도 없으며, 알 수도 없는 것입니다. 오로지 실존이 될 수 있을 뿐sich selbst werden, 실존은 언제나 가능 실존可能實存mögliche Existenz이라는 것입니다. 다른 말로 표현하면 실존은 언제나 끊임없는 결단을 재촉받는 존재라는 것입니다. 실존이란 어느 순간에도 자기 보존과 동시에 자기 상실을 겪어야 하는 존재인 것이며, 그런 의미에서 자유로운 존재입니다.

실존적 의미의 자유란 결정론이냐 비결정론이냐 하는 양자 택일적인 문제와는 전혀 다른 성질의 것이라고 합니다.

그것은 인식 불가능한 '선택의 순간에 이루어지는, 원천으로부터의 자기 창조'라는 뜻입니다.

또한 실존은 혼자서 세상을 살아가는 존재가 아닙니다. 그는 남과 더불어, 즉 타실존他實存과 더불어 참된 자기를 회복하는 존재입니다. 즉, 실존은 타인과의 실존적 교제existentielle Kommunik-tion를 통해서 자신을 실현시킬 수 있습니다. 그런데 이때의 실존적 교제란 일상적인 대화나 토론, 혹은 어떤 사교적 모임이나, 단순한 사회적 연관 관계와 혼동해서는 안 됩니다. 진정한 교제란 타실존을 위한 실존적 개방을 필요로 하며, 참다운 사랑이 바탕이 되지 않으면 안 되기 때문입니다. 올바른 인격적 유대 관계를 통해서 서로의 마음과 마음이 열려진 실존적 만남이 있지 않고서는 참다운 교제는 불가능하다는 것입니다.

그리고 또 실존은 어떤 역사성을 지니고 있는 특수한 존재입니다. 이 역사성이란 시간성과 영원성의 통일을 의미하며, 필연성과 자유의 통일을 의미합니다. 그렇다고 시간을 초월해 있다는 것은 아니며, 시간에 갇혀 있는 것도 아니라는 것입니다. 실존의 원천적인 자유를 바탕으로, 모든 종류의 사랑을 위한 헌신적 행위를 통해, 즉 끊임없는 결단과 선택을 통해 시간성과 영원성이 통일된다는 말입니다.

그렇지만 실존은 어쩔 수 없는 막다른 경지에 다다르게 되는데 그것이 곧 실존의 한계 상황Grenz-Situation입니다. 이것은 실존이 그 자신의 유한성과 무의미성을 깨닫게 될 때 부딪치는 벽이며, 실존 자체에 대한 근거를 찾게 되는 계기가 되는 것입니다. 즉, 실존적 각성의 근본 계기가 된다는 말입니다. 어떤 실존도 벗어날 수 없는 이 한계 상황은 **죽음, 고뇌(고통), 싸움(투쟁), 죄의식(책임)** 과 같은 것이라고 야스퍼스는 말합니다.

실존은 이 한계 상황에 부딪치게 될 때, 좌절할 수밖에 없으며,

이러할 때 비로소 참된 실존의 모습이 드러난다는 것입니다. 우리는 여기에서 이 상황을 초월할 수밖에 없는데, 이 초월이 곧 야스퍼스에 있어서는 철학함입니다. 즉, 그에 있어서 철학한다는 것은 곧 초월함을 의미합니다.

포괄자das Umgreifende, encompassing Being

야스퍼스에 있어서 포괄자 개념은 그리 단순한 개념이 아닙니다. 그러나 그 개념의 핵심은 바로 그의 형이상학이 추구하고 있는 존재 자체라고 이야기할 수 있을 것입니다. 어떤 시각에서 보면 모든 존재의 구조를 그는 포괄자 이론으로 이해하고자 했다고 볼 수 있습니다.

즉, 그는 현존재Dasein, 실존Existenz, 의식 일반Bewußtsein über haupt, 정신Geist 등 우리들의 존재 방식들과 존재 자체인 세계Welt와 초월자Transzendenz로 나누어서 설명하면서 우리 안에 있는 이성으로 이 모든 존재 양식을 묶을 수 있다고 보았습니다. 따라서 그에 있어서 이성 개념은 종래의 이성 개념과는 상당히 다른 성격을 지니고 있다는 것을 간파할 수 있습니다. 또 키에르케고르처럼 이성의 의미를 축소시키기보다는 오히려 그 의미를 더 부각시키고 있습니다. 그에 있어서 실존은 오직 이성에 의해서만 밝혀지며, 또 이성은 실존을 통해서만 그 내용을 얻게 된다는 것입니다.

철학

야스퍼스에 있어서 철학은 어떤 특수한 전공 분야를 지칭하거나 하나의 직업으로 선택해도 좋고 안해도 좋고 하는 그런 성질의 것이 아닙니다. 즉, 그에 있어서 철학이란 **인간으로서 본래적 자기 자신을 찾기위한 일종의 결단**이며, 삶의 토대를 찾기 위한 근원적 사유를 의미합니다.

이런 보다 근원적인 사유를 전개시키고자 할 때, 우리는 필연적으로 초월자 앞에 서지 않을 수 없으며, 그러할 때 비로소 우리들은 자유를 의식하게 된다는 것입니다.

그에 따르면 인간은 어쩔 수 없이 신神(하나님)과 관계되어진 존재das gottbezogene Wesen이며, 자신의 근원을 탐구하는 과정에서 어쩔 수 없이 절대자를 탐구하지 않을 수 없다는 말입니다. 단지 그는 '신' 또는 '영혼'이라는 신화적 표현 대신에 '초월자'와 '실존'이라는 철학적 언어를 사용합니다. 그에 의하면 초월자가 만일 없 다면 실존은 절망에 빠지게 되고, 결국 공허한 존재가 되고 만다는 것입니다.

과학이 많은 것을 밝혀 내고, 설명해 주고 있지만, 이 〈근원으로부터의 충족〉이 채워지지 않는 한, 그것은 곧 〈영혼의 궁핍Not der Se ele〉인 것이며 그런 의미에서 구원의 철학에 대한 요청은 절실한 것이 될 수밖에 없다는 주장입니다.

그렇기 때문에 우리들은 어쩔 수 없이 초월자의 인도를 요청할 수밖에 없는데, 바로 이러한 인도에 따르는 것이 그의 유명한 철학적 신앙der philosophische Glaube인 것입니다. 바로 이 철학적 신앙이 모든 철학적 사유의 토대가 된다는 말입니다.

자, 이번 절에서는 야스퍼스의 철학 사상이 남겨 놓은 문제에 대해서 살펴보도록 하겠습니다.

야스퍼스의 과학관 문제

대부분의 실존주의자들이 그렇듯이 야스퍼스의 과학관은 그리 긍정적이지는 않습니다.

물론 야스퍼스가 과학의 기능이나 성과를 무시하고 있지는 않지만, 그 본성상 과학이 지니고 있는 한계는 분명한 것이며, 따라서 과학이 접근하지 못하는 영역, 즉 실존적인 부분에 대해서는 철학이 접근할 수밖에 없다는 주장입니다.

그러나 반드시 과학과 철학이 서로 공존하기 어려운 부분이 있다기보다는 오히려 서로서로 보완해 주는 관계라고 볼 수는 없는가 하는 문제를 제기해 볼 수 있습니다.

즉, 과학이 파악해 낼 수 있는 세계는 객관화된 세계이며, 그런 세계 인식은 현상적 인식이며, 따라서 여전히 존재의 본질을 밝혀내지 못하는 어두움에 우리들이 휩싸여 있다고 보았을 때, 오히려 과학적 탐구로 말미암아 존재의 본질이 더 잘 드러날 수 있다고 볼 수는 없는가 하는 점을 지적해 볼 수 있다는 말입니다.

아주 쉬운 예로 과학적 발견의 결과로 RNA와 DNA의 놀라운 신비가 밝혀졌을 때, 그러한 그야말로 신비한 인체의 모습을 우리가 파악함으로 말미암아 더욱 더 초월자에 대한 놀라운 인식 내지는 요청이 가능케 되지 않았는가 하는 것입니다.

무조건 과학적 성과를 철학적 신앙과 별개의 것으로 보기보다는 서로 간의 연관성이 여전히 남아있다고 보아야 할 것이 아닌가 합니다.

그것이 포괄자를 이해하는 이성의 역할을 보다 올바르게 파악하는 방향이 아닌가 싶습니다.

야스퍼스의 종교관 문제

모르긴 몰라도 아마 야스퍼스만큼 신앙에 대해서 철학적으로 선명하게, 그리고 설득력 있게 논구한 철학자는 그리 많지 않을 것 같습니다. 그가 전개시킨 철학적 신앙론은 우리에게 신앙의 참모습이 어떤 것이며, 왜 신앙을 가져야 하며, 절대자는 우리에게 어떤 의미를 지니고 있는 존재인가에 대해서 참으로 깊이 있는 철학적 사유를 여실히 보여 주고 있습니다.

그러나 한편으로 그는 자신의 철학적 신앙과 종래의 교회적 신앙der kirchliche Glaube과의 차이점을 여러 가지 점에서 논구하고 있는데, 사실 이 문제는 상당한 신학적인 논의를 내포하고 있는 문제이기도 합니다. 즉, 그리 단순하게 논의할 내용은 아닙니다. 여기에서는 그 핵심만을 집고 넘어가겠습니다.

야스퍼스는 앞에서도 언급했듯이, 실존은 결국 자신의 본래의 모습을 회복하고자 초월자에게 구원을 요청하지 않을 수 없는데, 그러한 선택은 결국 철학적 신앙의 모습을 띠게 된다는 것입니다.

그런데 문제는 그러한 실존이 지니고 있는 철학적 신앙이 과연 전통적인 기독교에서 이야기하고 있는 계시 신앙, 다시 말해 하나님의 전적인 은총으로서의 구원과 과연 어떤 맥락을 지니고 있느냐 하는 점입니다.

어떤 학자들은 여기에서 야스퍼스는 키에르케고르와는 다른 방향을 취하고 있다고 말하거니와, 그는 초월자로부터의 구원보다 철저하게 이성에 바탕을 둔 실존적 자각에 우선권을 두고 그의 철학적 신앙관을 전개시킨 것이라고 보기도 합니다.

이성의 역할을 극소화시켰던 키에르케고르의 절대자에로의 변증법적 비약을 야스퍼스는 긍정적인 시각에서 보지 않았다는 평가도 있습니다. 그리고 이 문제는 사실 야스퍼스 철학에 대한 니체 철학의 영향도 무시할 수 없는 부분이라고 생각할 수 있습니다.

그 외에도 몇 가지 문제점을 지적할 수 있을 수 있겠으나, 야스퍼스가 남겨놓은 다음과 같은 말은 그의 철학의 한 중요한 단면을 참으로 잘 보여 주고 있다고 할 수 있습니다.

> "결국 최후의 물음은 대답할 수 없는 것으로 끝나고 말지만, 그렇다고 그 물음이 공허한 물음이 되는 것은 아니다. 오히려 최후의 물음은 충실한 침묵을 가능케 한다. 그리고 이 침묵 속에 아무것도 없는 것이 아니다."

4) 사르트르Jean-Paul Sartre의 생애와 사상

자, 이번 장에서는 프랑스의 실존주의를 대표하는 사르트르의 철학 사상에 대해서 살펴보도록 하겠습니다. 옆의 사진은 사르트르의 사팔뜨기 사진입니다. 일설에 따르면 그는 사팔뜨기인 자신의 약점을 감추기 위해서 절대로 정면으로 사진을 찍지 않았다고 합니다. 그래서 사르트르의 사진은 거의가 옆 얼굴 사진이 대부분입니다. 그런데 이 사진은 상태가 좋지는 않지만 그의 사팔뜨기 모습을 생생히 보여 주는 몇 장 안 되는 정면 사진 가운데 한 장입니다. 물론 그의 사상은 그의 사진 모습처럼 그렇게 흐트러져 있지는 않았지만, 위대한 사상가들에게도 예상 외의 허술한 면이 항상 있게 마련입니다.(거창한 역사 철학을 전개시켰던 헤겔은 어이없게도 어떤 하숙집 아주머니와의 사이에 사생아를 두고 있었다는 등의 이야기처럼 말입니다.)

사르트르(1905~1980)

인간은 어느 누구도 완벽한 존재는 없는 법입니다.

각설하고 먼저 사르트르의 생애에 대해서 한번 알아보도록 합시다. 주지하다시피 사르트르에 대해서는 그의 다양한 활동에 따라서 여러 가지 명칭이 붙어져 있습니다. 철학자, 소설가, 희곡 작가, 문학 비평가, 정치 투쟁가 등 여러 이름으로 불리우고 있는데, 그의 가장 중요한 활동은 여전히 철학자라고 할 수 있을 것입니다.

사르트르는 1905년 6월 21일 프랑스 파리에서 태어났습니다. 그의 아버지는 해군 기술 장교 출신이었는데 사르트르가 2살 때 월남에서 열병에 걸려 그만 세상을 뜨고 맙니다. 그리하여 그는 어려서 외가에서 자라나게 됩니다. 1916년 모친의 재혼으로 앙리4세 중학교에서 라 로쉘르 중학으로 전학하게 되며 1924년 고등사범학교에 입학하면서 현대 문학에 깊은 관심을 갖게 됩니다. 1926년 고등학교 교사 자격 시험에 합격하게 되며, 소르본느대학에서 시몬느 드 보봐르를 처음 만나게 됩니다. 1928년 교수 자격 시험에 실패했다가, 그 다음해에 수석으로 합격하였으며, 그뒤 1931년 르 아브르 고등학교 철학 담당 교사로 1933년까지 재직하게 됩니다. 이 즈음에 사르트르는 시몬느 드 보봐르와 루브르 박물관 벤취에서 그 유명한 2년 간의 계약 결혼을 맺게 됩니다.

1933년 사르트르는 베를린의 프랑스어 학원 교사로 근무하면서 1년 동안 후설과 하이데거 철학을 연구하게 되며, 1934년 르 아브르 고등학교에서 1936년까지 교편을 잡게 되죠. 이때 사르트르는 『상상력』을 발간합니다. 1937년부터 1939년까지 파스퇴르 고등학교 교사로 재직하면서 1937년 『벽』, 1938년 『구토』를 발표합니다. 몇 편의 단편을 발표하다가 1939년 2차 세계대전이 발발하자 그는 항공기사 통보관으로 군에 입대하게 됩니다. 그러다가 1940년 6월 21일 로렌느의 빠두에서 포로로 붙잡히게 됩니다. 1941년 4월 1일 그는 수용소에서 평행 장애(그의 사팔뜨기와 관련이 있는)라는 병으로 퇴소하게 되어 다시 파스퇴르 고교로 복귀하게 됩니다. 그 뒤 1943년 그에게 세계적인 이목을 집중시킨 『존재와 무』와 희곡 『파리떼』를 발표합니다. 1944년 사르트르는 나치 독일을 규탄하는 BBC 방송 연설을 하기도 했는데, 그 다음 해인 1945년 『자유의 길』을 발표하면서 최초로 미국 여행길에 오르게 됩니다. 그 뒤 그는 아프리카, 아이슬란드, 스칸디나비아, 러시아 등지를 방문하기도 했는데, 그러면서도 다음과 같은 작품들을 꾸준히 집필합니다.

1946년 철학 에세이 『실존주의는 휴머니즘이다』, 희곡 『무덤 없는 죽음』, 『존경할만한 창녀』

1947년 『보들레르 론』, 『상황 I』, 『문학이란 무엇인가』

1948년 희곡 『더러운 손』, 그리고 『상황 II』

1949년 『자유의 길 III』, 『상황 III』, 1950년 『현대』지에 "우리들 인생의 나날들" 연재

1951년 희곡 『악마와 신』, "살아있는 지드" 『현대』 3월호

1952년 문학평론 『성聖 쥬네』

그리고 여러 편의 논문들을 『현대』 지에 게재를 한 바 있는데, 1958년에는 당시 드골 정부에 반대하는 강력한 글을 엑스프레스지에 발표하기도 했습니다. 그 뒤 1960년 그의 철학에 있어 하나의 획을 긋는 또 하나의 유명한 저술을 발표하게 됐는데 그것이 바로 『변증법적 이성 비판』입니다. 1964년 사르트르는 『말』을 발표하게 되며, 이 작품으로 그해 노벨 문학상 수상자로 선정되었지만, 노벨상이 부르주아적 성격의 상이라는 이유로 수상을 거부하게 됩니다. (노벨상 하나 받기에 목이 빠져 있는 우리에게 있어서는 꿈같은 이야기입니다만...)

1965년 그는 자신의 정치적 태도 표명의 일환으로 월남전 반대 운동을 전개시키기도 하고, 1970년 비랑꾸르 광산 사건에 뛰어들어 노동자를 착취하는 광산주를 살인죄로 고발하기도 했습니다. 1970년도에는 사르트르에 관련된 자서전적인 영화가 만들어지기도 했으며, 1971년 그는 『가정의 바보』를 집필하였습니다.

또 그는 노령에도 불구하고 1973년 자유주의적 사회주의 운동의 기관지인 『해방』 지를 창간하기도 했습니다. 그의 말년에는 눈이 어두워져 모든 책을 보봐르가 대신 읽어 주기도 하고, 대신 집필해 주기도 했는데, 그 화려했던 삶을 살았던 프랑스가 자랑했던 학자이자 문학가였던 사르트르는 1980년 4월 15일 운명하여, 수만 명

의 애도를 받으며 파리 시내의 몽빠르나스 공동 묘지에 묻힙니다.

자, 이번 절에는 사르트르의 철학 사상에 대해서 살펴보도록 하겠습니다. 앞의 어디에선가 언급한 것처럼 위대한 사상가는 여러 얼굴을 지니고 있게 마련입니다.

다시 말해서 그 사상의 어떤 부분을 볼 것이냐에 따라서 여러 가지 얼굴로 바뀌어져서 우리에게 비쳐지게 됩니다. 아마 사르트르에 있어서도 그 예외는 아니라고 봅니다. 즉, 사르트르 사상의 어떤 부분을 볼 것이냐에 따라서 사르트르를 긍정적으로도 볼 수 있으며, 또 부정적으로도 볼 수 있을 것입니다.

사르트르의 휴머니즘과 그의 앙가지망engagement 정신을 높이 사는 사람들은 실존주의 운동의 위대한 실현자로 볼 수 있을 것이며, 반면에 그의 극단적인 무신론이나 부정적 인간관에 대해서 그리 달갑지 않은 시각을 지니고 있는 사람들에게 있어서는 그의 사상은 지나치게 많은 음지를 지닌 사상으로 보일 수도 있습니다. 가능하다면 이런 기회에 그 양면을 고루 비쳐보았으면 합니다.

존재存在와 무無

사르트르의 사상적 전개를 놓고 흔히들 3분화시키기도 하는데, 그 첫 번째 시기를 『존재와 무』를 집필했던 순수 실존주의 내지 현상학적 존재론에 침잠해 있던 1940년대로 보고 있습니다. 이때에는 주로 데카르트, 후설, 하이데거의 영향이 절대적이었습니다. 두 번째 시기는 『변증법적 이성 비판』을 발표했던 1960년대로 일반적으로 사르트르의 응용된 실존주의 시대 혹은 실존주의적 사회주의 시대라고 부르고 있습니다. 이 시기에는 마르크스와 키에르케고르의 영향을 강하게 받고 있었던 시기라고 봅니다. 세 번째로 『가족의 바보』, 『상황IX』등을 집필했던 시기로 그의 말년 시기라고 할 수 있습니다. 이때에는 마르크스와 프로이트의 사상을 실존주의와 결합시키려 했던 시기로서 흔히들 실존주의적 정신 분석학의 시기라고 일컫고 있습니다. 아마도 '존재' 문제는 그 첫 번째 시기에 특히 많이 거론되었던 문제일 것입니다.

주지하다시피 사르트르는 존재를 즉자 존재卽自存在être-en-soi와 대자 존재對自存在être-pour-soi로 나누어 거론하고 있습니다.(좀더 엄밀히 말하면 모든 존재의 존재 방식이라고 이야기할 수 있겠지요.) 그렇다면 즉자 존재는 무엇이며, 대자 존재는 또 무엇이겠습니까?

사르트르에 의하면 즉자 존재는 한 마디로 그 스스로 존재하는 것으로, 언제나 자기 동일성identite을 유지하고 있는 존재를 의미하며, 대자 존재란 어떠한 자기 동일성도 부정하고 그것을 초월하는 것을 특성으로 갖고 있는, 말하자면 즉자 존재를 대상화시키며(즉자 존재와 관계를 맺으며), 자신의 존재까지도 대상화시킬 수 있는 의식 자체를 의미합니다.

사르트르는 후설이 이미 주장했던 것처럼 의식을 무엇 무엇에 관한 의식으로 인식하고 있습니다. 그런데 문제는 바로 그 의식이란 것이 언제나 고정적일 수가 없으며, 따라서 항상 자기 자신을 벗어나서 자기 아닌 그 무엇을 지향하는 본성을 지니고 있다는 데 있습니다.

사르트르에 의하면 의식의 본성은 탈자적脫自的ex-stase입니다.

다시 말해 자기 부정, 자기 초월, 자기무화無化, 자기 선택, 자기 창조를 통해서만 존립할 수밖에 없는 운명을 지니고 있다는 것입니다. 또 의식은 자기에 관한 의식인 까닭에 언제나 자기와는 거리를 둘 수밖에 없으며, 즉자 존재를 떠나서 존재하는 것이 아니라, 항상 그것과 관계를 맺고 있는 한에서만 존재할 수밖에 없는 존재인 것입니다. 그러므로 이러할 때의 의식은 차라리 무라고 표현할 수밖에 없다는 것입니다.

그렇지만 이러할 때 무라고 하는 것은 아무것도 없다는 무無nothing가 아니라, 즉자 존재를 존재이게끔 한다는 의미에서 실재성을 지니고 있기 때문에 그것을 대자 존재라 부르게 되었다는 주장입니다.(제 개인적인 견해입니다만, 차라리 사르트르의 '무' 개념은 불교 철학의 '공' 개념으로 번역하면 더 적절한 개념이 아닐까 합니다.)

그런데 의식에는 항상 양면성이 있습니다. 즉, 밖의 대상을 향해 있는 내가 있으며, 또 자신의 내면을 향해 있는 내가 있습니다. 이 두 가지의 상반된 특성으로 인해 의식은 분열될 수밖에 없는 특성을 지니게 되었다고 사르트르는 봅니다. 즉자 존재에 대한 결여 속에 의식은 존재에 충실하고자 시도를 하게 되는데 그것이 곧 '대자 존재의 즉자 존재로의 지향'이라는 것입니다.

위의 사르트르적 주장을 좀더 쉽게 이해하기 위해서 몇몇 사람들이 들고 있는 쉬운 예는 다음과 같습니다. 물론 다음의 사례들이 꼭 사르트르 철학의 핵심을 찔렀다고 볼 수는 없지만, 우리들에게 중요한 한 단서를 제공하는 것은 틀림없습니다. 예를 들면, 우리들이 술을 먹거나, 마약 중독에 걸리거나, 섹스를 즐기는 중요한 이유 중에 하나는 대자 존재의 즉자 존재 지향의 한 모습들입니다. 분열되어 있는 자신의 의식을 술이나, 마약, 섹스를 통해서 자아를 상실함으로써 자신을 즉자 존재로 만들고자 하는 노력들이라는 것입니다. 여러 학생들이 평소에 농담처럼 이야기하고 있는 '술을 많이 마셔서 필름이 끊어졌다'는 이야기는 사실 사르트르적인 시각에서 보면 대자 존재가 잠시나마 즉자 존재화되었다고 이야기할 수 있을 것입니다.(참 재미 있지 않습니까?)

옛날 우리 조상들이 지니고 있었던 각종 아호라는 것도 따지고 보면 바로 그러한 즉자 존재를 지향하고 붙인 것이 아닌가하고 생각할 수 있습니다. 즉 고운孤雲, 백암白岩, 일석一石, 청송靑松, 만해萬海, 목월木月 등등의 많은 아호 가운데 대부분이 구름, 바위, 나무, 바다, 달 등을 자신이 원하는 혹은 자신이 되고자 하는 어떤 이상적 형상의 한 모습이라고 보았을 때, 그 내용은 다름아닌 바로 대자 존재인 우리들이 즉자 존재화되려는 잠재적 염원의 표출일 수 있습니다.

심지어 70년대 유명한 포크 송falk song 가수 김민기씨(아침이슬 작곡가)가 부른 노래 가운데 "아하 누가 그렇게" 라는 노래가 있는데, 그 가사 내용이 '아하, 나는 시냇가의 돌멩이면 좋겠네, 아하 나는 저 들판의 풀잎이라면 좋겠네' 라고 절규하고 있는데 그 내용도 잘 음미해 보면 다름 아닌 즉자 존재로의 김민기적 갈망이라고 볼 수 있을 것입니다. 그러나 그러한 인간의 끊임없는 갈망에도 불구하고 대자 존재로 있으면서 즉자 존재화하려는 인간의 온갖 시도는 항상 실패로 돌아갈 수밖에 없다고 사르트르는 보고 있습니다.

그래서 사르트르는 인간을 무익한 정열의 덩어리요, 자연의 오류적 산물이라 말하기도 합니다. 그에 따르면, 즉자와 대자 존재를 동시에 갖고 있는 존재는 오로지 하나의 존재만이 있는데 그 존재는 다름 아닌 절대자, 곧 신입니다. 그러니까 인간의 끊임없는 욕구는 결국 신을 지향하고 있다는 것이며, 결국 그 시도는 늘 헛되게 돌아갈 수밖에 없다는 말입니다.

자유와 책임

그런데 여러분들도 잘 알고 있듯이 사르트르는 무신론자입니다. 그래서 흔히들 무신론적 실존주의자로 사르트르를 그 대표적 학자로 손꼽고 있습니다. 사르트르가 1946년에 집필한 『실존주의는 휴머니즘이다』라는 글에서 그는 '실존은 본질에 선행한다' 는 유명한 말을 남겼습니다.

이 말의 의미가 무엇이겠습니까? 그것은 바로 우리들 자신이 무엇을 해야 좋을지 스스로 알 수 없는 구조를 지니고 있는 존재라는 뜻입니다. 즉, 그가 예를 들고 있듯이 우리 주변의 여러 가지 사물들은 그것들 나름의 해야 할 목적이 상당히 선명한 채 존재해 있다는 뜻입니다.

연필은 글씨를 쓰기 위해서 있고, 형광등은 빛을 내기 위해서 있으며, 의자는 우리가 앉기 위해서 있고, 시계는 우리에게 시간을 가르쳐 주기 위해서 존재해 있다는 것입니다. 마이크는 목소리를 크게 내기 위해서 있는 것이고, 라디오는 소리를, TV는 영상을 전달하기 위해서 있는 것이며, 옷은 입기 위해서, 의자는 앉기 위해서 있는 것입니다. 이렇듯 우리 주변에 있는 많은 것들은 다 그것들이 어떤 필요에 의해서 존재해 있습니다.

그런데 그 많은 사물들에 대한 질문의 손가락을 우리 인간 자신에게 돌렸을 때 우리들은 당황하게 됩니다. 인간은 무엇을 위해서 존재하는가? 라고 하는 아주 근원적인 질문을 다시 할 수밖에 없고, 그럴 때 어떤 확실한 답변을 찾아내기란 거의 불가능하다는 주장입니다.

아니, 사르트르에 따르면 우리가 '무엇하기 위해서' 라는 어떤 본질을 부여받기 전에 우리들은 이미 세상에 집어 던져진 존재입니다. 바로 그런 의미에서 실존은 본질에 선행한다는 것입니다. 우리는 이 세상에 무엇하기 위해서 왔는지를 알지 못하는 존재라는 뜻입니다.

그런 의미에서 인간은 '자유스러운 존재' 인데, 그 자유는 일체의 방향 감각조차 없는 '저주받은 자유' 라고 표현하고 있습니다.

따라서 우리들은 우리들의 삶을 스스로 개척해 나갈 수밖에 없으며, 그런 의미에서 실존은 '가능성의 존재' 이며, '자유로운 존재' 이며, 자신의 선택에 대해서 '스스로 책임을 지지 않으면 안 되는 존재' 입니다.

그리하여 우리들이 내리는 모든 판단과 결단과 선택은 그것이 무엇이 되었던 간에 '세계사적인 의미' 를 지니게 됩니다.

결국 역사란 것도 큰 위치에 있는 사람이든 작은 위치에 있는 사람이든 스스로의 판단과 결단의 복잡한 사슬에 의해서 만들어지는 것이고, 또 그것에 의해서 우리의 인생은 영향을 받을 수밖에 없습니다.

여러분들의 언행 하나 하나가 모두 세계사적인 의미를 갖고 있다는 사르트르의 주장에 대해서 어떤 느낌을 지니게 됩니까?

타인의 의미와 사랑의 실패

한편 사르트르에 의하면 의식 존재와 의식 존재 사이에는 서로 통할 수 있는 통로가 없다고 합니다. 그럼에도 불구하고 우리들은 다른 사람의 의식 세계 속을 끊임없이 알고 싶어하는 동시에 늘 남을 의식하면서 살아갈 수밖에 없는 존재라는 것입니다. 타인이 존재하지 않는다면 세상에 어떤 것도 나를 관찰하며 평가하고 규정지을 수 없을 것이요, 세상의 무엇에 대해서도 수치스러워하거나, 후회나, 자책이나, 고뇌도 하지 않을 것이라는 것입니다.

타인에 의해서 우리 자신의 초월은 늘 깨질 수밖에 없으며, 타인의 시선에 의해서 우리 존재는 늘 포착되게 마련이라는 주장입니다. 그런 의미에서 '타인은 지옥'이라는 충격적인 표현을 사르트르는 쓰고 있습니다. 그럼에도 불구하고 인간은 타인의 자유와 자신의 자유를 동화시키기 위해서 서로 간에 '사랑'을 시도한다는 것입니다. 즉, 상대방은 나의 존재 근거가 되고, 또 나는 상대방의 존재 근거가 되도록 운명지워져 있다는 것입니다.

그러나 사르트르에 따르면 우리들의 사랑은 언제나 실패로 끝날 수밖에 없다고 합니다. 왜냐하면 사랑이 온전하게 성립되기 위해서는 서로의 자유를 확보하고 제약해야 하는데, 이러한 과정 속에서는 어쩔 수 없이 상대방이 나를 사랑하도록 강요할 수밖에 없으며, 그러한 강요는 이미 사랑일 수 없기 때문입니다. 상대방의 자유와 사랑을 소유하기 위해서 우리들은 결혼이라는 제도를 고안해 냈으며, 맹세나 서약을 받기도 하지만, 결코 그러한 제도나 서약, 약속 등이 우리의 사랑을 영원히 보장할 수는 없다는 것입니다.

상대방을 육체적으로 소유하고자 하는 우리들의 '욕망'이라는 것도 그 클라이맥스에 가서는 실패하고 만다고 사르트르는 보고 있습니다. 쾌락의 성취 순간에 욕망은 소멸하며, 그러한 소멸은 우리의 의식이 상대방의 육체와 하나가 될 수 없다는 것을 확인하는 순간이라는 것입니다. 이러한 욕망의 좌절을 느끼는 순간, 우리들은 두 가지 출구를 모색하게 되는데, 그 하나는 매조키즘(피학증)이요, 다른 하나는 새디즘(가학증)이라는 것입니다. 즉, 자신이 사랑의 노예로 전락하든지, 아니면 사랑의 주인이 되어서 상대방을 지배하고자 한다는 것입니다.

그러나 그 어떤 경우에도 우리의 시도는 실패로 끝날 수밖에 없으며, 따라서 '타인들이 살고 있는 세계에 내가 출현했다는 것이 곧 원죄原罪이다' 라고 그는 이야기하고 있습니다. 더욱이 이러한 타인과의 불편한 관계를 유지하기 위해서 우리들은 어쩔 수 없이 하나의 태도를 견지해야 하는 데 그것이 곧 '자기 기만' 입니다.

현실 참여와 사회주의

그렇지만 사르트르는 그의 초기 사상에 있어서 인간의 자기 성실성과 자기 회복의 가능성을 완전히 부인하지는 않고 있습니다. 그의 말을 빌리면 다음과 같습니다.

> "그렇다고 우리가 이런 불성실성을 철두철미 극복할 수 없다고 주장하는 것은 아니다. 그러나 이러한 과업은 우선 타락된 존재의 자기 회복을 전제로 하고서만 성취될 수 있다. 우리는 이러한 자기 회복을 본래적 자기本來的自己라고 부르겠거니와 이 문제는 여기서 취급할 성질의 것이 아니라고 생각한다.

우리의 이러한 견해는 구출과 구조의 윤리가 선천적으로 불가능하다고 주장하는 것은 아니다."

물론 여기에서 사르트르는 인간 본래 모습의 회복이라거나 구조의 윤리가 무엇인지 아주 분명하게 밝히고 있지는 않지만, 결국 이러한 초창기 그의 주장은 『변증법적 이성 비판Critique de la raison dialectique』으로 내려오면서 용어상의 대변환으로 이어집니다. 즉, 의식은 인간적 유기체로, 의도는 실천으로, 대자 존재의 존재 결핍은 물질의 빈곤으로, 욕망은 수요로, 즉자 존재는 무기체로, 초월은 노동으로, 즉자화는 제도화로, 자아는 주권자로 용어의 대대적인 변환이 자행됨을 보게 됩니다.

따라서 1960년 이후의 그의 사상적 초점은 실천praxis에 맞추어지게 된다고 해도 과언이 아닐 것입니다. 물론 이러한 사르트르적 변신은 그 당시 역사적, 사회적, 정치적 배경과 무관한 것이 아니라 2차 세계대전 때의 레지스탕스 운동을 필두로 하여, 군중들이 지니고 있는 운명 공동체에 대한 그의 새로운 인식과 공산주의의 대두에 따른 사상적인 변모가 결합되어 이루어진 결과라고 할 수 있습니다.

사르트르는 사회의 형식 내지 사회의 변화 과정을 크게 네 가지로 보고 있는데, 그것은 순열적 집합, 융화적 집단, 약정적 집단, 제도적 집단입니다. 그는 비록 인간 자체를 부조리하고 무익한 정열 덩어리라고 파악하고 있었지만, 그 자신에게 주어진 역사적 책임을 완수하는 과정에서 단순한 부르주아 지식인으로 그치기를 거부하고, 나름대로 자유주의적 사회주의를 주장하면서 많은 노동 운동과 반전 데모에 앞장을 서기도 했습니다. 그러한 사르트르적인 몸부림은 타인을 부정할 수밖에 없는 반인간反人間anti-homme으로서의 실존적 자기 모순을 극복하고자 하는 모습이기도 합니다.

5) 베르그손Henry Bergson의 생애와 사상

이번 장에서는 베르그손의 철학 사상에 대해서 살펴보도록 하겠습니다. 먼저 그의 생애에 대해서 살펴봅시다.

베르그손은 1859년 10월 18일 파리의 라 마르틴느 가에서 유대계 부친과 영국계 모친 사이에서 출생했습니다. 1863년 가족이 스위스로 이주하여, 부친 미셸 베르그손은 제네바 음악 학교의 교수가 되고 교향악단의 지휘를 맡기도 합니다. 그러다가 1866년 가족들은 다시 파리로 되돌아오게 됩니다. 1868년 10월 파리의 리세 콩도르세Lycée Condorcet에 입학하여 10년 간 수업을 받은 바 있으며, 가족이 런던으로 이주함에 따라 베르그손만 파리에 남아 학업을 계속하며 다방면에 걸쳐 재능을 나타내게 됩니다. 일설에 따르면 베르그손을 문과 계열에 둘 것인가 아니면, 이과 계통에 둘 것인가하는 문제를 놓고 교사들 간에 두 패로 갈라져서 논쟁이 벌어진 적도 있다고 하니까, 모르긴 몰라도 일찍이 베르그손은 그 놀라운 재능을 문과, 이과 양쪽에서 다 발휘했던 모양입니다.

그는 19세가 되던 1878년 그 유명한 고등사범학교Ecole Normale Superieur에 입학하게 됩니다. 1881년 22세 때 교수 자격 시험에 합격하여 리세 앙제Lycée Anger의 교수가 되어 1883년까지 가르칩니다. 1883년 그는 클레르몽-페랑Clermont-Ferrand대학에서 『웃

베르그손(1859~1941)

음-무엇에 대하여, 왜 사람들은 웃는가?』를 발표하고, 그곳 대학 교수로서 1888년까지 재직하면서 자신의 철학적 기초를 다지고 있었습니다. 1888년 콜레쥬 롤랭 Collége Rollin에서 교수직을 역임한 바 있으며 그의 유명한 초기 논문 「의식에 직접적으로 주어진 것에 대한 시론」과 부논문 「아리스토텔레스의 장소론」을 박사 학위 논문으로 제출합니다.

1889년 30세 때, 문학 박사 학위를 획득하게 되고, 1890년 리세 앙리 4세Lycee Henry IV의 교수로 1년 간 재직했으며, 1891년 32세 때 루이스 뉘빌제 양과 결혼을 하고, 1894년 보르도대학의 강사 취임을 사양하고, 소르본대학 교수 후보에 입후보하였으나 거절당합니다.

1896년 『물질과 기억Matiere et Mémoire』을 아르켐 출판사에서 출판하게 되는데 이듬해 콜레쥬 드 프랑스의 강사가 되어 『플로티누스의 심리학』과 『에네아드』 4권을 강의한 바 있습니다. 1898년 39세 때, 다시 소르본대학 교수 모집에 응모하였으나 또다시 실패로 끝나고 맙니다. 같은 해 부친이 런던에서 사망하였으며, 고등사범학교의 강사로 채용되게 됩니다.

1899년 『웃음』을 『파리 평론Revue de Paris』에 발표하고 1900년 아르켐 출판사에서 출판합니다. 1900년 마침내 콜레쥬 드 프랑스의 교수가 되어 고대 그리스, 로마 철학을 강의합니다. 1901년 42세 때 도덕, 정치학 학사원의 회원으로 선출되며, 1907년 그 유명한 『창조적 진화』를 출간합니다.

1912년 문화사절로 1년 간 미국의 대학교에 파견된 바 있으며, 1919년 문교 최고회의 위원에 임명되게 됩니다. 같은 해 『정신적 에네르기』를 출간합니다. 1922년 콜레쥬 드 프랑스의 명예 교수로 은퇴하여, 같은 해 1월 국제 연맹의 지적知的 국제위원회 위원으로 임명되었다가, 8월에 의장으로 선출됩니다. 그 해에 『지속과 동시성』을 출간합니다.

1924년 65세 때 최초의 류머티즘 발작을 일으키지만, 1928년 69세 때 1927년도 노벨 문학상을 수상하게 됩니다. 1930년 프랑스 최고 훈장인 레죵 도뇌르 대십자 훈장을 수여하게 되며, 1932년 『도덕과 종교의 두 원천』을 출간시킵니다. 말년에 집필하게 된 이 책은 베르그손이 류머티즘으로 인해 거의 글을 쓰기 힘든 상황에서 펜을 손에 묶어놓고 집필을 했다고 합니다.

이 책을 접할 때에는 특히 그런 베르그손의 집념을 염두에 두고 독서하시기 바랍니다. 1934년 75세 때, 그의 논문집 『사유와 운동하는 것La Pensée et le Mouvant』을 출간하였습니다. 1941년 82세를 일기로 독일군 점령하의 파리에서 1월 4일 폐충혈이라는 병으로 생 라자르 가의 자택에서 사망합니다. 그리하여 1월 6일 가르쉬의 묘소에 안치되었습니다.

다른 사상가도 그러하겠지만, 특히 베르그손의 글은 이미 그가 노벨 문학상을 받음으로 증명했듯이 너무나 아름답고, 훌륭합니다. 불어 해독이 가능한 분은 가급적 그의 원전을 구해서 읽어 보시기 바랍니다. 놀라운 공감을 느끼게 될 것입니다. 그의 박학다식함과 그의 철학적 발상의 자유로움과 그의 끊임없는 진리에 대한 열정 등을 말입니다.

베르그손의 사상은 기존의 학설에 대한 전반적인 불만과 저항에서 시작되었다고 볼 수 있습니다. 즉, 베르그손은 기존의 과학에 대한 지나친 맹신에 대해서 경고를 하면서, 정말 인간에게 필요한 인식이 무엇인가에 대해 종래의 발상을 뒤엎는 새로운 사상적 개혁을 시도하려 했다고 볼 수 있습니다.

예를 들어 E. Renan(1823-1892)과 같은 사람이 '과학은 곧 종교' 라고 주장하면서 과학 만능주의를 들고 나오는 것에 대해 베르그손은 과학이 발견한 것은 현상의 세계일 뿐, 그 너머의 세계에 대해서는 여전히 형이상학적 탐구가 필요함을 역설하고 있습니다.

어떤 철학사가의 말처럼 베르그손의 사상적 발자취를 따라가다 보면 참으로 재미있는 현상을 목격하게 되는데, 그것은 다름이 아니라 그가 의도했건 의도하지 않았건, 어떤 일정한 사상의 흐름을 볼 수 있게 된다는 사실입니다.

그의 대표적인 철학적 저술에는 우선 자아의 내부 세계를 그려낸 『의식의 직접적으로 주어진 것에 대한 시론』이 있으며, 그후 육체와 정신과의 문제를 다룬 『물질과 기억』, 생명 현상을 다룬 『창조적 진화』와 끝으로 인간의 도덕 문제를 다룬 『도덕과 종교의 두 원천』이 있습니다.

그는 심리학의 문제, 생리학의 문제, 생물학의 문제, 그리고 윤리학과 사회학 내지 종교학의 문제에 이르기까지 다양한 접근을 통해서 인간과 우주의 신비를 나름대로 벗겨보고자 평생을 노력했다고 볼 수 있을 것입니다. 몇 가지 주요한 그의 철학 개념을 중심으로 그의 사상을 정리해 봅시다.

순수 지속durée pure

베르그손은 종래의 시간, 공간 개념을 전혀 새로운 각도에서 파악하고 있습니다. 특히 그의 시간 개념은 아주 독톡하다고 볼 수 있습니다. 즉, 모든 것을 양화量化시키는 과학에 있어서 인식하고 있는 시간은 상대적이고 물리적인 시간에 그치고 말지만, 베르그손에 있어서 시간이란 다양한 연속성 안에서 과거에 흘러갔던 시간이 아니라, 지금 현재도 흐르고 있는 시간을 의미하고 있습니다.

그것은 끊임없이 변화하는 연속체이며, 절대성을 지니고 있으며, 무엇보다도 우리의 내면 속에 지속적으로 진행하고 있는 의식의 흐름 자체라는 것입니다.

그러한 흐름은 우리의 내면에 약동하면서 지속하고 있으며, 곧 우리의 삶인 것입니다. 우리가 살아간다는 것은 끊임없이 변화하는 것을 의미하는 것이며, 어떤 방향을 갖고 성장하고 성숙되어가는 것을 뜻합니다. 베르그손에 따르면 삶이란 다른 것이 아니라, 바로 변화요 생성이며, 끊임없는 창조인 것입니다. 다시 말해 우리들은 모두 '창조적 진화' 과정에 있는 존재에 다름아닌 것이죠.

근원적 자아根源的 自我

베르그손은 우리의 자아를 그 존재 방식에 따라 크게 두 가지로 나누고 있습니다. '표면적 자아' 와 '근원적 자아' 가 그것입니다. 앞의 것은 공간의 세계에 표출된 사회적 자아로서 굳어진 껍질과 같은 자아요, 우리가 일상적으로 '나' 라고 주장하는 것입니다. 그런데 근원적 자아는 바로 이 표면적 자아의 밑바닥에 존재해 있다는 것입니다.

지속을 본질로 하고 있는 이 근원적 자아는 표면적 자아에 의해서 숨겨져 있기 때문에 우리들은 참된 자신의 모습을 보지 못하고 있다는 것입니다. 이미 우리들은 근원적 자아를 공간화해서 보는데에 익숙해져 있기 때문에 표면적 자아만을 바라볼 뿐, 순수 지속을 이끌어 나가는 근원적 자아를 올바르게 파악하고 있지 못하고 있다는 이야기입니다.

그러나 베르그손에 의하면 이러한 근원적 자아가 지니고 있는 순수 지속이야말로 우주의 참된 모습이며, 모든 실재의 진상입니다.

직관과 지성

앞에서 설명한 것처럼 이 세계의 진짜 모습은 바로 다름이 아니라, 순수 지속이기 때문에 지성에 의한 종래의 과학적 분석 방법만 가지고서는 올바르게 이 세계의 실상을 파악할 수 없다고 베르그손은 보고 있습니다. 올바르게 실재를 파악하기 위해서 우리는 또 다른 인식력을 필요로 하는데 그것이 바로 다름이 아니라 직관이라는 것입니다.

직관이란 대상의 내부에 들어가 표현 불가능한 것과 일치를 시켜주는 '정신에 의한 정신의 투시' 라고 말합니다. 지성을 동원한 과학적 인식은 고정된 대상을 분석하고 해부하여 많은 추상적인 지식을 우리에게 제공해 주고는 있지만, 살아있는 대상들을 우리에게 올바르게 알려주고 있지 못하다는 것입니다.

과학이 생명 현상을 설명하기에는 역부족이라는 말이 있듯이, 생명이란 살아 꿈틀거리고 있는 유기적 통일체를 어떤 양적인 추상적 개념을 가지고서는 다 파악해 낼 수 없다는 주장입니다. 따라서 그는 대상에 깊이 파고 들어가 대상의 내적인 생명과 일체가 되어 공감을 얻기 위해서 우리는 어쩔 수 없이 철학적 직관을 필요로 하지 않을 수 없다고 말합니다.

생의 약동躍動, élan vital

그런데 베르그손은 우리의 생명력이 어떤 순수 지속 안에서 변화 발전되어가는 것은 사실이지만, 그것이 그냥 단순하게 바뀌어 가는 것이 아니라, 마치 주전자에서 물이 끓어 오를 때 어느 쪽으로 김이 날 것인지 예측하기 어려운 것처럼, 놀라운 생의 비약에 의해 진화되어 간다고 힘주어 말하고 있습니다.

더욱이 신기한 것은 우리의 몸을 해부학적으로 들여다보면 너무나 복잡하고, 너무나 파악하기 어려운 부분이 많이 있음에도 불구하고, 그 모든 것들이 모여 아주 단순한 기능을 수행해 나간다는 사실입니다. 예를 들어 우리들의 세포 조직이 그러하며, 우리의 시視신경 계통이 그러합니다. 세포 조직은 너무나 복잡한 틀로서 구성되어 있으며, 우리의 시신경 또한 그러합니다.

그러나 우리는 자유롭게 몸을 여러 방향으로 움직일 수 있으며, 눈만 뜨게 되면 모든 만물이 훤히 보이게 됩니다. 이것은 해부학적으로는 도저히 설명할 수 없는 그 무엇인가가 있다는 것이며, 이 보다 근원적인 것에 생의 비약이 깔려져 있다는 것입니다.

즉, 복잡한 물질적 요소들이 제각기 다 다른 성질을 지니고 있으면서도 어떤 단순한 기능을 발휘할 수 있다는 사실은 종래의 기계론적, 유물론적 설명만으로는 다 말할 수 없는 놀라운 정신적 요소가 작용하고 있다는 주장입니다.

이처럼 생명은 물질을 꿰뚫고 비약을 거듭하면서 창조적 진화를 거듭하고 있다는 것입니다.

열린 도덕과 열린 사회, 그리고 사랑의 약동elan d' amour

주지하다시피 베르그송은 인류 사회를 열린 사회와 닫힌 사회로 나누어 설명하고 있습니다. 또 그 각각에 따라서 열린 도덕과 닫힌 도덕을 지닌다고 보고 있습니다. 개인을 의무로만 구속하려는 사회는 닫힌 사회의 성격을 띠게 되며, 자유로운 인격을 바탕으로 한 사회는 열린 도덕을 지니게 된다는 것입니다.

종교에 있어서도 습관, 풍습, 타부 등을 중시 하는 사회에서는 종교적 의식이나, 신화 등 종교적 형식성이 강조되는데, 그런 사회일수록 정적靜的 종교가 만들어지기 쉽고, 근원적 생명과 절대자와의 합일을 중시하는 사회에서는 놀라운 '사랑의 약동'이 일어나게 되며, 그러한 사회가 지닌 종교를 그는 동적動的 종교라고 보고 있습니다.

그는 역사적으로 그리스의 현자, 이스라엘의 예언자, 불교의 해탈자, 기독교의 성인들을 열린 도덕의 모범자로 보고 있는데, 그 모든 것도 따지고 보면 다 사랑의 창조적 실현 안에 이루어진다고 봅니다.

실재가 그저 존재하는 것이 아니요 되어가는 것처럼, 하나님도 그냥 단순히 존재해 있는 것이 아니라 되어 가는 존재이며, 끊임없는 생명이며, 순수한 활동이며, 순수한 자유 그 자체라고 그는 보고 있습니다.

진정한 사랑이 꽃피는 사회 안에서 인간은 동물의 차원을 벗어나 올바른 인간으로 되어질 수 있는데, 그런 사랑 안에서 하나님을 발견해 내는 것이 삶의 최고의 승리라는 것입니다.

■ 철학 연습 ■

현대 철학과 관련하여 논문「현대 사회에서의 도덕적 위기와 존재와 소유의 제문제-에리히 프롬의 사상」편이 9강 '철학 연습'에 실려 있습니다. 약간 글이 어렵더라도 충분히 생각하면서 읽으시면 훌륭한 철학 연습이 될 것입니다.

실존의 불안

PHILOSOPHE

8강
철학과 내적 치유

1. 인간 이해와 내적 치유

'나는 과연 어떤 인간인가?', '나에게 벌어지고 있는 문제는 무엇인가?', '나는 무엇을 갖고 고민하고 있는가?' 하는 문제들은 아주 심각하고 우리의 피부에 와 닿는 내용입니다.

특히 제가 강의를 하면서 많은 학생들을 만나 상담을 해 보니까, 참으로 각양각색의 많은 문제들로 학생들이 고민에 빠져 있다는 사실을 알게 되었습니다.

물론 짧은 시간에 모든 문제를 다 해결할 수는 없겠지만, 특히 많은 학생들이 심각한 정신적 문제에 시달리고 있다는 사실을 깨닫고 이에 다소 도움이 될 수 있는 내용으로 강의를 전개하고자 합니다.

이 부분과 관련하여 종교 계통 특히 카톨릭과 기독교 계통에서 많은 연구와 사례 발표 및 세미나 등이 알려져 있습니다만, 상세하게 모든 부분을 다룰 수는 없고 단지 그 기본적인 틀만을 여러분에게 소개해 볼까 합니다. 보다 자세한 내용은 소개하는 참고 문헌을 읽어보시기 바랍니다.

강의하는 내용이 여러분의 인생 문제를 해결하는 데 다소나마 도움이 되기를 빕니다.

2. 내적 치유란 무엇인가?

요즈음 이런 단어가 많이 쓰이고 있기 때문에 대략은 내적 치유가 무엇인지에 대해서 여러분 나름대로 이해는 하고 있을 것입니다. 어떤 책에서는 '상한 감정의 치유', '내면 치유', '마음 치유', '상한 마음 치유' 등등 많은 개념이 비슷한 내용을 지닌 채 쓰이고 있습니다.

하여간 내적 치유란 인간이 지니고 있는 영적, 심리적, 정신적 문제를 해결하여, 회복시키는 과정을 의미합니다.(물론 기독교 계통에서는 이러한 정의에 덧붙여 "예수 그리스도를 통한 하나님과 인간과의 깨어진 관계 회복"이라는 의미가 포함됩니다.)

쉽게 말해 인간은 어떤 외적인 측면에서 아무 문제가 없어 보여도 보이지 않는 내적인 세계에 문제가 생길 수 있으며, 그 부분은 아주 깊은 곳에 자리잡고 있기 때문에 외적인 질병처럼 쉽게 치료되지 않고, 상당기간 우리를 괴롭힐 수 있다는 것입니다. 또 외적인 질병과는 달리 본인 자신도 그 원인을 잘 깨닫지 못한 상태로 시달릴 수 있을 것입니다.

이 부분이 온전히 치유되지 않으면, 외적인 조건이 아무리 화려하다 하더라도 결코 인생에서 행복할 수 없으며, 진정한 의미에서 '잘 사는 인생'이라고 볼 수 없다는 것입니다.

학생 여러분들이 너무나 잘 알고 있다시피 현대인은 여러 가지 문제들로 엄청난 정신적 스트레스를 받고 있으며, 이러한 문제를 제대로 해결하지 못하고, 각종 질병과 중독에 시달리고 있는 상황입니다.

예를 들어 한국 사람들의 음주 문화, 특히 대학생들의 음주 문제는 어제 오늘의 문제만은 아닙니다만, 전문가들의 시각에서 볼 때, 상당히 심각한 지경에 이르렀다고 보고 있습니다. 어떤 통계를 보니까 전체 대학생의 18% 가량이나 되는 학생들이 이틀에 한 번 꼴로 술을 마신다고 되어 있더군요.

"왜 젊은이들이 그처럼 술을 들이킬까요?"

여러가지 이유가 있겠지만, 현실의 괴로움을 술로 달래려고 하는 것이 그 중 큰 이유 가운데 하나일 것입니다.

그러나 과연 술로 그 많은 문제가 해결될 수 있겠습니까? 일시적으로 취해 있을 때에는 잊혀질지 몰라도 여전히 문제는 남아 있는 것입니다. 그리하여 또 술을 마시고... 마시고... 마시고... 그러다가 알콜 중독에 빠지게 되는 것입니다. 그런 식으로는 인간의 문제가 해결되지 않습니다.

3. 상처받은 마음을 지닌 삶의 모습

일반적으로 사람이 자신의 마음에 어떤 상처를 받게 되면, 두 가지 패턴의 자세를 취하게 된다는 것입니다. 즉 하나는 방어적 성격을 형성하게 되고, 다른 하나는 공격적 성격을 형성하게 된다는 것이죠.

방어적 성격을 지닌 사람의 삶의 모습

- 매일 기쁜 삶보다는 슬픈 삶을 살아가고 있습니다. 얼굴 어딘가에 그늘이 져 있습니다.
- 상당 부분 우울증 증세가 있습니다.
  모든 일에 활력이 없으며, 매사에 소극적이고, 늘 침울해 있습니다. 외로움을 많이 느낍니다.
- 자신을 무가치하게 여기며(자존감 결여), 열등의식에 사로잡혀 있습니다.
  "나는 쓸모없는 존재야." "나는 태어나지 말았어야 했어." "죽고 싶어." "미칠 것 같아." 하는 식의 표현법을 자주 씁니다.
- 자신을 실패자 혹은 실패작으로 인식하고 사람을 피합니다.
- 어떤 중독에 빠져서 쉽게 벗어나지 못합니다.
  술, 마약, 도박, 본드 흡입, 컴퓨터 게임, 과도한 비디오시청, 지나친 자위 행위 등.
- 심각한 피해의식을 지니고 있습니다.
  따라서 조그마한 일에도 짜증을 내며, 화를 내고, 상대방을 해치거나, 괴롭게 합니다.
- 자기증오와 자기학대가 강합니다.
  자기 자신이 하는 모든 일을 미워하며, 자신의 외모, 자신의 경력, 자신의 처지 등에 대해 지나치게 비관합니다.
- 자살의식이 싹틉니다.
  아무도 자기 자신을 사랑해 주지 않는다는 의식이 강하기 때문에 자신의 생명을 끊고 싶어하는 충동을 자주 느낍니다.

공격적 성격을 지닌 사람의 삶의 모습

- 권위에 대해서 반항적입니다.

  권위자(예를 들어 아버지, 정치인, 교사, 교수, 목사 등)를 인정하지 않으며, 자신보다 앞서가는 사람에 대해서도 시기심, 증오심을 갖고, 그들을 끌어내리고자 합니다.

- 분노, 적개심 등을 강하게 표출합니다.

  어릴 때부터 당해 왔던 아픈 감정이 한꺼번에 폭발하기도 하고, 자기 자신도 제어할 수 없는 강한 분노가 갑자기 치밀어 오르기도 합니다.

- 지나치게 경쟁적입니다.

  조금도 남에게 양보하기 싫어하며, 실패하는 것을 지나치게 두려워합니다. "이번 일에 실패하면 나는 끝장이다." 하는 식의 의식을 갖고 삽니다.

- 늘 비판적이고, 공격적입니다.

  매사에 비판적이고, 상대방의 호의도 감사하게 생각하지 않습니다. 조금만 자신의 견해와 틀려도 상대방을 그냥 두지 않고 공격합니다.

- 배우기를 싫어합니다.

  자신의 고집을 굽히지 않고, 남의 이야기를 그리 경청하려 들지 않습니다. 자기 뜻대로 일이 전개되지 않으면, 모임에서 이탈해 버리고 맙니다.

- 지배욕, 소유욕이 아주 강합니다.

  시기와 질투심이 강하며, 남을 지배하려는 의식이 대단히 강합니다. 자식이나, 아내(혹은 남편)를 자신의 소유물로 여겨서 언제나 자신의 뜻을 관철시키려 합니다.

- 남의 의견을 수용하지 않습니다.
  자신의 삶과 사고에 여유가 없기 때문에, 자신의 의견을 수정하거나, 남의 좋은 충고나 견해를 받아들일 여지를 지니고 있지 않습니다.
- 거짓말을 잘 합니다.
  자신의 실수를 결코 인정하지 않으며, 위기에 직면해서는 곧잘 거짓말로 그 위기를 모면하려 듭니다.
- 자기중심적이고, 독선적입니다.
  남을 결코 믿지 못하며, 모든 일을 자기중심으로 생각하고, 전개시킵니다.

4. 회복해야 할 가치관

1) 소속감

많은 경우, 마음과 가슴에 상처를 지닌 사람은 어떤 곳이나, 어떤 사람, 자신의 가정, 혹은 어떤 단체에 대한 올바른 소속감이 없습니다. 그야말로 그냥 붕 뜬 상태의 삶을 살아가고 있습니다. 어느 한 곳의 소속감이 없기 때문에 방황하게 되는 것입니다. 만약 어려서 부모님으로부터

"너 따위는 필요없다."
"나가 죽어라."
"누가 너 같은 걸 낳았냐."
"꼴도 보기 싫다."
"내 눈 앞에서 없어져."

"당장 꺼져 버려!"
"에이 빌어 먹을 X !"

등등의 말을 계속 듣고 자랐다면, 자신도 모르게 소속감을 잃게 되어 인생을 방황하게 되는 것입니다. 이런 방황의식에서 벗어나

나는 어디에 속해 있는 존재인가?
나는 누구와 어떤 관련을 맺고 있는가?
나는 무엇을 위해서 살아야 할 것인가?

하는 보다 분명한 의식을 갖도록 의식의 근본적인 변환이 있어야 합니다.

여러분은 어디에 소속되어 있습니까?

2) 가치감

많은 경우 열등감에 사로 잡혀 있게 되면, 자신이 얼마나 소중한 존재인지를 잘 느끼지 못합니다. 그렇게 되면 쉽게 매사에 무기력하게 되고, 조금만 실패를 해도 헤쳐 나올 생각을 못하게 됩니다. 한 번만 실수나 실패를 해도

"그러면 그렇지 나 같은 인간이 무엇을 한다고..."

하면서 자포자기의 상태에 빠질 가능성이 아주 높습니다.

자신이 얼마나 귀한 존재인지, 우리의 인생이 얼마나 소중한 것

인지, 생명이 얼마나 위대한 것인지를 깨달아서, 자신을 보는 시각부터 근본적으로 교정해야 합니다.

여러분은 자신에게 어느 정도의 의미를 부여하고 있습니까?

3) 자신감

많은 경우 자신보다 잘하는 사람과 비교되거나, 형제 중에 특출난 사람이 있다거나, 부모나 타인(친구, 교사, 윗사람, 직장 상사 등)으로부터 계속된 질책이나, 야단, 모멸감, 욕 등을 들은 사람은 쉽게 자신감을 갖지 못합니다.

"난 할 수 없어."
"내가 뭘 한다고..."
"나는 이미 글러 버렸어."
"내 인생은 틀린 인생이야."

등등의 잘못된 의식을 갖기 쉽습니다.

이런 사람들은 끊임없는 격려와 칭찬을 필요로 하는 사람들입니다. 자그마한 일에 대해서도 칭찬을 아끼지 말고, 그 사람의 자존심을 상하게 하는 이야기를 되도록 삼가야 합니다. 또 스스로를 강하게 만들 수 있는 방법을 모색하고, 필요에 따라서는 자신감 갖기 훈련을 해야 합니다.

4) 윤리감

마음에 상처가 깊은 사람일수록 사람 사귀는 것에 서툽니다. 그리고 남에 대해 생각하고, 배려하는 마음이 아주 적습니다. 따라서 상당히 불친절합니다.

또 위에서 말한 것처럼 피해 의식이 강하기 때문에 건전한 인간관계를 잘 맺지 못하게 됩니다. 상대방이 조금만 잘못해도 그것을 지적하며, 상대방의 약점을 심하게 들추어 내기도 합니다.

서로가 서로에게 소중한 존재라는 의식, 상대방을 존중할 줄 아는 의식, 남에 대한 불신감을 버리고 건전한 인간관계를 회복하려는 자세, 남의 잘못을 지적하기보다 관용을 베풀려는 의식, 자신의 잘못에 대해서는 용서를 구하고, 또 남을 용서할 줄 아는 의식으로의 가치관의 전환이 필요합니다.

그러나 위와 같은 가치관의 전면적인 변화는 그리 쉽게 형성되는 것이 아닙니다. 자신의 문제점에 대한 보다 깊은 이해와 그 내면적 문제에 대한 적극적인 치유 자세가 필요한 것입니다.

그러면 이번에는 이러한 내적 문제를 어떻게 풀 것인가를 살펴보도록 하겠습니다.

5. 내적 문제는 왜 발생하는가?

1) 자아 정체감의 불투명성

아마도 이것은 인간의 근본적인 문제일 것입니다.

"나는 누구인가?"
"나는 왜 태어났는가?"
"나는 무엇을 해야 하는가?"

이 문제가 풀리지 않는 한 인간은 방황할 수밖에 없는 존재입니다. 그러므로 보다 분명한 자아정립이 필요합니다.

어떤 심리학자의 주장처럼 우리의 의식 안에는 여러 가지 부분이 존재할 수 있습니다. 즉,

첫째, 나도 알고 남도 알고 있는 부분.
둘째, 나는 알고 있으나 남은 모르고 있는 부분,
셋째, 나는 모르고 있으나 남은 알고 있는 부분.
넷째, 나도 모르고 남도 모르고 있는 부분.

특히 문제는 이 마지막 부분에 있습니다. 우리의 의식 가운데, 나도 모르고 남도 잘 모르는 영역이 있으며, 바로 이 영역이 우리를 강하게 지배하고 있다는 사실입니다. 흔히 잠재의식 혹은 무의식이라고 표현하고 있습니다만(정신과 전문의 김진박사에 의하면 우리가 알고 있는 의식은 열린의식이요, 우리가 모르고 있는 의식은 닫힌의식이라고 합니다.)

● 인간의 의식 = 열린의식 + 닫힌의식

이 잠재의식의 영역은 우리의 의식 가운데 상당 부분을 차지하며, 우리의 일거수 일투족에 영향을 미친다는 것입니다. 다시 말해 열린의식은 우리의 통제권 아래 있지만, 닫힌의식 내지 잠재의식은 우리의 통제권을 벗어나 있다는 것입니다.

이 닫힌의식도 중요한 우리 자신의 일부인데, 불행하게도 우리들

은 이 영역에 대해 잘 알 수가 없다는 것입니다. 그렇지만 자신을 이해한다는 것은 결국 열린의식과 더불어 이 닫힌의식을 온전히 이해한다는 것을 의미한다고 할 수 있는 것입니다.

우리에게 끊임없이 영향력을 행사하고 있는 이 닫힌의식이야말로 삶의 문제를 풀어내는 데 중요한 키가 아닐 수 없습니다.

나를 안다는 것은 결국 이 닫힌의식을 열린의식으로 전환시키는 것을 의미하며, 나도 모르게 어떤 무엇에 통제받고 있던 상황에서 벗어나 내 스스로가 삶에 대해 자율성을 확립해 나가면서 "내가 원하는 나"를 살아갈 수 있는 것입니다.

불교에서 행하고 있는 각종 선禪 수행법이나, 인도의 전통 종교에서 행하고 있는 요가, 각종 명상법, 기독교에서의 기도를 통한 하나님과의 대화 등은 결국 닫힌의식을 열린의식으로 전환하고자 하는 인간의 다양한 모습이라고 볼 수 있지 않을까요.

2) 과거의 상처

어느 것보다도 바로 이 문제로 인해서 많은 사람들이 고통을 받고 있습니다. 우리 자신은 **현재의 나**만이 아닙니다. **과거의 모든 기억들**이 현재의 나를 만들어 놓고 있는 것입니다.

인간은 누구나 자신만의 **개인적 역사**를 지니고 있는 법입니다.

- 우리의 과거에 어떤 내적인 문제가 있었는가?
- 내가 받고 있는 과거의 쓰라린 상처는 무엇인가?
- 어떤 문제가 지금까지 나를 억누르고 있는가?

하는 것을 올바르게 찾아내야 합니다. 특히 이 문제는 바로 우리들의 부모님과 우리와의 관계에서 발생합니다. 그 가운데 특히 아버지와의 관계에서 많이 발생한다고 합니다.

- 과연 나에게 있어 부모님은 어떤 존재였는가?
- 혹시 내가 부모로부터 받았던 상처들이 지금까지도 남아 있지는 않는가?
- 어떤 문제로 내가 부모로부터 심하게 꾸중을 듣거나, 폭행을 당한 적은 없는가?
- 끊임없이 들었던 언어 폭력은 없었는가?
- 부모로부터 크게 거절당한 내용은 없었는가?
- 왜 우리 부모는 나에게 그런 태도를 취할 수밖에 없었는가?
- 우리 부모의 개인적인 역사는 어떠했는가?

현재 여러분들이 부모님께 대하여 각종 반감이나 분노, 섭섭함, 미움, 원망, 멸시함 등등의 감정을 지니고 있다면, 그것은 하루 아침에 만들어진 것이 아니라, 상당히 오랜 기간 동안, 어쩌면 여러분들도 모르는 사이에 형성된 것인지도 모릅니다.

자기 자신이 어떤 존재인지를 이해하는 데 있어서 무엇보다도 자신의 부모에 대한 올바른 이해가 정말로 중요합니다. 가능한 한 냉철하게 자신의 부모를 다시 인식하고 올바르게 파악해 볼 필요가 있습니다.

설령 부모님께서 돌아가시고 지금 안 계신다손 치더라도 그 영향력은 여전히 미치고 있는 것입니다. 다시 말해 부모님의 영향권에 들어있는 한 우리들은 온전하게 부모로부터 독립한 것이 아닙니다.

그것이 긍정적인 경우든 부정적인 경우든 말입니다.

3) 현재의 영적, 정신적, 심리적인 갈등

인간은 욕망의 덩어리를 지니고 있는 동물입니다. 이 세상 인간치고 욕심이 전혀 없는 존재는 없습니다.(글쎄요...인간의 모습을 지녔던 예수님, 깨달음을 얻은 뒤의 부처님, 70이 넘은 나이의 공자님 정도나 욕심이 없으셨을까...하하)

그 욕심의 크기의 차이가 있을 뿐입니다. 따라서 인간은 끊임없이 자신의 욕구를 충족시키고자 애쓰고 있습니다.

어떤 사람은 물질적인 충족을 채우고자,
어떤 사람은 지적인 호기심을 채우고자,
어떤 사람은 육체적인 욕망을 충족시키고자,
어떤 사람은 명예욕을 채우고자,
어떤 사람은 권력욕을 채우고자,
어떤 사람은 자신의 자식을 출세시키고자 ,

등등의 수많은 욕심을 채우고자 나름대로 몸부림치고 있습니다.

그러나 어떠한 경우에도 우리들의 욕심은 채워지지 않습니다. 계속 늘어날 뿐입니다. 스스로 현재의 삶에 자족自足하는 사람은 삶의 지혜를 터득하고 있다고 해도 지나친 말이 아닐 것입니다.

그런데 문제는 그러한 욕망의 문제가 보다 복잡한 인간적 갈등을 불러일으킨다는 것입니다. 더욱이 심각한 것은 인간의 욕구 내지 욕망의 밑바닥에서는 보이지 않는 **영적 전쟁**이 벌어지고 있다는 사실입니다.

이것은 우리가 인정을 하든, 하지 않든 벌어지고 있는 것입니다.

실상 대부분의 성현들의 가르침에 있어서 가장 기초를 이루고 있는 것 가운데 하나가 바로 **극기克己**인데, 도대체 나를 이긴다는 것이 무슨 뜻입니까? 그것은 다름이 아니라, 내 속에서 벌어지고 있는 영적인 싸움에서 승리를 거둔다는 것을 의미하는 것입니다. 이것은 그리 간단한 문제가 아닙니다. 왜냐하면 영적인 세계는 우리 눈에 파악되는 세계가 아니기 때문입니다. 이것은 앞에서 지적한 것처럼 닫힌의식 세계의 문제요, 성경에서 말하고 있는 속사람의 문제인 것입니다. 그야말로 겉사람은 멀쩡한 것처럼 보이는데 속사람은 망가져 있는 경우가 허다한 것입니다.

4) 미래의 불안과 죽음의 문제

인간은 또한 미래에 대한 막연한 불안감을 지니고 있습니다.

- 도대체 앞으로의 나의 삶은 어떻게 전개될 것인가?
- 과연 나는 잘 살 수 있을까?
- 인생의 마지막은 어떻게 될 것인가?
- 죽음이란 무엇인가?
- 왜 죽음은 찾아 오는 것일까?
- 죽은 뒤에 나는 어떻게 될 것인가?

등등 우리의 다가오지 않은 미래에 대한 막연한 불안감과, 특히 죽음에 대한 두려움과 공포감 또한 우리의 내면 깊숙한 곳에 자리를 차지하고 있는 것입니다.

만약 여러분 가운데 생사를 초탈한 편안한 마음을 지닌 채 살아가는 학생이 있다면, 인생의 대단한 경지(?)에 이른 사람이라고 말할 수 있을 것입니다. 삶이 그렇듯이 죽음 또한 간단한 문제가 아닌 것입니다. 과연 이 문제를 우리는 어떻게 해결해야 할까요?

6. 내적 문제에 대한 치유책

이 문제에 대해서 올바르게 논의를 하려면 상당히 많은 시간을 필요로 합니다만, 여기에서는 그 핵심적인 내용만을 전개해 보도록 하겠습니다. 부족한 부분에 대해서는 관련 사이트나 참고문헌을 참조하시기 바랍니다. 그래도 부족하면 저에게 질문을 주시기 바랍니다. 본래 내적 치유에 관련된 논의가 특히 기독교 계통에서 나왔고, 요사이 활발하게 논의되기 때문에 우선 기독교적 시각에서 이야기를 전개하도록 하겠습니다.

1) 인간의 자아 정체감 문제 해결

우리가 기독교적 인간관에서도 이미 살펴보았듯이 우선 인간과 하나님과의 단절로 인해서 우리들은 우리들 자신이 누구인지를 올바르게 깨닫고 있지 못하다는 것입니다.

다시 말해 인간의 죄성이 우리들의 정체파악을 가로막고 있다는 것이죠. 따라서 우리들이 하나님을 모르고 있었다는 사실, 우리들이 교만했다는 사실을 깨닫고 그 분이 어떤 분인가를 올바르게 알게 될 때, 비로소 우리 자신의 정체가 드러난다는 것입니다.

특히 기독교에서 강조하는 것은 예수님의 정체 인식입니다. 왜 그 분이 이 땅에 오셨는가 하는 사실을 올바르게 파악할 때, 우리들의 삶과 그 분의 십자가가 연결될 수 있다는 것입니다.

2) 과거의 상처문제

이에 관련된 내용도 여러 논의를 할 수 있겠지만, 무엇보다 강조되는 것이 바로 **용서**입니다. 우리 자신에게 잘못을 끼쳤던 자와 상처 입힌 자에 대해서 온전한 용서를 베풀어야 한다는 것입니다.

이 부분도 쉽지 않은 부분이죠. 우리들은 우리에게 잘못한 상대방이 우리에게 용서를 빌어야 용서해 줄 수 있다고 보통 생각합니다. 그러나 무조건적인 용서가 절대적으로 필요합니다. 이 부분은 그들을 위해서 필요한 것이 아니라, 우리 자신을 위해서 필요한 것입니다. 그런데 너무 깊은 상처 때문에 도저히 용서가 되지 않는 경우가 분명 있을 것입니다. 그런 경우 인간적인 용서는 잘 안 된다는 것입니다. 절대자인 하나님께 그 용서를 맡겨야 가능하다는 것입니다. 이 부분을 여러분들은 소홀히 여기지 마시고, 깊이 있게 생각해 보시기 바랍니다.

3) 현재의 영적, 정신적, 심리적 갈등 문제

세상에 대한 욕망과 육체적인 욕구와 남에 대한 공격성, 자신에 대한 파괴 본능 등은 스스로도 잘 제어가 되지 않는 부분입니다. 이 부분에 대해서 하나님께서는 우리에게 성령聖靈을 보내주어서 대적하게 만들었다는 것입니다. 자기 혼자서 영적인 전쟁에 나가면, 백전백패한다는 것입니다. 우리가 영안靈眼이 열려서 영적인 세계를 들여다볼 때, 다시 말해 우리 안에 성령이 충만할 때, 비로소 우리들은 욕망의 노예 상태에서 벗어날 수 있다는 것입니다.

4) 미래의 불안과 죽음의 문제

우리는 결국 죽을 수밖에 없는 존재입니다. 어느 누구도 여기서 벗어날 수는 없습니다. 물론 죽음의 문제는 우리의 경험을 벗어나는 문제입니다. 이 문제는 그야말로 신앙의 문제라고 저는 보고 있습니다. 과연 인생이 일회적으로 끝나고 마는 인생인가, 아니면 다른 삶이 또 있을 것인가? 이것은 쉽게 증명될 수 있는 문제는 아닙니다. 이 문제야말로 선택의 문제라고 여겨집니다. 여러분들은 어떤 길을 선택하시겠습니까? 인생은 한 번으로 끝이라는 쪽을 선택하시겠습니까, 아니면 영생이 존재한다는 쪽을 선택하시겠습니까?

전적으로 우리의 선택에 달려있습니다. 또 그 선택에 대해서 우리는 전적으로 책임을 져야 하는 것입니다.

■ **철학 연습** ■

철학과 내적 치유에 관련하여 논문 「마음의 병에 대한 치유로서의 철학에 대한 소고」 편이 9강 '철학 연습'에 실려 있습니다. 약간 글이 어렵더라도 충분히 생각하면서 읽으시면 훌륭한 철학 연습이 될 것입니다.

참고 문헌

1) 브루스 탐슨,『내 마음의 벽』, 예수전도단
2) 데이빗 씨맨즈,『상한 감정의 치유』, 두란노 서원
3) 탐 마샬,『내면으로부터의 치유』, 예수전도단
4) 김진,『그리스도인과 함께 나누고 싶은 이야기』, 뜨인 돌
5) 주서택, 김선화,『내 마음속에 울고 있는 내가 있어요』, 순출판사
6) 크리스 터만,『우리들이 믿고 있는 거짓말들』, 나침반사
7) 정동섭,『당신의 가정도 치유될 수 있다』, 하나출판사

참고 사이트
1) http://www.counsel24.com/
2) http://www.chmi.or.kr/
3) http://my.netian.com/~dawool/
4) http://home.hanmir.com/~seejesus/
5) http://www.swim.org/counsel/index.html
6) http://www.sangdam21.org
7) http://www.cgntv.net

9강

철 학 연 습

- 플라톤 철학에 있어서의 덕德과 인식認識의 문제
- 아리스토텔레스의 논리학
- 현대 사회에서의 도덕적 위기와 존재와 소유의 문제
  에리히 프롬의 사상을 중심으로
- 마음의 병에 대한 치유로서의 철학에 대한 소고
- 반야바라밀다심경般若波羅蜜多心經

디오게네스와 알렉산드로스 대왕

1. 유교적 '인仁' 개념과 기독교적 '사랑' 개념의 비교 연구

· 비교 종교 철학 방법론 문제를 중심으로

1.

현대 사회를 이른 바 '위기의 사회'라고 일컫고 있다. 특히 환경오염에 따른 자연 파괴의 위험성과 새로운 정보화 시대를 맞이하여 전개되는 도덕 붕괴의 위기감은 어느 나라라 할 것 없이 전 세계에 팽배해 있는 실정이다. 이것에 대한 극복 문제는 비단 학문적인 호기심 충족 문제가 아니라, 우리 모두의 생존문제와 긴요하게 연결되어 있는 중차대한 문제이기도 하다.

과연 어떻게 현대 사회가 직면하고 있는 이러한 위기를 극복할 수 있을까? 물론 학자들이나 정치가들이나 종교인들의 관점에 따라 여러 의견이 있을 수 있을 것이다. 그런데 그 다양한 의견 가운데 하나가 독일 튀빙겐 대학의 신학 교수인 Hans küng이 주창하고 있는 소위 '세계 윤리 구상Projekt Weltethos'이라 하겠다.

필자는 Hans küng 교수가 주창하고 있는 세계 윤리에 대해 전적으로 공감하고 있지는 않다. 실상 세계 윤리 구상을 실현하기에는 너무나 많은 문제점이 도사리고 있다. 그러나 그럼에도 불구하고 Hans küng이 내세우고 있는 세계 윤리 구상 문제는 우리에게 시사해 주는 점이 너무나 많으며, 그러한 주장은 앞으로의 세계 문명 형성과 세계 문화 형성에 지대한 영향을 줄 수 있으리라 사려된다.

한정된 지면에서 그가 30여 년 동안 구상해 왔던 모든 내용들을 도저히 다 검토해 볼 수는 없다. 따라서 필자는 본 논고를 통해서 그가 제시하고 있는 여러 내용 가운데 핵심적인 문제 중 하나인 '보편적 윤리 기준' 문제를 중점적으로 논구해 보고자 한다. 특히 유교의 핵심 개념 중의 하나인 '인仁' 개념과 기독교의 핵심 개념 중의 하나인 '사랑' 개념을 비교 윤리학적 차원에서 논의해 봄으로써 보편적 윤리 기준의 어떤 단초를 제공받고자 한다.

2.

Hans küng의 거창한 '세계 윤리 구상'이란 것도 따지고 보면 세가지의 기본 명제로 요약해 볼 수 있다. 즉,

1) 국가 사이의 세계 윤리를 배제하고서는 어떠한 인간의 공생과 공존도 불가능하다.
2) 종교 사이의 평화를 배제하고서는 국가 사이의 어떠한 평화도 불가능하다.
3) 종교 사이의 대화를 배제하고서는 종교 사이의 어떠한 평화도 불가능하다.

그러니까 Hans küng의 논리에 따르면, 전 인류의 공존을 위해서 세계 윤리가 필요한데, 그러한 세계 윤리의 정립을 위해서는 무엇보다도 종교 간의 평화가 있어야 하며, 그러한 종교 간의 평화는 종교 간의 대화를 통하지 않고서는 불가능하다는 것이다.

주지하다시피, 그러한 종교 간의 대화 가능성 문제는 이미 1893년 미국 시카고에서 개최되었던 '세계 종교 의회World Parliament of Religions'에서 논의된 이래, 100년이 지난 1993년을 유엔에서

'종교적 이해와 협력의 해' 로 정하기까지 줄기차게 거론되어 왔던 내용이기도 하다. 특히 근자에 들어서 저명한 비교 종교 철학자인 Raimu ndo Panikarr는 그의 저서 The Intrareligious Dialogue에서 집중적으로 이 문제를 논의하고 있으며, 중국 태생으로 캐나다에서 활약하고 있는 Julia Ching秦家懿 교수도 Confucianism and Christianity 및 Hans küng과 같이 저술한 Christentum und Chinesishe Religion에서 중국적 상황에서의 종교 간의 대화 문제를 전반적으로 논구하고 있다.

결국 우리가 거론하고자 하는 '인仁' 개념과 '사랑' 개념의 비교 연구도 따지고 보면 유교와 기독교 간의 대화 가능성 여부를 검토하는 하나의 서론에 지나지 않는다고 하겠다. 먼저 그 둘의 공통분모를 찾기에 앞서 종교 간의 대화에 관련된 일반적인 논의부터 검토해 보도록 하자.

3.

흔히 종교적 입장을 논구함에 있어 보통 3가지의 경우를 이야기할 수 있다. 즉 배타주의, 포괄주의, 평행주의가 그것이다. 어떤 종교적 진리를 주장함에 있어서 자신들의 주장 이외의 다른 주장들은 결코 옳지 않다는 입장을 고수하게 되면 그는 배타주의적 입장을 취하고 있다고 할 수 있으며, '위대한 고립' 은 더 이상 불가능하며 각 종교 간의 주장은 나름대로 진리성을 다 지니고 있다는 입장을 취하게 되면 그는 포괄주의적 태도를 지니고 있다고 하겠다.

위의 두 경우와는 다르게 종교적 주장이란 것이 어느 한 전통의 것을 다른 전통에 동화시키는 것은 애당초 불가능하며, 따라서 서로의 전통에 대해서 간섭하기보다 서로의 전통을 심화시키는 것이 보다 바람직할 뿐이라는 입장에 서면 평행주의적 태도를 취하고 있다고 봐야 할 것이다. 이 태도는 자신의 취향에 따라 종교를 날조하는 불분명한 혼합주의syncretism나 절충주의eclecticism를 피해가는 입장이라고 하겠다.

물론 전술한 세 가지 태도는 나름대로 많은 문제점을 지니고 있다. 즉, 남의 종교적 진리를 전혀 인정하지 않으려는 배타주의적 입장은 잘못하면 편협하거나 교만하거나 타 진리를 경멸하기 쉬운 독단주의적 태도가 문제가 될 수 있다. 포괄주의적 입장은 잘못하면 모든 종교적 주장은 다 진리가 될 수 있다는 지나친 상대주의로 전락할 가능성이 높은 문제가 있다.

각 전통 자체의 진리성을 인정하려는 평행주의적 입장도 실제 역사에 있어서 끊임 없이 종교 간의 진리는 교차되고 있다는 사실을 놓고 볼 때 문제가 아닐 수 없다. 인류의 종교적 전통은 어떤 경우에도 서로 간에 영향을 전혀 주고 받지 않을 만큼 자기 폐쇄적이지는 않았기 때문이다.

R. Panikarr에 의하면 종교 간의 대화의 목적은 우선 상호 이해에 있다. 종교 간의 대화는 상대방을 제압한다든지, 서로 완전한 합의에 도달한다든지, 또는 어떤 우주적 보편적 종교에 이르는 것을 목표로 하지 않는다. 오히려 자신들의 전통적 언어를 바탕으로 자기 고유의 통찰력을 이야기하면서 서로 간의 무지와 오해의 심연에 어떤 다리를 놓기 위한 의사소통을 목표로 하고 있다는 것이다. 그런 의미에서 종교 간의 대화는 단순한 철학적 회합도 아니요, 신학적 심포지움도 아니다.

4.

우리는 여기에서 잠시 비교 철학 내지 비교 종교 철학의 방법론 문제를 거론해 보지 않을 수 없다. 왜냐하면 종래의 비교 연구는 막연한 내용에 대한 학자들의 일방적이고 자의적恣意的 주장으로 일관되었기 때문에 어떤 학문적 축적이 제대로 잘 이루어지지 않았다고 필자는 보고 있기 때문이다.

우선 비교 철학 방법론을 일찍이 거론했던 대표적 학자인 S. L. K-wee의 몇몇 주장을 재정리해보도록 하자.

Kwee는 비교 철학의 접근 방식으로 다음과 같은 8가지 방식을 발표한 바 있었는데, 그것은 수년 뒤 그의 책에서 상당 부분 보완되었으며 약간의 변형이 가해지기도 했다. 양자를 우선 간단히 대조해 보자.

즉 처음에는 (1)문헌학적 접근, (2)역사적 접근, (3)비교적 접근, (4)형식적 · 평가적 접근, (5)심리학적 접근, (6)현상학적 접근, (7)사회학적 · 인류학적 접근, (8)전체적 · 총체적 접근 등을 주장하다가, 그 뒤에는 (1)역사적 · 사회학적 접근, (2)인류학적 · 심리학적 접근, (3)언어적 · 논리적 접근, (4)선험적 · 재평가적 접근 등으로 관계되는 내용을 두 가지씩 묶어서 논의해 나가고 있다.

먼저 발표했던 내용은 그 구성이 허술할 뿐만 아니라 지면 상의 제약 때문인지 상세한 내용은 단지 어림짐작으로 알 수밖에 없는데 비해 후자의 것은 아주 상세하면서도 그 나름대로 치밀하게 내용을 전개시켜 나가고 있음을 알 수 있다.

따라서 이 글에서도 후자의 논의를 중심으로 그의 비교 철학 방법론을 탐색해 나가도록 하겠다.

(1) 역사적 · 사회학적 방법

S. L. Kwee에 의하면 비교 철학, 특히 철학의 발생 근원을 탐구해 나감에 있어서 기원전 6세기 경 세계 주요 문명권에서 동시에 철학이 탄생했음synchronism을 인식하게 되는데, 그것의 원인 규명 문제를 중심으로, 다시 말해 철학의 축시軸時axial time; Achsenzeit 문제를 중심으로 비교 철학에 접근해 볼 수 있다. 과연 그러한 동시 발생을 단순한 우연적 사건으로 보아야 할 것인지 아니면 '역사의 논리logic of history' 의 표출로 보아야 할 것인지 마송-우르셀이 말하고 있는 것처럼 그 문제를 풀 수 있는 열쇠는 비교 철학이 갖고 있다고 해도 과언이 아니라는 주장이다.

야스퍼스Jaspers의 『역사의 기원과 목표』에서의 주제이기도 한 축시 문제는 적어도 야스퍼스에게는 모든 역사 편찬에 있어 가장 근본적인 준거점準據点point of reference의 의미를 지니고 있다.

그 다음으로 중요한 문제로 Kwee는 역사적인 관점의 조정 문제를 들고 있다. 그에 따르면 지금까지 우리들은 역사를 유럽 중심적인 시각에서 파악해 오고 있었는데 과연 각 문화권 내의 역사가 동일한 리듬을 지니고 있는지 의심스러우며, 동일한 시대 구분periodization을 가할 수 있는지도 문제가 된다는 것이다. 그리하여 이 문제 역시 중요한 비교 연구의 대상이 된다는 주장이다.

그리고 철학에 대한 역사적 탐구는 필연적으로 철학적 진화 밑에 깔려 있는 사회적이고 문화적인 요소들에 대한 분석을 또한 포함하고 있는데, 그렇게 해서 역사적 접근법은 불가피하게 사회학적 접근법과 연결된다. 철학에 대한 사회학적 접근의 핵심에 놓여 있는 근본적인 문제는 철학의 이른바 '상황적 기층狀況的 基層 situational substratum'과 관련되어 있다.

모든 철학 체계는 역사적 · 사회적 · 문화적 상황과 밀접한 관계를 유지하고 있기 때문에 그러한 체계들에 대해 지식 사회학 또는 문화 사회학과의 연계성 아래 지리적 조건, 유전적 요인, 사회 · 정치적 구조, 경제적 생산 요소 등에 따른 다양한 비교 분석을 가할 수 있으리라고 Kwee는 보고 있다.

자크 마퀘Jacques J. Maquet에 의하면 '지식 사회학이란 사회적이고 문화적인 요인에 의해 정신적 산물들이 규정되어지는 방법을 확정짓는 것에 그 학문적 목표를 갖고 있는 학學'이다. Kwee에 따르면 지식 사회학의 전반적인 탐구는 비교 철학의 분야에서 광범위한 귀결을 맺고 있다고 한다.

> (지식 사회학은) 첫째, 우리 자신의 문화적 전통 영역 밖의 여러 개념과 범주에 대해 더 깊이 이해할 수 있는 방법을 우리에게 제공해 주며 둘째, 늘 우리가 다른 철학에 접근함으로써 역사학과 현대 철학의 기저에 깔린 우리 자신의 전제와 공리들을 비판적으로 재조명해 볼 수 있는 방법이 될 수 있다.

따라서 가끔 상호 문화 교류에서 발생하는 철학에 있어서 명백하게 대립되는 여러 가지 갈등과 불일치에 관해서 지식 사회학은 다음과 같은 태도를 취한다.

> 지식 사회학은 그것의 명백한 탐구 주제로서 부분적인 불일치의 근원을 노출시킴으로써 여러 적대자들이 '서로 간의 과거를 빈정대

는' 것을 극복해 보고자 한다.

바로 그러한 것이 비교 철학에서 없어서는 안 될 어떤 '공평 무사한 관점detached perspective'을 취하는 방법을 제공해 준다고 Kwee는 보고 있다.

(2) 인류학적 · 심리학적 방법

철학에 대한 인류학적 · 심리학적 접근 방법은 무엇보다도 철학의 역사적 다양성에 관심을 두고 있는 것이 아니라, 철학 형태의 국지적이고 개인적인 다양성에 관심을 두고 있다. 철학에 대한 사회학적 연구는 위대한 문명의 진화 안에서의 역사적 시기에 국한되는 반면에, 철학에 대한 인류학적 연구는 같은 문명권 내에서의 선사先史 단계를 다루고 있으며, 문명화 이전 수준의 문화를 다루고 있다. 물론 그 구별은 그리 선명한 것은 못 된다. 예를 들어 제의나 관습에 대한 탐사를 통해 고대 중국의 역사적 상을 재구성하고자 시도했던 크릴H. G. Creel, 마르셀 그라네Marcel Granet, 수딜W. E. Soothill 등과 같은 학자의 연구는 사회학은 물론 인류학적 연구로 간주될 수 있기 때문이다.

또 인류학적 · 심리학적 접근 방법은 지금까지 비교 철학보다는 비교 종교학에서 훨씬 더 중요하게 부각되어 왔다. 그러나 앞으로 '비교 철학을 함philosophizing'에 있어 그러한 방법이 커다란 역할을 담당하게 되리라는 사실을 의심해서는 안 된다. 적어도 비교 철학이 다음의 세 가지 자료들을 중요하게 여기는 한, 그렇다는 것이 Kwee의 주장이다.

a. 문제되는 철학 체계가 속해 있는 인종의 집단 행동과 그 밑에 깔려 있는 이념적 동기에 관한 자료(문화 인류학을 통한 접근법)
b. 문제되는 철학 체계를 창출해 낸 사람들의 신체적 구조에 관한 자료(형질 인류학을 통한 접근법)
c. 위와 같은 개인과 집단의 심리 구조와 심리적 동기에 관한 자료(심리학을 통한 접근법)

그리고 문화 자체의 본성에 대한 체계적인 반성이라 할 수 있는 '문화 철학philosophy of culture'은 위의 것들을 다루는 데 있어서 없어서는 안 될 필수 요소이다. '독특한 인간 세계'인 문화에 대한 철학적 탐구는 지금으로서는 유아 상태에 머물러 있지만 비교 인류학의 발전과 더불어 비교 철학에 지대한 공헌을 할 수 있을 것으로 기대되는 것이다.

그 외에 신화와 언어 문제를 중시하는 캇시러E. Cassirer의 『상징적 형식의 철학Die Philosphie der symbolischen Formen』이나 『황금 가지The Golden Bough』를 쓴 프레이저J. G. Frazer, 그리고 뮐러M. Muller, 도이센P. Deussen, 올덴베르크H. Oldenberg, 빈센트 스미스Vincent A. Smith, 맥도널A. A. Macdonell, 하인리히 짐머Heinrich Zimmer 등의 고대 인도 연구 및, 버톨드 러퍼Berthold Laufer, 그르J. M. de Groot, 리하르트 빌헬름Richard Wilhelm, 마르셀 그라네Marcel Granet, 앙리 마스페로Henri Maspero 등의 고대 중국 사상에 관한 인류학적 연구는 보다 총체적인 관점 아래 비

교 철학적으로 수용되어야 한다고 Kwee는 주장한다.

한편 삶에 대한 기본적인 태도와 인간의 심리 구조에 관계되는 저술들로 야스퍼스의 『세계관의 심리학Die Psychologie der Weltansc hauungen』, 브랑거E. Branger의 『삶의 형식Lebens formen』, 그륀바움A. A. Grünbaum의 『철학적 세계관의 근본 동기로서의 지배와 사랑Herrschen und Lieben als Grundmotive der philosophischen Weltanschauungen』, 찰스 모리스Charles Morris의 『삶의 여로Paths of Life』, 펑 여우란馮友蘭의 『인생관에 관한 비교 연구A Comparative Study of Life Ideals』 등이 있는데, 무엇보다 비교 철학에 대한 심리학적 접근에 있어 뛰어난 위치를 차지하고 있는 이는 융C. G. Jung이라 할 수 있다.

그는 당시 저명한 동양학자였던 캐서린 다비즈Catherine Rhys Davids, 장 프르질르스키Jean Przyluski, 헬무트 빌헬름Helmuth Wilhelm 등과의 학문적 협동을 통해서 그의 원형 이론原型 理論theory of archetypes을 확립하게 되는데, 그는 여러 문화 전통의 신화적 사유 형태와 자신의 광범위한 임상 자료에서 얻어낸 여러 내용들을 비교 연구함으로써 그 유명한 집단 무의식collective unconscious의 실재를 발견했던 것이다. 그 뒤 융의 원형 이론은 에리히 노이만Erich Neumann에 의해서 더욱 정교하게 다듬어지게 되었다.

또한 동서양의 신비주의에 대한 비교 연구 및 기독교적 명상법과 요가나 선불교의 수행 방법에 대한 비교 연구가 심리학적인 접근 방법과의 관련 아래 활발하게 진행되고 있음은 비교 철학에 있어 상당히 고무적인 일이라 할 수 있겠다.

(3) 언어학적 · 논리적 방법

S. L. Kwee에 따르면 현대의 의미론과 기호 논리학의 발전은 그 고유한 영역 안에서의 의미뿐만 아니라, 비교 철학에 있어서도 커다란 공헌을 하고 있다고 한다. 1920년대의 '의미의 의미meaning of meaning'에 대한 생생한 토론을 필두로 하여, 또 논리 실증주의의 대두로 인하여 철학에 있어서의 언어의 중요성이 크게 부각되기 시작하였다는 것은 주지의 사실인데, 비교 철학에 있어서의 언어학적이고 문헌학적인 연구 방법을 Kwee는 세 가지로 나누어서 설명하고 있다.

1) 철학의 구조와 기능 안에서 철학 개념과 그 개념이 함축하고 있는 것에 대해 언어적으로 정식화시키는 데 있어서 그 전문적 내용을 엄격히 규정 짓는 것을 목표로 하는 분석적 접근analytic approa-ch.
2) 철학 개념을 보다 더 적절하고 일관성 있는 용어와 개념 체계에 넣는 종합화synthetization와 형식적 재평가를 그 목표로 하는 공리적 혹은 구성적 접근axiomatic or constructive approach.
3) 철학의 언어적 표현 매체와 심리학적 · 사회학적 · 문화적 요소와의 상호 관계에 대한 탐구를 그 목표로 하는 상관적 접근relati-vistic approach.

그런데 비교 철학에 있어 언어적이고 논리적인 방법의 사용만으로 우리의 범위를 제한할 때, 우리들은 위에서의 세 가지 원리적 접근법과 더불어 다시 또 세 가지의 특별한 방법을 생각해 볼 수 있다고 Kwee는 말하고 있다.

> 첫째, 언어학적 연구는 철학의 중요 용어에 대한 어원적 전개와 계보적 관련을 주도 면밀하게 탐사하고 그렇게 함으로써 그들의 의미에 대한 보다 정밀한 평가를 내릴 수 있을 것이며
> 둘째, 철학의 중심적인 개념과 주제에 대해 명확한 철학적 개념으로 구성된, 더욱 일관성 있는 포괄적인 틀 안에서 형식적인 재평가, 재해석 및 치환을 시도할 수 있을 것이며
> 셋째, 철학에서의 여러 논리적 구조와 체계적 구조 및 여러 방법론들과 그 발전 과정 등을 비교해 볼 수 있다.

(4) 선험적 · 재평가적 방법

비교 철학에 있어서 기술 현상학記述 現象學descriptive phenom enology 이상의 수준을 강조하고 있는 Kwee는 이 방법의 들어가는 부분에서 이렇게 말하고 있다.

> 철학에 대한 연구는 어쨌든 철학 현상에 대한 올바른 이해를 획득하는 방향으로 전개되어야만 한다. 그리고 그런 올바른 이해는 '서로의 과거를 이야기' 하고 있는 한 불가능한 것이다. 동양과 서양의 '철학 언어' 에 있어서 근본적인 차이점은 존재한다. 철학적 담론을 위한 형식 언어를 창안하고자 하는 시도는 우리들이 동서양 언어가 전달하고자 하는 근본적인 의미를 파악하지 못하는 한, 무모한 짓이 되고 만다. 우리들은 철학 현상을 탐구함에 있어서 경험적 수준을 뛰어넘어 그 의미를 통찰해 내야 하는 것이다.

그러면서 그는 동서양에 있어서의 직관의 의미 및 그 철학적 수용의 문제를 다각도에서 검토하고 있다. 특히 동양에서의 직관 개념을 단지 지각知覺perception의 의미로만 파악하거나 노스럽처럼 감성적 연속체感性的 連續體aesthetic continuum라는 개념으로만 파악해서는 크게 문제가 있음을 지적하면서, 정신적 직접성spiritual immediacy과 감성 차원의 직접성immediacy at the sensory le-vel을 구분하고 있는 라쥬P. T. Raju의 입장에 공감하고 있다.

과연 직관은 타당한 인식의 방법인가 하는 문제는 언표 가능한 논리를 중시하는 서양 철학자에게 언제나 큰 골칫거리였음을 Kwee는 지적하면서, 그러한 비교적 인식秘敎的 認識esoteric knowledge에 대한 불신에 대해서 저명한 일본의 선불교 학자인 스즈키D. T. Suzuki의 반론을 인용하고 있다.

> 직관은 어떠한 대립도 생겨나지 않는 절대적 침묵의 상태 안에서 프라냐prajna와 함께 살아 있다. 따라서 직관은 그것을 구별이 가능한 의식의 표면으로 끄집어 내고자 애쓰는 우리의 노력을 교묘히 벗어난다. 우리는 그것에 대해 '존재being' 혹은 '비존재not being' 등으로 이야기할 수 없다. 추론ratiocination에 의해 만들어진 범주는 여기에서는 모두 쓸모 없는 것이 되고 만다.

한편 Kwee에 따르면 서양 철학에 있어 직관을 가장 엄격한 방법으로 도입한 사람이 바로 후설E. Husserl이라는 것이다. 후설의 선험적 현상학은 그의 연구 과정 중에 상당한 변화와 확장을 가져왔기 때문에 간단하게 파악되기란 거의 불가능하지만 최소한 직관에 대해서 합당한 지위를 확보하고자 노력하면서 철학을 엄격하고 굳건한 학문으로 개조하고자 노력했던 그의 사상은 비교 철학의 조명 아래 재검토되고 확충되어야 한다는 주장이다.

물론 동양 철학에서의 직관과 후설 철학에서의 직관은 여러 가지 점에서 차이가 있는데, 그 중 하나가 후설에 있어서의 직관적 통찰력은 지적知的 차원을 강조하고 있는 데 비해서 동양 철학에서는 상당 부분 도덕적 · 종교적 내용을 함축하고 있다는 것이다.

그렇지만 주지하다시피 후설은 그의 후기 철학에서 순수한 인식론적 관심으로부터 '선술어적先述語的' 경험의 세계인 '생활세계Lebenswelt' 문제로 학문적 이행을 시도한 바 있으며, 후설 뒤를 이어 셸러M. Scheler는 현상학을 가치론 분야에 응용시켰고, 하이데거M. Heidegger는 '실존'의 문제를 푸는 기초적 존재론을 전개시켜 나갔는데, 바로 여기에서 여러 형태의 비교 연구가 가능해지는 것이다. 그리하여 Kwee는 그 구체적인 사례로 실존주의와 불교 철학을 비교 논구해 보도록 독려하고 있기도 하다.

우리는 지금까지 S. L. Kwee의 비교 철학 방법론에 대해서 그 총체적인 내용을 검토해 보았다. 필자가 알고 있는 한, 비교 철학의 초창기에 Kwee만큼 치밀하게 비교 철학의 방법에 대해서 논술한 학자는 없었다. 그러나 불행히도 몇몇 학자들 외에는 Kwee의 비교 철학 방법론에 대해서 언급한 경우가 거의 없으며, 언급을 했다 하더라도 그리 자세하게 논의하지 않고 다만 부분적으로 그의 주장을 인용하였을 뿐이다.

그런 면에서 Kwee의 비교 철학 방법론은 그의 주저가 나온지 거의 50년이 지났지만 아직까지도 비교 철학계 내에서 제대로 평가

받지 못하고 있다. 이제부터 Kwee의 몇 가지 학문적인 특징에 주목하면서 그의 방법론의 몇 가지 문제점을 재검토해 보고 '인仁'과 '사랑'의 개념을 비교해 보도록 하자.

우선 Kwee는 여러 가지 다양한 비교 철학의 방법을 전개시키면서 어느 한 가지 방법을 특별히 강조하여 거론하고 있지 않다. 다른 말로 표현하면 그는 비교 철학을 함에 있어서 어느 한 가지 방법이 특별히 유용하다는 자세를 보이고 있지 않다. 따라서 그의 비교 철학적 자세는, 비교 철학을 성공적으로 수행하기 위해서는 비교 철학자가 다루고 있는 주제에 따라서 어떤 방법이든지 다양하게 활용될 수 있으리라는 입장인 것 같다. 필자도 이러한 그의 기본적인 입장에는 공감하고 있다.

또 그러한 입장에서 여러 가지 철학적 방법론을 폭넓고 깊이 있게 천착한 그의 공로는 충분히 인정받아 마땅하리라고 본다. 그러나 가만히 그의 논의를 재검토해 보면 몇 가지 문제점을 발견할 수 있는데, 아마도 그것은 비교 철학의 초창기 시절 무리하게 모든 방법을 총동원하려고 했던 그의 욕심에서 야기된 것이 아닌가 싶다. 그 내용 가운데 크게 두 가지 문제점을 지적해 보려고 한다.

우선 그는 모든 철학적 방법이 그 나름대로 별 문제점이 없는 것처럼 그저 다양하게 논의를 전개하고 있는데, 그러한 그의 기본적인 자세에 문제가 있다. 한 가지 예를 들면 다음과 같다. 즉 그는 역사적 · 사회학적 방법의 대표적인 경우로 지식 사회학적 방법을 제시하면서, 그러한 방법을 통하면 우리들이 비교 철학을 함에 있어서 편견이 없는 '공평 무사한 관점detached perspective'을 쉽게 취할 수 있는 것처럼 이야기하고 있다. 그러나 실상 지식 사회학적 방법론이 지니고 있는 객관성의 문제는 여전히 논란이 되고 있는 내용이며, 비교에 있어서 완전한 중립적 입장이란 상당한 논의를 필요로 하는 부분인 것이다.

둘째, 선험적 · 재평가적 방법에 있어서 그는 '우리들은 철학 현상을 탐구함에 있어서 경험적인 수준을 뛰어 넘어 그 의미를 통찰해내야 한다'고 강조하면서 철학적 직관에 관련된 다양한 논구를 전개하고 있는데, 과연 경험적 수준을 뛰어넘는 통찰이 어떤 것이며 그런 것이 과연 가능한지 문제가 아닐 수 없다.

미루어 짐작컨대 그 통찰이란 것이 여러 철학들에 대한 비교 철학적 가치 평가에서 나오는 것이라고 생각할 수 있겠는데, 과연 그러한 직관적 가치 평가가 어떻게 학문적으로 보장을 받을 수 있는지에 대한 언급은 거의 없는 실정이다.

더욱 복잡한 문제는 서로 상이한 비교 철학적 가치 평가가 나왔을 때, 이것을 조정할 수 있는 비교 철학적 대안이 Kwee의 입장에서는 나올 수 없다는 데 있다.

물론 모든 철학에 있어서 완전한 객관성이란 거의 불가능한 것인지 모르며, 그러한 특성이 철학의 본질이라고도 볼 수 있겠지만 그렇다고 막연히 직관에만 의존하기에는 무엇인가 석연치 않은 면이 있다.

필자의 의견으로는 차라리 여러 가지 경험적 내용을 중시하는 비교 연구가 앞으로의 비교 철학적 논의에서 중요하게 취급되어야 하지 않을까 생각된다. 물론 이러한 연구에도 철학적 직관이나 가치 평가가 100% 배제될 수는 없겠지만, 잘못하면 자기 인상적 평가에 머무를지도 모를 비교 철학적 연구보다는 훨씬 바람직하다고 본다.

5.

이제 우리는 전술했던 Kwee의 철학적 방법론을 의식하면서 '인仁' 개념과 '사랑' 개념에 주목해 보도록 하자.

주지하다시피 '인仁'이란 개념은 유교의 핵심 개념 중의 핵심 개념이다. 물론 인仁 개념 이외에 도道, 예禮, 신信, 효孝, 충忠 등 유교의 근간을 이루는 중요한 개념들이 많이 있지만 어떤 의미로 보든 인仁개념 만큼 그 비중을 크게 차지하는 개념은 없다고 하여도 지나친 말은 아닐 것이다.

그러므로 인仁 개념이 가장 많이 그리고 가장 다양하게 쓰이고 있는 『논어論語』에서 인仁 개념이 어떠한 문맥에서 쓰이고 있는지를 알아 보기 위해 그 주요한 내용들을 먼저 나열하고, 그 다음 기독교의 '사랑' 개념도 그 주요 내용을 나열시킨 뒤 총체적인 비교를 전개시켜 보도록 하자.

1) 孝弟也者 其爲仁之本與 (學而 2)
2) 汎愛衆而親仁 (學而 6)
3) 人而不仁 如禮何 (八佾 3)
4) 里仁爲美 擇不處仁 (里仁 1)
5) 惟仁者 能好人 能惡人 (里仁 3)
6) 苟志於仁矣 無惡也 (里仁 4)
7) 回也 其心三月不違仁 (雍也 5)
8) (樊遲) 問仁 日 仁者先難而後獲 可謂仁矣 (雍也 20)
9) 子貢日 如有博施於民 而能濟衆 何如 可謂仁乎 子日 何事於仁 必也聖乎 (雍也 28)
10) 夫仁者 己欲立而立人 己欲達而達人 (雍也 28)

11) 志於道 據於德 依於仁 游於禮 (述而 6)
12) 求仁而得仁 又何怨 (述而 14)
13) 仁遠乎哉 我欲仁 斯仁至矣 (述而 29)
14) 若聖與仁 則吾豈敢 (述而 33)
15) 仁以爲己任 不亦重乎 (泰伯 7)
16) 人而不仁 疾之已甚 亂也 (泰伯 10)
17) 克己復禮爲仁 一日克己復禮 天下歸仁焉 爲仁由己 而由人乎哉 (顔淵 1)
18) 仲弓問仁 子日 出門如見大賓 使民如承大祭 己所不欲 勿施於人 (顔淵 2)
19) 司馬牛問仁 子日 仁者 其言也? (顔淵 3)
20) 樊遲問仁 子日 愛人 (顔淵 22)
21) 樊遲問仁 子日 居處恭 執事敬 與人忠 (子路 19)
22) 剛 毅 木 訥 近仁 (子路 27)
23) 仁者必有勇 勇者不必有仁 (憲問 5)
24) 君子道者三 我無能焉 仁者不憂 知者不惑 勇者不懼 (憲問 30)
25) 志士仁人 無求生以害仁 有殺身以成仁 (衛靈公 8)
26) 子貢問爲仁 子日 工欲善其事 必先利其器 居是邦也 事其大夫之賢者 友其士之仁者 (衛靈公 9)
27) 民之於仁也 甚於水火 ...... 未見蹈仁而死者也 (衛靈公 34)
28) 子張問仁於孔子 ...... 能五行者於天下 爲仁矣 ...... 恭 寛 信 敏 惠 (陽貨 6)
29) 巧言令色鮮矣仁 (陽貨 17)
30) 子夏日 博學而篤志 切問而近思 仁在其中矣 (子張 6)

6.

1) 여호와께서 네 열조列祖를 사랑하신 고로 그 후손 너를 택하시고, 큰 권능으로 친히 인도하여 애굽에서 나오게 하시며 (신명기 4: 37)
2) 하나님이 세상을 이처럼 사랑하사 독생자를 주셨으니, 이는 저를 믿는 자마다 멸망치 않고 영생을 얻게 하려 하심이니라. (요한복음 3:16)
3) 나는 너희에게 이르노니, 너희 원수를 사랑하며 너희를 핍박하는 자를 위하여 기도하라. (마태복음 5: 44)
4) 너희가 너희를 사랑하는 자를 사랑하면 무슨 상이 있으리요. (마태복음 5: 46)
5) 예수께서 가라사대, 네 마음을 다하고 목숨을 다하고 뜻을 다하여 주 너희 하나님을 사랑하라 하셨으니, 이것이 크고 첫째되는 계명이요. (마태복음 22: 37-38)
6) 둘째는 그와 같으니 네 이웃을 네 몸과 같이 사랑하라 하셨으니, 이 두 계명이 온 율법과 선지자의 강령이니라. (마태복음 22: 39-40)
7) 새 계명을 너희에게 주노니, 서로 사랑하라. 내가 너희를 사랑한 것 같이 너희도 서로 사랑하라. (요한복음 13: 34)
8) 너희가 서로 사랑하면 이로써 모든 사람이 너희가 내 제자인 줄 알리라. (요한복음 13: 35)
9) 사람이 친구를 위하여 자기 목숨을 버리면, 이에서 더 큰 사랑이 없나니. (요한복음 15: 13)
10) 너희가 나를 택한 것이 아니요, 내가 너희를 택하여 세웠나니, 이는 너희로 가서 과실을 맺게 하고 또 너희 과실이 항상 있게 하여 내 이름으로 아버지께 무엇을 구하든지 다 받게 하려 함이

니라. 내가 이것을 너희에게 명함은 너희로 서로 사랑하게 함이니라. (요한복음 15: 16-17)

11) 내가 사람의 방언과 천사의 말을 할지라도 사랑이 없으면, 소리 나는 구리와 울리는 꽹과리가 되고 내가 예언하는 능력이 있어 모든 비밀과 모든 지식을 알고 또 산을 옮길 만한 모든 믿음이 있을지라도 사랑이 없으면, 내가 아무것도 아니요 (고린도전서 13: 1-2)

12) 사랑은 오래 참고, 사랑은 온유하며, 투기하는 자가 되지 아니하며, 사랑은 자랑하지 아니하며, 교만하지 아니하며, 무례히 행치 아니하며, 자기의 유익을 구치 아니하며, 성내지 아니하며, 악한 것을 생각지 아니하며, 불의를 기뻐하지 아니하며, 진리와 함께 기뻐하고, 모든 것을 참으며, 모든 것을 믿으며, 모든 것을 바라며, 모든 것을 견디느니라. (고린도전서 13: 4-7)

13) 사랑은 언제까지든지 떨어지지 아니하나, 예언도 폐하고 방언도 그치고 지식도 폐하리라. (고린도전서 13: 8)

14) 그런즉 믿음, 소망, 사랑, 이 세가지는 항상 있을 것인데, 그 중에 제일은 사랑이라. (고린도전서 13: 13)

15) 곧 창세 전에 그리스도 안에서 우리를 택하사, 우리로 사랑 안에서 그 앞에 거룩하고 흠이 없게 하시려고 (에베소서 1: 4)

16) 이는 그의 사랑하시는 자 안에서 우리에게 거저 주시는 바, 그의 은혜의 영광을 찬미하게 하려는 것이라. (에베소서 1: 6)

17) 능히 모든 성도와 함께 지식에 넘치는 그리스도의 사랑을 알아, 그 넓이와 길이와 높이와 깊이가 어떠함을 깨달아, 하나님의 모든 충만하신 것으로 너희에게 충만하게 하시기를 구하노라. (에베소서 3: 18-19)

18) 모든 겸손과 온유로 하고 오래 참음으로 사랑 가운데서 서로 용

납하고 (에베소서 4: 2)

19) 오직 사랑 안에서 참된 것을 하여 범사에 그에게까지 자랄지라. 그는 머리니 곧 그리스도라. (에베소서 4: 15)

20) 그에게서 온 몸이 각 마디를 통하여 도움을 입음으로 연락하고 상합하여 각 지체의 분량대로 역사하여 그 몸을 자라게 하며, 사랑 안에서 스스로 세우느니라. (에베소서 4: 16)

21) 그리스도께서 너희를 사랑하신 것 같이 너희도 사랑 가운데서 행하라. 그는 우리를 위하여 자신을 버리사 향기로운 제물과 생축으로 하나님께 드리셨느니라. (에베소서 5: 2)

22) 이는 저희로 마음에 위안을 받고 사랑 안에서 연합하여 원만한 이해의 모든 부요에 이르러 하나님의 비밀인 그리스도를 깨닫게 하려 함이라. (골로새서 2: 2)

23) 저의 역사로 말미암아 사랑 안에서 가장 귀히 여기며 너희끼리 화목하라. (데살로니가전서 5: 13)

24) 누구든지 예수를 하나님의 아들이라 시인하면, 하나님이 저 안에 거하시고, 저도 하나님 안에 거하느니라. 하나님이 우리를 사랑하시는 사랑을 우리가 알고 믿었노니, 하나님은 사랑이시라. 사랑 안에 거하는 자는 하나님 안에 거하고, 하나님도 그 안에 거하시느니라. (요한일서 4: 15-16)

25) 이로써 사랑이 우리에게 온전히 이룬 것은 우리로 심판 날에 담대함을 가지게 하려 함이니 주의 어떠하심과 같이 우리도 세상에서 그러하니라. 사랑 안에 두려움이 없고 온전한 사랑이 두려움을 내어 쫓나니, 두려움에는 형벌이 있음이라. 두려워하는 자는 사랑 안에서 온전히 이루지 못하였느니라. (요한일서 4: 17-18)

26) 우리가 사랑함은 그가 먼저 우리를 사랑하셨음이라. 누구든지

'하나님을 사랑하노라' 하고 그 형제를 미워하면 이는 거짓말하는 자니, 보는 바 그 형제를 사랑치 아니하는 자가 보지 못하는 바 하나님을 사랑할 수 없느니라. 우리가 이 계명을 주께 받았나니 하나님을 사랑하는 자는 또한 그 형제를 사랑할지니라. (요한일서 4: 19-21)

27) 예수께서 그리스도이심을 믿는 자마다 하나님께로서 난 자니 또한 내신 이를 사랑하는 자마다 그에게 난 자를 사랑하느니라. 우리가 하나님을 사랑하고 그의 계명들을 지킬 때에 이로써 우리가 하나님의 자녀 사랑하는 줄을 아느니라. (요한일서 5: 1-2)

28) 하나님을 사랑하는 것은 이것이니, 우리가 그의 계명들을 지키는 것이라. 그의 계명들은 무거운 것이 아니로다. 대저 하나님께로서 난 자마다 세상을 이기느니라. 세상을 이긴 이김은 이것이니 우리의 믿음이니라. (요한일서 5: 3-4)

29) 은혜와 긍휼과 평강이 하나님 아버지와 아버지의 아들 예수 그리스도께로부터 진리와 사랑 가운데서 우리와 함께 있으리라. (요한이서 1: 3)

30) 하나님의 사랑 안에서 자기를 지키며 영생에 이르도록 우리 주 예수 그리스도의 긍휼을 기다리라. (유다서 1: 21)

7.

흔히들 인仁과 사랑 개념을 그대로 비슷한 뜻을 갖고 있는 경우로 사용을 하고 있으나, 위의 다양한 맥락에서 보여 주듯이 인과 사랑은 그냥 단순히 치환될 수 있는 개념은 아니다. 적어도 역사적 배경을 살펴보아도 춘추 전국 시대에 살았던 공자의 시대와 로마가 지배하고 있었던 이스라엘의 역사는 상당한 문화적, 문자적 차이가 있다는 것을 간과해서는 안된다.

적어도 기독교의 사랑은 위의 성경의 인용에서 보듯이 무엇보다도 하나님의 사랑을 우선적으로 전제하고 있다. 그에 비해 인仁이란 개념은 오히려 윤리적이며, 주자가 그의 『집주集註』에서 밝혔듯이 '인심지전덕人心之全德'의 의미를 강하게 띠고 있다. 따라서 기독교의 사랑의 개념은 윤리적이기에 앞서 종교적인 성격이 강한데 비해 유교에서의 인仁개념은 다분히 도덕적이다.

그러나 그렇다고 두 사상의 핵을 이루고 있는 이 두 개념이 서로 상반된 특성만을 지니고 있는 것은 아니다. 왜냐하면 인仁에 대한 정의로 사람을 사랑하는 것이라고 말한 문맥에서나, 살신성인殺身成仁의 맥락에서 보여 주듯이 자신의 모든 것을 희생하여 인을 성취한다는 예를 우리는 놀랍게도 예수 그리스도의 십자가의 의미에서 찾을 수 있기 때문이다.

한스 큉 교수가 주장하고 있는 세계 윤리 문제는 우리가 끊임 없이 추구하지 않으면 안되는 문제이다. 그 문제가 비록 현실적으로 단번에 이루어지기는 요원한 문제라고 하더라도, 우리는 이 문제를 그냥 포기하거나, 단순한 윤리 상대주의에 머물러 있을 수는 없다.

지금까지의 모든 성현들이 우리에게 보여 주었듯이 도덕적 이상은 그 현실성보다는 정당성에서 영원히 추구해야 할 인류의 숙제이기 때문이다.

『논어論語』
『성경聖經』
금장태, 『동서 교섭과 근대 한국 사상』(서울: 성균관대 출판부, 1984).
김상일, 『한 사상』(서울: 온누리, 1988).
김용옥, 『동양학 어떻게 할 것인가』(서울: 도서출판 통나무, 1986).
김용정, 『제3의 철학』(서울: 思社研, 1986).
김지하 外, 『동양정신과 이질 문화 간의 대화』(서울: 명지사, 1984).
김하태, 『동서철학의 만남』(서울: 종로서적, 1985).
김형효, 『동서철학의 주체적 기록』(서울: 고려원, 1985).
박동환, 『서양의 논리 동양의 마음』(서울: 까치, 1988).
박이문, 『노장철학』(서울: 문학과 지성사, 1980).
소흥렬 편, 『문화와 사상』(서울: 이화여대 출판부, 1987).
신오현, 『철학의 철학』(서울: 문학과 지성사, 1988).
심재룡 편, 『한국에서 철학하는 자세들』(서울: 집문당, 1987).
양재혁, 『동양사상과 마르크시즘』(서울: 일월서각, 1987).
유승국, 『동양철학 연구』(서울: 근역서재, 1983).
윤사순, 『동양사상과 한국사상』(서울: 을유문화사, 1984).
이상은, 『현대와 동양사상』(서울: 일신사, 1963).
이성배, 『유교와 그리스도교』(왜관: 분도출판사, 1979).
이원순, 『조선서학사연구』(서울: 일지사, 1986).
임학산, 『불교와 기독교의 진리비교』(서울: 진영사, 1991).
정종 外, 『동서사상의 만남』(서울: 형설출판사, 1982).
최소자, 『동서문화 교류사 연구』(서울: 삼영사, 1987).
최유진, 『서양정신의 위기와 동양의 희망』(서울: 한빛문화사, 1983).
황필호, 『철학적 인간 종교적 인간』(서울: 범우사, 1983).
서울대학교 철학사상연구소 편, 『새로운 문명에 대한 철학적 조명』

(서울:서울대 철학사상연구소, 1990).
성균관대 인문과학연구소 『전통문화와 서양문화』 I(서울: 성균관대 출판부, 1985); 『전통문화와 서양문화』 II(서울: 성균관대 출판부, 1987).
세계평화 교수협의회 편, 『≪동서사상의 만남과 한국』(도서출판 일념).
철학비교연구회, 『철학과 종교』(서울: 도서출판 태성, 1990).
한국종교연구회 편, 『세계 종교사 입문』(서울: 청년사, 1989).
그리피츠, 베드, 『동양정신과 서양정신의 결혼』, 정창영 (깊이와 넓이).
기 소르망, 『20세기를 움직인 사상가들』, 강위석 옮김(한국경제신문사,).
노드롭, F.S.C., 『사람 · 자연 · 신』, 안경숙 옮김(서울: 대원사, 1989).
니담, 조셉, 『중국의 과학과 문명』 I, II, III, 이석호 외 공역(을유문화사).
듄, 캐린, 『석가와 예수와의 대화』, 황필호 옮김(서울: 종로서적, 1981).
라다크리슈난, 라주 공편, 『인간이란 무엇인가』(서울: 동문출판사).
라쥬, P.T., 『비교철학이란 무엇인가』, 최흥순 옮김(서울: 서광사, 1989).
레비-스트로스, C., 『역사와 문명』, 서정철 옮김(서울: 서문문고, 1976).
루너 편, 『자연, 그 동서양적 이해』, 이정배, 이은선 공역(종로서적).
린유탕, 『이교도에서 기독교도로』, 김학주 옮김(서울: 태양문화사).
링, T.L., 『석가, 마르크스, 그리고 예수』, 백상창 옮김(문예출판사).
마스다니 후미오, 『불교와 그리스도교의 비교연구』, 임학산 (지성기획).
말리노프스키, B., 『문화의 과학적 이론』, 한완상 옮김(삼성출판사).
바하, 요아힘, 『비교종교학』, 김종서 옮김(서울: 민음사, 1988).
베네딕트, 루스, 『문화의 패턴』, 김열규 옮김(서울: 까치, 1980).
베임, A. 외, 『비교철학 입문』, 황필호 편역(서울: 철학과 현실사, 1989).
비트삭시스, 바실리스, 『플라톤과 우파니샤드』, 김석진 (문예출판사,).
아야베 쓰네오, 『문화를 보는 열다섯 이론』, 이종원 옮김(인간사랑).
야스퍼스, K., 『소크라테스, 불타, 공자, 예수』, 황필호 옮김(종로서적).
우에모토 고히로, 『동양의 합리사상』, 최승호 옮김(대구: 이문출판사).
이즈쯔 도시히꼬, 『동양철학의 심층분석』, 김동원 옮김(서울: 솔밭).
장따이니엔, 『중국철학사 방법론』, 양재혁 외 공역(서울: 이론과 실천).
카워드, H., 『종교다원주의와 세계종교』, 한국종교연구회 (서광사).
카프라, F., 『현대물리학과 동양사상』, 이성범, 김용정 공역(범양사).
캐언즈, G.E., 『동양과 서양의 만남』, 이성기 옮김(서울: 유림사, 1976).
콥, 존, 『존재구조의 비교연구』, 김상일 옮김(서울: 전망사, 1980).

토인비, 아놀드, 『역사의 연구』, 역사의연구 간행위원회(동서문화원).
파니카, R., 『종교간의 대화』, 김승철 옮김(서울: 서광사, 1992).
파킨슨, 노스코트, 『동양과 서양』, 안정효 옮김(서울: 고려원, 1981).
하임스, 에드워드, 『토양과 문명』, 김준민 옮김(서울: 범양사, 1988).
해리스, 마빈, 『문화의 수수께끼』, 박종열 옮김(서울: 한길사, 1982).
화이트, L.A., 『문화의 개념』, 이문웅 옮김(서울: 일지사, 1977).
히로사치야, 『불교와 그리스도교』, 하유상 옮김(서울: 민족사, 1991).한국철학회 편, 『철학사상의 한국적 조명』(서울: 일지사, 1974).
『한국철학 연구』 上中下(서울: 동명사, 1977).
『한국철학사』 上中下(서울: 동명사, 1987).
보만, 토를라이프, 『히브리적 사유와 그리스적 사유의 비교』, 허혁 옮김(분도출판사).
쉐시훼이,『세계사를 서양인의 눈으로 보지 말고 동양인의 눈으로 보자』(한국경제).

2. 플라톤 철학에 있어서의 '덕德' 과 '인식認識' 의 문제

1.

플라톤 철학에 대한 해석은 아주 다양하다. 흔히들 말하기를 '위대한 철학은 여러 개의 얼굴을 갖는다' 고 하지 않았던가. 쉽게 말해 심원한 철학일수록 파낼 수 있는 자원은 무궁무진한 것이다. 이 글 역시 플라톤 철학이 지니고 있는 다양한 얼굴의 한 측면을 덕德arete과 인식認識episteme 개념을 중심으로 논구해 보고자 한다.

학문은 그것이 어떤 것이든 앎의 문제와 관계되지 않으면 안된다. 특히 모든 학문의 초석으로서 보편학Mathesis Universalis의 이념을 지니고 있는 철학에 있어서는 두말 할 필요조차 없는 것이다. 더욱이 모든 학문 가운데 유일하게 자기 질문을 그 근본 속성으로 하는 철학은 인식의 문제에 있어 과학적 탐구와는 구별되는 점이 있으니, 후자는 인식활동의 목표가 되는 '그 무엇' 인 인식대상을 밝혀 내려는 노력이라고 볼 수 있다면, 전자는 대상을 인식하는 데 그치지 않고 대상 인식 그 자체를 다시금 문제 삼는 자기 반성적 측면까지 지니고 있다는 것이다. 즉 '인식의 인식episteme tes-epistemes'을 다루는 인식론Theory of knowledge, Epistemologie, Erkenntnislehre이 철학에 있어서 중요한 한 분과를 이루고 있다.

물론 인식의 문제에 특별히 철학적 중점을 두어 일종의 선결 문제로서 자각적으로 연구하기 시작한 것은 근세 이후의 일로 대상에 대한 지식을 논하기에 앞서 먼저 우리의 인식 능력부터 음미하여 인식의 기원, 확실성, 범위 등을 합리론 · 경험론의 2대 조류 아래 명확히 밝히려 했다고 할 수 있겠으나, 인식론의 기저를 이루고 있는 탐구 방법이나 태도에 있어 그 원천적인 모습은 플라톤 철학에서 찾아볼 수 있는 것이다. 그러므로 Bauch에 의하면 플라톤이야말로 인식론 내지 지식학의 시조始祖Vater der Erkenntnis oder Wissenshaftlehre라는 것이다.

우리는 '지금까지의 서양철학은 플라톤철학의 각주' 운운하는 Whitehead의 말을 빌리면서까지, 플라톤 철학에 대해 새삼스런 가치 평가를 할 필요를 느끼지 않는다. 왜냐하면 서양 철학사에서 점하고 있는 그의 위치는 너무나 명백하기 때문이다 그러나 위대한 철학을 진정으로 이해하기 위해서는 우리는 단순히 그 철학을 무조건 찬양하거나 숭배만 할 것이 아니라, 철학사의 맥을 이어오고 있는 플라톤 철학만이 지닐 수 있었던 그 철학적 생명력의 본질을 파헤쳐야만 할 것이다. 그렇지 않다면 플라톤 철학은 단순히 고대 그리스의 한 유물로 철학자의 서재에 박제화된 채로 남아 있겠기 때문이다.

따라서 본 논고는 그의 몇몇 주된 대화록 가운데 펼쳐지고 있는 인식과 덕의 문제를 정리해 보고, 동시에 현대철학에 있어서의 반反 플라톤적인 성향을 그의 인식론에 조명시켜 반성해 보는 것을 목표로 논술할 것이다.

2.

플라톤 철학은 얼핏 보건대 이원론二元論적이다. 그의 철학에는 정신과 육체, 이성과 감각, 영원과 순간, 지식과 의견, 실재와 현상, 비가시적인 것과 가시적인 것, 소멸되지 않는 것과 소멸되는 것, 신적인 것과 세속적인 것 등등의 뚜렷한 구별이 있다. 또, 그러한 이원론적 철학은 일원론적 철학보다 대부분 투쟁적이요, 대립적인 성격을 띠는 것이 필연적이다.

그러나 플라톤 철학은 논쟁으로 일관되어 파멸로 이끌어진 휴지 상태의 이원론이 아니다. 플라톤 철학의 장점은 그가 가진 여러 철학적 관심에 따라 윤리학, 정치학, 논리학, 예술론, 형이상학 등에 관한 많은 저술을 남겼으나 그 많은 저작의 배후에는 언제나 이기지묘理氣之妙를 살린 이원론의 극복사상이 깔려 있다는 것이다.

즉, 플라톤의 사상은 생성과 존재를 구별하는 사상과 그 양자의 관계 맺음을 논하는 사상으로 양분되지만, 항상 두 사상이 결부되어 인식이 이루어지는 것이니, 생성에서 존재를 지향하는 Psyche의 상승적 인식과정과 Idea를 알고 다시 생성으로 Psyche가 하강하여 생성되는 것들을 규제하는 실천적 사상은 각각(플라톤 철학의 성립 과정을 고려하여 전기와 후기로 나눈다면) 전기와 후기의 대표적인 사상이라 할 수 있는데, 전술한 바와 같이 플라톤의 인식론은 단순히 앎을 위한 앎의 논구에서 그치는 것이 아니라, 앎 그 자체를 생의 전 지평에서 문제삼는 것이니, 그것은 다시 말해 플라톤의 인식론은 늘 삶과 끊임없이 관계를 맺어 인격과 학문이 융합된 철학적 결정체를 그 이념으로 삼고 있다는 것을 뜻하는 것이다.

그러한 것의 뚜렷한 예를 우리는 플라톤 초기의 대화편인 Menon에서 찾아 볼 수 있다. "덕德이란 가르쳐질 수 있는가?"라는 명제가 Menon의 처음에서 끝까지 되풀이되어 거론되는 과제인데, 소크라테스는 여기에서 그의 독특한 대화를 통한 문답법을 이용하여 공동 탐구를 해 나간다. 따라서 우리는 여기에서 잠시 Menon

속에서 논의되고 있는 덕에 대한 여러 전개를 보기 전에 소크라테스가 행하고 있는 이 dialogos의 성격을 규명할 필요를 느낀다.

즉, 소크라테스에 있어서의 철학적 방법론을 살펴 봐야 할 것이다. 먼저 dialogos란 첫째로 logos를 통한 또는 logos에 의한 추리적 사유를, 둘째로는 서로 간의 logos를 주고 받음을 의미하는 것으로, 제기된 하나의 문제를 놓고 몇 사람이 저마다의 생각을 말하며 그 중에서 채택된 값어치가 있는 것을 하나 둘 자꾸 모음으로써, 마침내 결론에 도달하려는 공동의 탐구를 말한다. 따라서 묻는 자와 대답하는 자는 공동의 탐구자들이요, 그들의 담론을 통한 공동 탐구의 방법은 철학사적으로 또 하나의 기여를 의미하는 것이다.

또, 그러한 방법은 통찰로서의 직관적 앎보다 더 나은 것은 아니나 직관지直觀知가 과연 진지眞知인지 어떤지에 대한 그 보편 타당성의 확증은 인간의 인식 한계 밖의 것, 즉 탈인간적이며, 비합리적인 것이다. 게다가 직관지는 타인에게 전달되기 어렵고 1회로 끝나기 쉽기 때문에 소크라테스는 보다 확실하고 안전한 차선의 방법으로서 문답법을 택하고 있는 것이다.

그리하여 비로소 철학이란 것이 소수자의 전유물이 아니라, 사람들 저마다 철학함philosophein에 참여할 수 있다는 것을 소크라테스 스스로 실증해 내는 것이다. 또 당시의 시대적 상황을 보더라도 우주의 근원을 캐내던 우주론적 자연 과학자들에 대하여 소크라테스는 그들의 사변적 과학 연구를 포기하게 하고 진정한 철학의 과학적 탐구를 시작하려 했던 것이다.

Menon에서 소크라테스는 우선 덕德이 가르쳐질 수 있는지 없는지의 여부보다도 그 선행 문제로 "덕의 본질이 무엇이냐" 하는 질문을 다시 Menon에게 한다. Menon은 Gorgias를 대신하여 덕에 대한 여러 가지 정의를 내리나, 덕이라는 용어의 개념 규정을 하지 않고, 'X의 덕은 Y이다' 라는 식의 용례 몇 가지를 제시하는 것에 불과하기 때문에 실패로 그치고 만다.

연이어 Menon은 덕에 대해 순환적 정의를 내리므로 다시 소크라테스에 의해 오류를 지적당하고 더불어 담론하는 가운데 소크라테스는 사람을 현혹시키므로 전기 가오리와 같다고 비난한다. 그러나 소크라테스는 자기는 전기가오리와는 다른 점이 있으니, 그것은 전기가오리는 다른 물고기와 접촉해도 그 자신 마비 당하지 않는데 비해서 소크라테스는 자기가 논란을 벌이는 상대자들과 똑같이 무지無知하다는 것을 강조한다.

그러자 다시 Menon은 사람이 어떻게 "모르는 것에 대하여 질문할 수가 있으며, 그렇지 않고 알고 있다면 무엇 때문에 알고 있는 것에 대하여 질문하겠는가?" 하고 반박을 가한다. 이 질문에 응답하면서 소크라테스는 그 유명한 '상기설想起說' 을 전개하기 시작한다. 소크라테스는 어떤 현명한 남녀 사제로부터 인간의 영혼은 불멸하다는 것과 끊임없는 죽음과 재생의 순환 속에 존재한다는 얘기를 들었노라고 말하고 자기는 그 사실을 명백히 증명은 못해도 확실히 믿는다고 말한다.

그 증거로 소크라테스는 Menon의 노예 소년과 기하학에 대한 문답을 감행하는 것이다. 그런 연후에 소크라테스는 '덕이 지식' 이라면 가르칠 수 있고, 그 반대의 경우에는 가르칠 수 없다는 가설假說을(수학에서처럼) 세워서 그 본질을 논구해 나간다. 그 결과 아는 것이 선善이고 무지無知는 악惡이며, 덕이 좋은 것인 한 그것은 지식이라는 결론에 도달한다. 따라서 덕은 가르칠 수 있다는 것이다.

그러나 문제는 거기에서 그치는 것이 아니라, 가설을 세우고 연역해서 나온 그 결론이 과연 현실적인 정합성을 가질 수 있는가 하고 소크라테스는 다시 의심을 가진다. 왜냐하면 이론적으로 덕은 가르쳐질 수 있다 치더라도 그것을 가르칠 교사도, 배울 학생도 없기 때문이라는 것이다. 여기에서 소크라테스는 결국 덕은 가르칠 수 없다는 부정적인 결론을 내리고 만다.

그러나 소크라테스는 또 다른 가능성을 탐구해 나간다. 즉 참된 의견은 지식과 마찬가지로 행동의 좋은 지침이 되리라는 것이다. 인간은 참된 의견을 가짐으로써 덕을 지닐 수 있게 된다는 것이다. 그렇지만 명백히 참된 의견은 진지眞知episteme는 아닌 것이다. 그것은 Daidalos의 조상彫像들과 같다. 그러니까 영혼으로부터 도망가지 못하도록 늘 상기想起Anamnesis해야만 한다. 그럴 때 참된 지식이 되고 영원한 것이 될 것이라는 것이다.

결과적으로 소크라테스에 의하면 덕이란 타고난 것도 아니고 가르칠 수 있는 것도 아니며 오히려 덕을 갖춘 사람이 있다면 그것은 지성과는 관계없이 신神의 은혜로 얻은 것이라는 것이다.

우리들은 Menon의 끝머리를 접하게 될 때야 비로소 플라톤 철학의 깊이를 어렴풋이 알 수 있게 된다. 실상 플라톤의 대화편은 역설적이다. 즉 Menon에서의 덕德과 지知의 관계에 대한 부정적 결론을 우리는 문자 그대로 받아들여서는 안된다. 왜냐하면 플라톤은 독자들 스스로 이 결론을 수정하기를 기대하고 있는 것이 분명하기 때문이다.

다시 말해 플라톤은 독자들이 지식과 덕은 동일하며 신의 선물이

실은 지식이라는 사실을 인지하기를 기대하는 것이다. 플라톤의 대화편에 나오는 주인공은 단지 책 속에 나오는 몇몇 등장 인물이 아닌 것이다. 진정한 주인공은 오히려 독자 자신인 것이다. 우리는 이러한 플라톤의 진의를 파악했을 때, 왜 그가 많은 대화편 속에서 뚜렷한 결론을 내리지 않았나 하는 것을 수긍하게 된다.

전술한 바와 같이 플라톤 인식론의 맥을 이루고 있는 상기설은 Phaidon에서는 소크라테스 자신의 생사관生死觀과 연결되어 더욱 설득력있게 펼쳐진다. 또 그의 이원론도 Menon에서보다도 훨씬 다양하게 전개되는데 특히 인간이 가지고 있는 영혼과 육체의 문제(특히 영혼 불멸 문제)가 크게 부각되고 있다.

우리들은 본래 신적神的이며, 불멸하고, 가지적可知的이며, 단일하고, 분해되지 않으며 언제나 한결같고 자기 동일적인 것에 가장 닮은 혼魂과, 반면에 인간적이며 사멸하고 비가지적이며 분해되고 잠시도 자기 동일적일 수 없는 것에 가장 닮은 육체를 가지고 있다.

따라서 육체라는 감옥에 우리의 영혼이 갇혀 있기 때문에 가급적 육체로부터 혼을 분리시키고 육체의 모든 부분으로부터 혼을 집결시켜 순수하게 그 자체로서 가다듬는 버릇을 들여서 현재에 있어서나 이후에 있어서 영혼을 가능한 한 마치 사슬로부터 풀려나듯, 육체로부터 풀려나게 해서 영혼이 그 자체로서 존립할 수 있게끔 정화淨化시켜야 한다는 것이다.

그리하여 혼을 그 자체로서 단독으로 고찰할 때 순수하며, 영원하고, 불멸하고 항구적인 것에 이르게 되어, 지혜라고 부를 수 있는 상태까지 이르게 된다는 것이다. 그러니까 마땅히 지혜를 사랑하는 사람들은 어떤 다른 사람들보다도 특히 혼魂Psyche을 육체와의 공존 상태로부터 최대한 해방시키려는 사람임에 틀림없으며, 그런 것과는 아무런 상관이 없는 사람에 있어서는 산다는 것이 무가치한 것이며, 대부분의 사람들은 육체에서 얻게 되는 쾌락에 아랑곳 하지 않는 사람들을 거의 죽어 있는 것과 마찬가지라고 생각하고 있다. 여기에서 철학의 이율배반二律背反이 이야기되지 않을 수 없는 것이다.

즉 인간이 육체와 더불어 영혼을 갖고 있을 경우 영원히 지혜를 얻을 수 없으며 육체로부터 영혼의 분리가 이루어져야 불멸의 영혼만으로 진지眞知를 알 수 있다는 것인데, 영혼이 육체로부터 분리되어 나와서 그 자체로서 혼자 있는 것은 다름아닌 죽음이며 따라서 애지자愛智者들이 갈구하는 지혜는, 논리적으로 보아 그들이 죽게 되었을 그 때에 얻어지는 것이지, 살아 있을 때에는 얻을 수 없을 것 같기 때문이다.

그러나 스스로 목숨을 끊는 것은(죽는 것이 차라리 나은 사람이나, 자살함으로써 스스로를 더 낫게 할 수 있는 경우에도 불구하고) 불경不敬한 일이며 그 문제에 대해서 은밀히 전해 내려 오는 이론에 의하면 인간은 육체의 감옥으로부터 아무도 스스로 자기 자신을 풀려나게 해서도 안 되며 몰래 도망해 나가도 안 된다는 것이다.

그러므로 철학자들은 죽는것을 수련하고 있으며 철학은 인간 자신의 억지 없이 무지로서의 상태에 있는 영혼을 조용히 독려하여서 감금 상태로부터 자유롭도록 해 주려고 한다는 것이다. 그러기 위해서는 연인들이 자기들의 애인이 사용하던 옷이나 악기 등을 볼 때 그 생각 속에 개인의 모습을 동시에 갖듯이 상기를 함으로써 무지에서 벗어나야 한다는 것이다.

태어나기 이전에는 갖고 있었으나 태어남과 더불어 잃어버리고만 지식은 생존해 있을 때에 다시 후천적으로 그 지知에 관해 감각을 사용하게 됨으로써 본디 제것이었던 지식을 되찾을 수 있다는 것이다.

그리고 사람이 죽더라도 혼은 남아 있어서 어떤 힘과 지혜를 지닌다는 주장은 이승에서 저승으로 가는 혼들이 있어서 이것들이 다시 이리로 되돌아오는 사자死者로부터 다시 태어난다는 옛말로 입증되며, 존재하지 않는 것이 다시 태어날 수는 없기 때문에 영혼은 죽어서도 존재하며 온갖 지知를 인식한다는 것이다.

여기에서 우리는 가시적可視的인 상태에서 비가시적인 즉 가지적可知的인 상태로 올라가는 '상승적 인식 과정'을 어렴풋이 엿볼 수 있는데 플라톤 철학의 핵을 이루고 있는 Idea론을 Politeia 편에서 좀더 소상히 논구함으로써 그의 인식론에 한걸음 더 깊이 다가설 수 있을 것이다.

3.

플라톤은 Politeia에서 3가지 유명한 비유를 들고 있다. 태양의 비유, 선분의 비유, 동굴의 비유가 그것이다. 플라톤은 이 세 가지 비유를 통해서 말로 표현하기 어려운 '선善의 Idea'라는 것이 무엇인지 언표하고 있는 것이다. 물론 이 세 가지 비유 속에서도 그의 이원론 사상이 뚜렷이 보이는데 무엇보다 먼저 플라톤은 선의 이데아를 태양에 비유하고 있다.

즉 태양이 모든 것을 볼 수 있게끔(알 수 있도록) 환하게 빛을 내어 비추어 주는 것과 같이 선의 이데아도 이지理智를 통하여 모든 것을 인식할 수 있게끔 해 준다는 것이다. 그러니까 태양이 가시계에서 시각과 가시적인 것에 대하여 갖는 관계는, 선의 이데아가 가지계에서 이성과 가지적인 것에 대하여 갖는 관계와 동일하다는 것이다.

그런데 똑같은 눈에 있어서도 낮에 빛이 환할 때 사물을 보는 때와 밤에 어슴프레한 빛 속에서 사물을 보는 경우는 서로 차이가 있듯이 영혼에도 마찬가지로 참眞과 존재가 잘 보이는 사물을 향해 정신이 쏠릴 때에는 그것을 알게 되고 인식하게 되므로 이성을 가지고 있는 것으로 보이지만 어둠에 섞인 것, 즉 생성했다가 소멸되는 것에 대하여 쏠릴 때에는 추측할 수 있을 뿐이며, 그 추측도 상하 여러 가지로 변전하는 수가 있어서 앎이 희미하게 흐려지기 때문에 이성을 가지고 있지 않는 것처럼 되고 만다.

따라서 플라톤은 인식 대상과 인식 주관 사이에 이루어진 앎을 眞으로써 확고히 할 수 있는 그 근거를 마련하는데, 그러한 인식론적 근거로 '선의 이데아' 라는 형이상학적 실체를 주창하는 것이다. 이 이데아설이야말로 인식 대상에 참됨을, 인식 주체에 인식 능력을 부여하는 근본 뿌리를 마련하고자 기도하는 플라톤 인식론의 근간이며 동시에 '플라톤 인식론의 형이상학에로의 전회' 를 성립시키는 계기가 되는 것이다.

그러므로 플라톤 인식론은 그의 형이상학과 불가분의 관계를 맺고 있으며, 이 둘의 상호 보완적인 관련 아래에서 비로소 플라톤 철학 전체를 조명해 볼 수 있는 것이다. 플라톤은 선분의 비유에서 어느 대화편에서보다도 명확히 의견doxa과 진지眞知episteme의 단계를 구분짓고 있는데 그는 보여지는 것horatos의 영역인 가시계에서의 인식과 알려지는 것noetos의 영역인 가지계에서의 인식을 나누면서, 시각으로 알 수 있는 짐작eikasis과 믿음pistis의 과정과 이성으로 알 수 있는 이해dianoia와 순수 사유noesis의 과정을 인식의 네가지 범주로 말하고 있다.

그런데 이 선의 비유나 앞에서 본 태양의 비유가 모두 이데아의 세계로 올라가는 인식의 상승적인 면을 주로 다룬 데 반해서 동굴의 비유는 훨씬 포괄적이다.

즉, 동굴 속에 감금된 채로 그림자만을 진짜 사물이라고(대부분의 우리들 자신과 비슷하게) 희미한 인식만을 갖고 있다가 누군가(새 국가를 건설하기 위한 사람 중 가장 훌륭한 천성을 지닌 자)가 빛이 들어오는 쪽으로 풀려 나가서 최대의 학學이라 할 수 있는 선의 이데아를 인식한 뒤에 그대로 이데아의 나라에 머물러 있는 것이 아니라, 다시 동굴 속으로 들어가 그곳 죄수들과 함께 살며 -이데아를 본 사람은 正 · 美 · 善에 대해서 이미 진실한 것을 다 봤기 때문에- 어두운 곳의 사물도 잘 볼 수 있도록 해야 한다는 것이다.

또, 동굴 속에 갇혀 있는 사람들도 언제나 어둠만을 보도록 되어 있는 것이 아니라 밝은 빛을 볼 수 있는 시력은 이미 지니고 있지만, 방향이 올바르지 못한 탓으로 봐야 할 곳을 제대로 보지 못하고 있을 뿐이라는 것이다.

그러므로 누구에게 어떤 것을 인식하게끔 가르치는 교육이란 영혼 속에 지식이 없기 때문에, 마치 시력을 잃은 눈 속에 시력을 되살려 주는 것처럼, 영혼 안에 있지 아니하는 지식을 집어 넣어 주는 것이 아니라, 생성의 세계로부터 실재의 세계로 관점을 전향시킴으로써 가능하다는 것이다.

그런데 영혼을 변화 불측變化 不測한 생성의 세계에서 영원 불변의 실재 세계로 끌고 갈 수 있는 학學은 무엇보다도 모든 기술과 지식에 없어서는 안될 수를 다루고 있는 수학을 모델로 해야 하며, 수학이야말로 인간이 되기 위해서는 필수불가결한 것이라는 것이다. 그 밖에도 기하학과 천문학도 문제시되지만 이 모든 학문이 상호연관되고 피차 상동하여 문제를 함께 고찰하게 될 때에 비로소 목적에 부합된다는 것이다.

그러나 위에 든 학과들은 우리가 진정으로 배워야 할 원리에 대한 서론에 불과하다. 왜냐하면 우리는 단지 순수 사유noesis에 의해서만 이데아를 인식할 수 있기 때문이다. 그러니까 수학적 훈련을 거친 다음 변증법 훈련을 받은 사람만이 순수 사유의 경지에까지 도달할 수 있게 되는데, 앞에서 살펴본 것처럼, 문답법적인 탐구인 변증법은 모든 전제를 뛰어 넘어 그 시초로 거슬러 올라가, 감각에 일체 의지함이 없이 논증만을 통해 제나름대로 존재하는 그 자체를 인식하는 방법으로 차선의 방법이긴 하지만 인간으로서 택할 수 있는 가장 확실한 철학의 수단이라는 것이다.

만일 우리가 그 방법을 쓰지 않는다면, 태양을 바라볼 때 어떤 것에 비친 영상을 보지 않고 직접 바라봄으로써 눈을 버리는 수가 있는 것처럼 지각만 가지고 직접 사물을 파악하려고 시도하다가는 혼이 완전히 멀어 버리는 수가 있다는 것이다. 따라서 로고스logos의 세계에 들어가서 개념들에 의해 실재의 진리를 탐구해야 한다는 것이다.

분명히 여기에서 플라톤은 유한한 인간의 인식 능력으로는 참된 존재를 직접 직시한다는 것은 어려운 일이라는 것을 암시하고 있으며, 실재를 보기 위해서는 상당한 훈련이 있은 후에야 가능하므로 비록 시간이 오래 걸릴지 모르나 변증법에 의한 진리에로의 정진을 확신하며, 로고스logos에 의한 존재에로의 길이야 말로 같이 공존하고 있는 타인과 외롭지 않게 갈 수 있는 길이며, 동굴 속에서 고통 받는 수많은 동료 죄수들을 전미개오轉迷開悟시킬 수 있는 도道라는 것이다.

그러나 플라톤에 의하면 상술上述한 철학적 방법론에도 불구하고 인간의 인식은 생명력을 가질 수 없다. 왜냐하면 비록 인간이 최고의 인식능력인 이성理性을 본유적本有的으로 갖고 있다 하더라도, 어떤 것을 인식하게끔 하는 욕구를 스스로 일으키지 않는다면, 인식은 실현될 수 없기 때문이다. 따라서 플라톤은 인간이 무엇을 인식하도록 하게끔 하는 앎의 생명력 내지 추진력으로서 에로스Eros론을 펼치는 것이다.

에로스Eros는 스스로는 맹목적이나 그것은 하나의 힘이다. 비록 에로스의 맹목성을 정치定置시켜 주는 것이 이성理性nous이라고 할 수 있겠으나 에로스 없이는 이성도 그 기능을 발휘할 수 없는 것이다. Symposion에서 Diotima라는 한 여사제女司祭의 가르침으로 위장된 채 펼쳐지는 소크라테스의 에로스 론은 무엇보다도 그의 이원론 극복에 있어서 중요한 위치를 차지하고 있는 것이다.

즉, 영혼과 육체를 동시에 가지고 있는 인간이 어떻게 현상계를 초월하여 이데아 계를 알 수 있을까 하는 난점에서 우리는 무언가 이 둘을 매개하는 제 삼자를 상정하게 되는데 플라톤 철학에 있어서 에로스는 바로 그러한 '관여關與'의 구실을 하고 있는 것이다.

플라톤에 의하면 에로스는 아직 갖지 못하고 있는 자기의 대상에 대한 욕구이며 미처 소유하지 못한 대상이란 다름 아닌 '아름다움'인 것인데, 그 아름다운 것은 훌륭한 것이며 선한 것을 의미한다.

그러나 비록 에로스가 아름답고 선한 것을 소유하지 않았다고 해서 추하거나 악한 것은 아니라는 것이다. 그것은 마치 근거를 보여주지는 못하고 있는 올바른 의견이 지식과 무지의 중간에 위치하는 경우와 같은 것이다.

그런데 지혜를 이미 가지고 있는 자(대체로 신神이라고 일컬어지는)는 지혜를 욕구할, 따라서 사랑할 필요가 없으며 또 무지한 자도 스스로 넉넉하다고 생각하여 굳이 지혜를 추구하려고 하지도 않는다. 그러니까 지혜를 사랑하는 자, 즉 철학자哲學者만이 지혜를 욕구하는 것이다.

여기에서 아름다운 것→지혜→선한 것을 욕구하는 사람은 육체에도 영혼에도 임신을 하고 있는데 그 생식과 임신의 의미는 '죽는 것 안에서도 죽지 않는다' 는 것을 나타내 주는 것으로, Eros는 선한 것을 영구히 소유하기를 좋아하기 때문에 우리는 선한 것과 함께 불멸의 것을 욕구하여야 하며, 여기서 불가불 Eros의 목적은 영원히 죽지 않는 데에도 있다는 것이다.

이것은 Phaidon에서 철학을 죽음의 연습이라고 한 대목과 일맥상통하는 점으로, 인간이 지혜를 갈구할 때 그것을 임신할 수 있는데 그것은 불완전한 인간이 취할 수 있는 유일한 완전에의 길이라는 역설로서 플라톤 철학에 있어서 이러한 Eros론이야말로 정신이냐 육체냐 하는 이원론적 철학의 a poria를 그의 예술적 필치와 더불어 극복해 나가고 있음을 설득력 있게 보여 주는 것이다.

그리하여 우리는 마치 사다리를 올라가듯 하나의 아름다운 육체에서 두 육체로, 거기에서 다시 온갖 아름다운 육체로, 그로부터 아름다움의 추구와 실천으로, 또 그 아름다운 실행에서 여러 아름다운 학문으로, 그 학문에서 아름다움 그 자체인 완벽한 학문에 이르게 되어 마침내 영원 불변하는 '절대적 아름다움'을 알게 된다는 것이며, 우리가 산다는 것은 바로 그런 아름다움 자체를 보게 되어서야 비로소 보람이 있지 않겠느냐 하는 것이다.

현대에 접어들어 플라톤 철학은 우연적이고 가변적인 현상계의 인식이 아닌 절대 불변의 보편 타당성을 지닌 인식만을 찾는 소위 본질철학本質哲學 혹은 본질주의本質主義Essentialismus로 낙인이 찍혀 배척이 될 뿐 아니라, 그 해체까지 요구당하고 있다.

예를 들어 논리 실증주의자의 한사람인 Hans Reichenbach는 플라톤 철학은 시인詩人으로 전향한 철학자의 작품이며 플라톤의 이데아 설은 학문이 아니고 시詩에 불과하기 때문에 그러한 사변철학思辨哲學이 차지할 자리가 있다면 그것은 철학사라는 박물관일 것이라고 극단적인 발언을 했다.

또 인간은 그들에게 부여된 자유와 무한한 가능성으로 자기 자신의 본질을 스스로 만들어 나가야 할 것이라고 주장하는 참여의 실존주의자 사르트르J. P. Sartre에 의하면 선험적인 선善이란 있을 수 없는데, 왜냐하면 이 세계에는 그것을 사유할 무한하고 완전한 의식이 없기 때문이라는 것이다.

이렇듯 플라톤 철학에 대해 한편에서는 그 무의미성을 주장하여 철학의 영역에서 제외시켜야 한다고 하며, 또 다른 쪽에서는 완성된 본질이나 그 가치를 부인하고, 만들어진 본질은 존재하지 않으며, 오직 만들어야 할 본질 밖에 없다고 주장하고 있는 것이다.

4.

그러나 라일G. Ryle의 말처럼 철학자들이 논리적으로 세련되었다는 사실만으로는 우리를 만족시킬 수 없으며, 그들의 관심이 세속화되고 그들의 논의가 보다 기술화되었다는 사실만으로 그들의 업적이 선인들의 그것보다 훌륭하다고 할 수 없을 것이다. 어찌 보면 형이상학을 배척하는 논리실증주의자들이 개념의 의미를 귀납적으로 규정하는 방식은 앞에서 우리가 봐 왔듯이 이미 2400여 년 전에 소크라테스가 즐겨 사용하던 방법의 현대화 이외의 다른 것일 수 없는 것이다.

또 실존주의자들이 내세우는 자유 부여 문제에 있어 과연 인간에게 그들이 자기들 스스로 본질을 형성해 나갈 수 있는 무한한 자유가 주어져 있을까 하는 것은 재고의 여지가 있으며, 본질에 대한 부인은 자유에 대한 그들의 지나친 욕구에서 나온 오류일 수도 있는 것이다.

마르셀Gabriel Marcel이 말한 것처럼 본질을 망각하는 일은 존재를 망각하는 것 이상으로 위험한 것이다. 더구나 실존주의자들이 인간의 자유와 함께 책임을 역설하고 있는 것은, 인간은 단순한 자유 방종이나 혼돈에서 벗어나 하나의 경향성을 필연적으로 띠게 된다는 것을 의미하며 그 지향은 혼란된 카오스chaos의 방향보다는 질서 잡힌 코스모스cosmos의 방향인 선한 방향일 것이라는 것은 의심의 여지가 없다.

이렇듯 논리 실증주의자들이 주장하는 '과학의 논리학'으로서의 철학의 임무는 이미 법칙화될 수 있다는 세계의 합리성을 인정하는 것이며, 실존주의자들이 결론지을 수 밖에 없는 무엇에로의 편향성도 선한 목표를 전제하지 않는다면 그들 사상 전체의 지반은 흔들리고 말 것이다. 결코 그들은 플라톤을 벗어난 것이 아니다.

지금까지 논구해 온 것처럼 플라톤 철학의 인식과 덕에 관련된 논의는 비유 섞인 신화적 설명과 담론을 통해서 단순히(문자 그대로 받아들임이 없이) 적절하고도 모험적인 믿음을 자기 스스로에게 납득시키면서 존재의 근거이자 앎의 최고 대상인 이데아의 형이상학과 결부되어 Eros의 탐구열로 삶과 분리되지 않은 채, 신적神的인 세계에서 다시 동굴로 돌아오는 부정의 부정 정신으로 철인 정치를 폄으로써, 완전을 희구하는 인간 이념을 실현시키려는 영원한 철학적 과제를 남김 없이 보여 준 철학의 한 단면이라 하겠다.

플라톤 철학은 과거의 낡은 고철古哲이 아니라, 철학을 영구히 메마르지 않게 적셔 줄 철학의 미래인 것이다.

참고 문헌

플라톤

1. 『소크라테스의 최후』, 박종현역, 박영사, 1974.
2. 『국가, 政體』, 박종현역, 서광사, 1997
3. 『헬라스사상의 심층』, 박종현, 〈서광사, 2001
4. 『향연, 파이돈, 니코마코스 윤리학』, 최명관, 을유문화사, 1994.
5. 박종홍, 『인식논리』, 박영사, 1972.
6. 박종현, '소크라테스에 있어서의 Logos에 관하여', 성대논문집 제17집, .
7. '플라톤에 있어서의 Eros에 관하여', 성대 인문과학 제 3,4집, 1973-74.
8. 김여수,"Wittgenstein과 본질철학의 종언', 철학연구 제5집, 1970.

3. 아리스토텔레스의 논리학 · 형이상학의 조명 아래서 본 범주론

1.

아리스토텔레스의 논리학을 대할 때, 우리는 우선 이해에 앞서 그 양과 질의 방대함과 완벽한 체계에 대해 놀라움을 금치 못한다.

> 논리학은, 약간의 불필요한 부분을 제거하거나 그 내용을 다소 명확하게 정의한 것 이외엔, 아리스토텔레스 이후 한 걸음도 퇴보하지 아니했다...... 또한 주목할 일은 그것이 오늘에 이르기까지 단 한 걸음도 진보하지 아니했다는 것이며, 따라서 모든 점으로 보아 그것은 완결되고 완성되어 있는 듯이 여겨진다.

라는 칸트의 말은 철학사에 있어서 아리스토텔레스의 논리학이 갖는 그 확고부동한 위치를 단적으로 천명한다고 하겠다. 물론 현대에 이르러 수학의 괄목할만한 성장과 함께 등장한 기호논리학 Symbolic Logic이 놀라운 성과를 거두고는 있지만, 근본적으로 아리스토텔레스의 논리학과 전혀 성질을 달리하는 별개의 논리학이라기보다는 아리스토텔레스 논리학의 결함을 시정하고 그 범위를 더욱 확장시키고 발전시킨 경우라 할 수 있을 것이다.

그렇다면 그렇게 완벽하고 방대한 그의 논리학이 시도하고 있는 것은 과연 무엇이었을까? 그것이 본 논고의 주된 물음이다. 그것을 알기 위해서 우리는 우선 그의 철학적 태도를 전반적으로 살펴 보지 않으면 안되며 또 그러기 위해서 무엇보다도 그의 형이상학과 논리학과의 긴밀한 내적 관계를 찾아내지 않으면 안된다. 실상 아리스토텔레스 철학의 주된 내용은 형이상학에 있으며, 그 형식은 그의 논리학에 있다고 해도 지나친 말은 아닐 것이기 때문이다. 따라서 자연히 아리스토텔레스의 논리학, 그 중 핵심부분이라 할 수 있는 범주론範疇論을 중심으로 하는 우리의 논구는 형이상학의 조명 아래에서 진술되지 않을 수 없다.

2.

그런데 그의 철학적 태도를 살필 수 있는 길을 우리는 보통 두 가지로 크게 나눌 수 있다. 하나는 아리스토텔레스 자신의 저작 속에서만 그의 철학의 기본 줄기를 찾는 길이요, 다른 하나는 그의 스승이었던 플라톤의 철학에 대한 계승과 함께 '플라톤 철학의 비판을 통한 플라톤 철학의 완성'이라는, 플라톤 철학과의 비교적 입장에서 그의 철학의 지향점을 발견하는 방법이 그것이다.

물론 이 두 가지 방법은 서로 명확히 구분되어질 수 있다기보다는 차라리 상호 보완적이라 할 수 있을 것이다. 그렇지만 전자의 방법으로는 아무래도 아리스토텔레스 철학의 뼈대를 고르기가 쉽지 않을 수 있다. 왜냐하면 주지하듯이 그의 저술이 워낙 방대해서 명확히 간추리기가 어려울 뿐 아니라, 그의 사상의 변천을 염두에 둘 때, 자칫하면 초기나 후기 어느 한쪽에 치우치기 쉽고, 설사 그러한 난관을 극복했다 하더라도 그의 저술 자체에 대한 분석만으로는 철학사적 맥락에서 벗어나기 쉽고 그렇게 되면 극히 위험한 편견에 쉽게 사로잡히기 때문이다.

물론 후자의 길은 전자보다 세세하지 못해 아리스토텔레스 철학의 이해에 있어 부분적 손상을 가져올 수 있겠지만, 그의 철학을 이해하는 데 있어서 전자보다는 훨씬 오류가 적을 수 있을 것이다.

아리스토텔레스 철학의 단초나 동기는 플라톤 철학의 이해 없이는 불가능하기 때문에 더욱 그러하다. 철학은 늘 그 단초가 중요한 것이다. 그러므로 우리는 아리스토텔레스의 철학적 태도를 살피는 데 있어서 플라톤 철학과 비교하는 방법을 위주로 해 나가면서 필요한 부분에는 전자의 방법을 사용하는 것이 상당히 유용하다는 것을 깨닫게 된다.

3.

아리스토텔레스는 "이전에도 지금에도 언제나 묻게 되고, 곤경에 빠지게 되는 문제란 존재란 무엇인가 하는 물음이다. 이 물음은 실체ousia란 무엇인가라는 말이기도 하다" 라고 말하여 존재의 해명에 대한 중요성을 강조하였다. 그런데 이와 같은 주장은 이미 플라톤에게서도 찾아볼 수 있는데,

> "우리들이 곤경에 빠져 있기 때문에 당신들이 존재를 말할 때, 도대체 무엇을 표시하려고 하는가를 우리에게 올바로 가르쳐 주시오. 그 까닭은 당신들은 이미 이전부터 그것을 알고 있지만 우리는 이전에 알고 있다고 생각하였으나 지금은 곤경에 빠져 있기 때문이오."

라고 기술하고 있다. 플라톤과 아리스토텔레스가 함께 '존재란 무엇인가' 라는 물음에 대해 곤경에 빠진다aporein고 말한 까닭은, 어떤 사람들은 존재를 물체와 같다고 보았다는 플라톤의 해명에서 알

수 있듯이 존재에 대한 애매한 개념 규정 때문이었으며, 아리스토텔레스도 '존재는 실로 다양하게 이야기 된다' 고 한숨짓고 있다.

위와 같은 점으로 미루어 보아 우리는 철학의 개념과 과제에 대한 아리스토텔레스의 견해와 플라톤의 견해가 거의 맞먹어 들어감을 알 수 있다.

즉, 그들에 있어서 무엇보다도 중요한 철학의 대상은 존재 자체이며 실체의 보편적인 본질인 것이다. 철학은 사물의 원인, 즉 가장 높고 가장 보편적인 근원 및 어느 정도 전제되지 않은 절대적인 것과의 최종적인 관계를 문제 삼는 것이다. 그런 뜻에서 철학은 여러 학문에 통일성을 부여하며 어느 정도 전지하다라는 말도 생길 수 있다.

플라톤이 "영원과 필연성에 대한 인식인 진지眞知eposteme와 우연에 대한 인식인 억견臆見doxa"을 구별하듯, 아리스토텔레스도 양자 사이에 구별을 둔다. 인식이란 상식으로는 어찌할 바를 모르는데서, 즉 '놀라움' 에서 생겨난다.

학문의 대상은 보편적이고 타당한 것이며 우연적인 것은 추측이고, 다른 가능성이 완전히 배제될 때에 한해서만 그것은 학문이 되는 것이다. 학문은 단순히 감각적인 지각일 수 없다. 감각적인 지각으로서는 개별적인 사실을 알 뿐, 개개의 사실을 초월하여 그 원인을 규명하지 못한다. 학문은 경험과도 구별되는데 경험으로서 우리는 단지 하나 하나의 사실을 알 뿐이다. 학문은 그 원인을 규명하는 것이다.

또, 아리스토텔레스에 있어 철학은 모든 학의 여왕이며 인간이 성취할 수 있는 지고지선의 것, 행복의 가장 본질적인 구성요소라고 주장한 점에 있어서도 그의 스승과 유사한 생각을 지니고 있다고 볼 수 있다.

4.

물론 아리스토텔레스의 철학에 대한 정의는 플라톤적 정의와 완전히 일치하지는 않는다. 플라톤에 의하면 철학은 그 범위에 있어서 모든 지적知的 및 윤리적인 완전성의 진수이며, 따라서 이론뿐만 아니라 그 실천까지도 포괄한다. 그리고 그 본질에 있어서 철학은 다른 정신 활동과 구분된다. 아리스토텔레스는 철학을 한편 실제 생활과 엄격히 구분하였는가 하면, 다른 한편으로는 철학이 경험 과학과 밀접한 관계를 맺도록 하였다.

아리스토텔레스의 견해에 의하면 철학은 사변적 능력의 소관사이다. 실천적인 활동과 과학은 확실히 구별되는 것이다. 그 목적을 자체 내에 가지고 있는 사변적 능력과는 달리, 실천적인 활동은 행위에 그 목적을 두며, 순수하게 사유에만 속하는 것이 아니라 정신의 비이성적인 부분 및 억견과도 관계하고 있다는 것이다. 또 플라톤과 달리 아리스토텔레스 철학의 특징이라고 볼 수 있는 것은 그가 철학을 경험과 좀더 밀착시킨다는 점이다.

플라톤은 가변적인 것, 되어가는 것에 관한 고찰을 학문의 영역에서 상상의 영역으로 밀어 붙였고, 상상으로부터 인식에 이르는 과정 역시 부정적 방법을 통하지 않고는 이루어질 수 없는 것으로 보았다.

즉, 상상의 여러 가지 모순을 철학에서 제거함으로써 이념의 순수관조純粹觀照theoria에로의 길을 마련하여야 한다고 주장한다.

하지만 아리스토텔레스는 경험과 사유를 훨씬 더 긍정적인 관계에서 포착한다. 그에 의하면 경험에 주어진 것을 하나로 총괄함으로써 긍정적인 방법으로 경험으로부터 사유에 이르게 된다.

또 플라톤은 이념의 순수 관조로부터 현상의 개별성으로 오기를 꺼려한다. 아리스토텔레스는 학문이 사물의 보편적인 본질과 관계를 맺고 있다고 긍정하나 그 주장에 머무르지 않고 **학의 본래적인 과제는 보편적인 것으로부터 개별적인 것을 유도해 내는 데 있다**고 생각한다. 학문은 보편적인 것, 비규정적인 것에서 출발하나 규정적인 무엇으로 연결되어야 하며, 학문은 주어진 것 즉, 현상을 설명할 수 있어야 한다고 주장한다.

우리는 여기에서 아리스토텔레스 철학 전반에 흐르고 있는 하나의 근본 신념을 찾아낼 수 있는데, 그것은 궁극적으로 실재하는 것, 즉 실체는 우리의 주위에서 볼 수 있는 바와 같은 구체적 · 개체적인 사물로 되어 있다는 것이다.

5.

분명히 아리스토텔레스의 철학을 살펴 보면 소크라테스 및 플라톤 철학이 그 근저를 이루고 있다. 그러나 그는 이 근저를 자기 나름대로 독특하게 발전시키고 심화시켰으므로 그를 단순히 플라톤의 불완전한 후계자로서, 플라톤 사상을 그저 형식적으로 보충하였다고 보는 것은 타당치 않다. 그는 학學이란 사물의 개념과 관계하고 있다는 소크라테스의 명제를 지지한다. 뿐만 아니라, 플라톤 체제의 근간을 이루는 추론 즉, 개념으로 사유된 것만이 현실적이고 다른 모든 것은 이 개념에 참여하는 한에서만 현실적이라는 결론에 이른다.

그러나 플라톤이 이 본질적인 존재를 하나의 자존적인 것이라 보고 현상과 분리시켜 이념계로 옮겨 놓은 데 반하여 그의 후계자인 아리스토텔레스는 사물의 본질로서의 개념은 사물 그것tode ti과 분리될 수 없다고 주장한다. 이런 이유 때문에 그는 개념을 자존적인 보편성으로서가 아니라, 개체 바로 그것에 내재하는 보편성으로 파악하고자 한다.

개념과 현상 사이에는 상반적 또는 배타적 관계가 아니라, 상호 긍정적인 관계와 상호 종속의 관계가 성립한다. **사물의 감각적 요소는 질료**이며 **비감각적인 본질은 형상**으로, 질료에 있어서 개진되지 않고 가능성으로 숨어 있는 것이 형상에 있어서 현실화된다. 곧 질료는 내적인 필연성에 못 이겨 형상화되기를 열망하며, 형상은 질료를 통하여 비로소 자신을 표현한다.

아리스토텔레스를 통하여 이렇게 변형된 플라톤의 형이상학에는 자연과학적 사실주의와 철학자의 현실에 대한 새로운 감각이 엿보이고 있다. 바로 이 점에서 아리스토텔레스는 자신이 자연적 생성과 변화, 예술적 창조와 변혁의 과정을 관찰함으로서 형이상학의 형성을 도모하는 데 반하여 플라톤은 현상, 생성, 변화를 설명하지 못한 채 지나쳐 버렸다고 스승의 이데아론을 반박하는 것이다.

6.

앞에서 말했듯이 플라톤과 아리스토텔레스는 함께 존재의 규명에 있어서 인간이 곤경에 빠진다는 것을 의식하였다. 그리고 이러한 곤경의 상태를 철저히 이론화하여 그 곤경을 제거하고 극복하고

자 힘쓴 철학자가 아리스토텔레스이다. 플라톤은 도야와 무지에 관한 우리의 본성에 대해 저 유명한 '동굴의 비유' 에서 **구속과 무지에서의 해방과 치료의 길**을 제시하였다.

쇠사슬에 몸이 묶인 동굴의 죄수가 빛이 있는 곳으로 나가는 길을 발견하고 그쪽으로 가 보았으나 눈이 부셔서 잘 알아보지 못했다. 그때 어떤 자가 그를 힘차게 밖으로 끌어내어서 그대로 태양 빛이 있는 데까지 데려왔을 것이라고 한다.

즉, 어둠 속에 파묻혀 있던 죄수는 누군가에 의해 진리aletheia에까지 피동적으로 옮겨졌던 것이다. 이데아론에 대한 플라톤의 이 같은 표현을 아리스토텔레스는 '공허한 말이며 시적 비유에 지나지 않는다' 고 보았다.

아리스토텔레스에게는 감성적인 인식에서부터 출발하여 **현상의 근본 원인, 즉 제 1원인에 대하여 탐구하는 것이 바로 철학**이었다. 그러나 우리의 감성에 비친 '그렇게 보이는 현상이 다 참일 수 없다' 는 데에서 곤경에 빠져 들어간다는 것이다.

그런데 우리가 곤경에 이르는 경우는 길이 막혔을 때, 또는 더 길을 헤쳐 나갈 수 없을 때에 그렇다. 길이 막혔다고 할 때 우리는 두 가지 경우를 생각할 수 있는데 하나는 올바른 길을 우리가 찾지 못하여 헤매고 있는 경우와, 다른 하나는 길이 전혀 없는 경우를 들 수 있다.

앞의 경우는 그 어려움이 우연한 것이지 필연적인 것은 아니다. 잘못은 우리의 능력이 미치지 못한다는 데 있다.

아리스토텔레스는,

진리에 대한 탐구는 한편으로는 곤란하지만 다른 면에서는 쉽다.

그 증거로서 진리는 누구도 그것을 충분히 파악할 수 없으나, 그렇다고 그것을 전혀 성취 못하는 일은 없고, 어떤 사람도 사물의 본성에 대하여 무엇인가를 말할 수 있고, 또 그들 개인은 전혀 혹은 조금밖에 진리 탐구에 공헌할 수 없음에도 불구하고, 그것들이 합쳐서 상당한 분량의 것이 된다.

라고 전제하고 "곤란의 원인에는 두 종류가 있는데 아마도 그것은 사물 속에 있는 것이 아니라, 우리 속에 있다. 우리 정신 속에 있는 이성은 본질상 무엇보다도 가장 명백한 일에 대하여서는 마치 부엉이의 눈이 낮의 햇빛을 대하는 듯 하다"는 것이다.

그러면 아리스토텔레스가 제시한 곤란은 우리 안에만 있는 것인가? 그렇지 않다. 그는 사유가 부딪히는 어려움은 사물에 의한 방해 때문이라는 것도 말하고 있다. 즉 사유가 사물에 속박되었을 경우에도 앞서와 같이 전진하지 못한다는 것이다. 이렇게 볼 때 **진리 탐구를 할 때 오는 곤란은 '우리에게도' 또 '사물에게도' 있다.**

7.

막혀 있는 길a-poria에서 더 나갈 수 있는 길eu-poria을 우리는 찾아야 한다. 아리스토텔레스의 해결 방안은 우리에 의해 일어난 곤란의 경우 '조금밖에 진리 탐구에 공헌할 수 없음에도 불구하고, 그것들이 합쳐져서 상당한 분량의 것이 이루어질 수 있기 때문에' 마치 빛에 의해서 그림자가 사라지듯 조금씩 이 곤란은 제거될 수 있다는 것이다.

그러나 사물에 의해 생기는 곤경은 인간 자신에 의해 풀려지지 않는다. 단지 우리는 될 수 있는 한 우리 자신을 불멸의 것으로 만들어야 하며, 또 우리 속에 있는 최선의 것에 따라 살기 위해서 모든 신경을 긴장시키지 않으면 안될 뿐이다. 인간은 많은 측면에서 구속되어 있기 때문에 한계가 있고, 또 그 한계를 무시할 때 그것은 인간의 월권 행위가 될 수밖에 없다.

그럼에도 불구하고 아리스토텔레스가 확신하고 있는 것은 기준 자체는 자기 자신을 변화시키는 일이 없기 때문에, 우리가 사색을 더듬어 가면 사물 자체가 우리에게 길을 가르쳐 주고, 우리들을 문제의 탐구로 향하게 한다는 것이다.

이렇게 볼 때, 인간이 진리를 향하여 성실하게 전진한다면 드디어 사물 스스로가 철학하는 일을 강요하게 된다는 결론에 이르게 됨을 우리는 알 수 있다.

아리스토텔레스가 형이상학을 '탐구되는 학'이라고 이름 부를 때 그것은 단지 수사학적 표현만이 아니라, 인간이 영원히 묻지 않으면 안되는 물음에 대한 끊임 없는 전진을 뜻하는 말인 것이다. 우리가 완전히 파악하고 해명할 수 없는 길이라 할지라도, 우리는 그 길을 헤치고 인간이 도달할 수 있는 데까지 나아가야 한다는 결의가 이 말 속에 담겨져 있는 것이다.

막혀 있는 길은 우리가 뚫고 나가려면 필연적으로 헤매지 않으면 안된다. 실상 이 헤매는 길은 막혀 있는 길을 트게 한다고 하기 보다는 더욱 곤란하게 할 수도 있다. 그러나 음미되지 않은 삶은 가치 없는 삶인 것이다. 비록 인생에 대한 음미가 쓰디 쓰다 하더라도, 갖가지 우회의 길을 인내하면서 더듬어 나가지 않으면 안된다.

8.

시각장애인이 지팡이를 필요로 하듯이 이 헤매는 길에서 바른 길을 찾기 위해서는 사고思考의 도구organon가 필요하다. 존재에 대한 막연한 전진을 하기에 앞서, 즉 '가정이 아닌 것으로, 존재하는 것에 대하여 이해하려는 자가 누구나 가져야 하는 원리, 또 인식하려는 자가 무엇을 인식하기에 앞서 꼭 필요로 하는 도구'가 다름 아닌 아리스토텔레스의 논리학인 것이다.

아리스토텔레스는 인간의 지식 활동을 '보다theorein'와 '행하다praktien'와 '만들다poein'로 삼분하고 각각의 경우에 따라 이론학, 실천학, 제작학으로 체계적인 분류를 하였다.

이론학에는 어떤 실제적인 것을 목적으로 하지 않고, 지식 바로 그 자체를 목적으로 하는 자연학이나 수학, 형이상학 등이 속하며, 정치학이나 윤리학 등은 실천학에 해당되고, 시학 이론을 주로 다루는 것이 제작학이라 할 수 있다. 그런데 논리학은 이런 학의 한 부분이 아닌 것이다. 논리학은 이러한 여러 학들을 하기에 앞서 전제되어야 할 학學의 예비학인 것이다.

아리스토텔레스의 논리학적 저술은 여섯편이 남아 있는데 Categoriae, De Interpretatione, An- alytica Priora, Analytica Posteriora, Topica, De Sophisticis El- enchis 등이 그것이다. 그리고 사람들이 그의 논리학을 Organon 이라고 칭한 것은 AD 6세기 이후의 일이었다.

9.

아리스토텔레스의 논리학은 흔히 '형식 논리학'이라고 불려진다. 왜냐하면 그의 논리학이 다루는 것은 사유형식에 대한 분석이기 때문이다. 그러나 우리는 이 '형식 논리' 라는 말에서 자칫하면 커다란 오해를 가져올 수 있다. 즉 그가 비록 인간 사고의 형식만을 그의 논리학에서 다루고 있지만, 그는 주로 '논증 형식' 에 관심을 쏟았던 것이다. 다시 말해 우리는 그가 그저 실재와는 관계 없는 내용을 배제한 형식만을 다루었다고 생각하기 쉽지만, 실상 논리학에 있어서의 그의 근본 의도는 형이상학과 밀접하게 관계하고 있는 것이다.

"모든 사람은 죽는다. 소크라테스는 사람이다. 그러므로 소크라테스는 죽는다."라는 유명한 그의 삼단논법을 예로 들어 볼 때, 그것은 단지 그 결론이 논리학의 형식적인 법칙에 따라서 연역되었다는 것만을 말하는 것이 아니다. 아리스토텔레스는 그러한 결론이 실재에서 증명되어진다고 생각했던 것이다. 따라서 그는 인식에 있어서 실재론자의 이론을 전제로 했으며, 그에 있어서 논리학은 비록 사유 형식에 대한 분석임을 뜻했지만, 그러한 분석은 실재를 생각하는 사유에 대한 분석이었다. 또 실재를 생각하는 사유는 그 스스로 실재를 개념적으로 재생시키는 것이며, 진眞인 판단에 있어서 외부 세계에서 검증되어질 수 있는 실재에 대한 문장statement을 만드는 것이었다. 아리스토텔레스의 논리학은 **실재에 대한 사유의 사유**에 대한 분석인 것이다.

10.

논리학이 추리하는 것을 그 주요 과제로 삼을 때, 추리란 판단을 통해서만 나올 수 있다. 또 그러한 판단이 나오기 위해서는 판단을 구성하고 있는 요소, 즉 개념이 문제된다. 아리스토텔레스의 논리학은 따라서 개념론, 명제론, 추리론 등 크게 셋으로 나눌 수 있다.

그런데 앞에서도 말했듯이 아리스토텔레스에 있어서 제일 중요한 철학의 주제는 존재 문제였으며, 그것은 곧 실재하는 것 즉 실체를 뜻하였고, 또 실체란 구체적으로 존재하는 개체를 말하는 것이었다. 그리하여 **존재하는 것=실재하는 것=개체**라는 등식이 성립되는 것이다.

우리는 여기에서 존재 문제를 밝히기 위해서는 우선 그것들이 어떤 식으로 존재하고 있는가 하는 존재의 방식에 대해서 그것들이 왜 있느냐 하는 존재 이유보다 먼저 물어봐야 할 것이다. 왜냐하면 존재를 어떤 선입견 없이 있는 그대로 객관적 서술을 한 뒤에야 존재의 원인도 들어날 수 있고, 알 수 있을 것이기 때문이다.

아리스토텔레스에 의하면 개체의 사물이 실체들이므로, 그러한 실체들의 존재 방식을 아는 것이 무엇보다도 우리의 선결 문제이다. 그런데 우리는 개개의 사물을 개념이라고 하는 테두리 안에서 다룰 수 있다. 따라서 무엇보다도 개념을 먼저 다루는 것이 존재방식을 아는 지름길임을 우리는 깨닫게 된다. 아리스토텔레스는 그의 범주론範疇論 안에서 그러한 개념의 문제를 다루고 있다.

본래 kategoria란 고소 혹은 고소장에다 진술서를 쓰는 것을 뜻하는 법정 용어로서 범죄 상의 죄목을 진술하듯이, 하나의 사물이 존재할 때 그것이 어떤 식으로 존재하고 있는가 하는 것을 진술한다는 뜻이다. 아리스토텔레스는 다양한 존재 세계에 대해서 그것을 몇 가지 근본 개념으로 분석하여 나타내려고 했으니 그것이 그의 유명한 10가지 범주인 것이다.

물론 아리스토텔레스 이전에도 피타고라스학파에 의해서 확립된

쌍을 이루거나 대對를 이루는 개념, 즉 유한 · 무한, 기奇 · 우偶, 일一 · 다多, 좌 · 우, 남 · 녀, 동動 · 정靜, 직直 · 곡曲, 명 · 암, 선 · 악, 방方 · 구矩 등 20 개의 범주가 있었고, 플라톤 학파에서도 유有on, 동同tauton, 이異eteron, 변화kinesis, 지속sitasis 등 5가지 범주가 있었으나, 비로소 아리스토텔레스에 이르러서야 본격적이며 주제적으로 다루어진 것이다.

그의 열 가지 범주는 1)실체, 2)양, 3)관계, 4)질, 5)장소, 6)시간, 7)자세, 8)소유, 9)능동, 10)수동 등인데, 그의 범주론은 상술한 열 가지 범주들에 대하여 광범위하고도 세밀한 논의를 잘 보여주고 있는 것이다.

11.

그러면 아리스토텔레스의 형이상학과 논리학의 가교 역할 내지 그 바탕이라고 할 수 있는 그의 실체설과 종種, 유類의 이론을 중심으로 범주론의 골격을 간추려 보자.

아리스토텔레스의 철학적 주제는 존재이며 이것은 곧 실체라는 것은 앞에서 밝힌 바와 같으며, 이러한 실체 파악을 위해서 무엇보다 먼저 언어를 사용하여 다양한 개체들을 개념화시켜야 한다. 그런데 그렇게 개념화시키는 과정에서 우리는 필연적으로 사물 자체와 그 사물에 대한 이름을 혼돈하여 그로부터 많은 곤란이 생기게 됨을 쉽게 깨닫지 못한다. 아리스토텔레스는 그러한 말로부터 생기는 우리들의 혼란을 제거시키기 위해서 범주론 제 1장부터 동명이의어同名異義語와 동명일의어同名一義語, 그리고 파생어 등을 구별해 낸다.

우리들은 실재하는 사람과 그림 속의 동물의 모양을 구별하지 않고 흔히 '동물' 이라고 불러 동명이의어적인 것을 구별하지 않으나, 각각의 경우에 맞는 정의를 확정짓기 위해 그것들을 구별해야 한다는 것이다. 그리하여 아리스토텔레스는 현대 분석 철학자 그 중에서 특히 의미론에서 흔히 다루어지고 있는 **지시 대상**과 **지시어**, 그리고 언어 사용자와 관계를 맺고 있는 **의미 자체**라는 세 가지 논리적 차원을 the thing, the name, the definition 으로 구분하고 있는 것이다.

그리고 발언 형태forms of speech의 기본 구조인 S-P(Subject-Predicate) 명제 형태에 있어서 주어에 대해 술어가 될 가능성과 주어에 내재할 사물의 가능성을 논하면서, 개개의 인간이나 개개의 말horse과 같은 개체는 주어를 서술하거나, 주어 속에 있는 그러한 것이 아니며 그것은 오직 제일의적인 실체라는 것이다.

그러나 제 2차적인 실체인 유類와 종種에 있어서는 그렇지 않으니 만일 모든 것의 기체基體인 1차적 실체가 존재하지 않는다면 그 밖의 어떤 것도 있을 수가 없기 때문에 1차적 실체를 제외한 모든 개념들은 1차적 실체를 서술하거나, 1차적 실체 곳에 있을 수 있다는 것이다. 그리고 우리가 무엇이 1차적 실체인가 하는 것을 근거있게 설명하기 위해서는 유類로 진술하기보다는 종種으로 진술해야 더욱 더 그 주어에 부합되기 때문에, 1차적 실체에 좀 더 가까이 관련되어 있는 2차적 실체인 종이 유보다 더욱 참되다.

그렇게 볼 때 1차적 실체란 모든 개개 사물에 내재하고 있는 실재인 까닭에 진정한 의미의 실체라고 불리어질 수 있으며, 그 실체와 그 외의 다른 개념들 사이에는 어떤 관계가 맺어지는데 그것은 우리가 종과 유 사이에서 볼 수 있는 포섭 관계와 같이 생각할 수 있다. 쉽게 말해 아리스토텔레스의 10가지 범주 가운데 첫 번째 범주인 실체를 제외한 9개의 범주가 실체에 대한 술어가 될 수 있으며, 실체는 늘 그 주어가 되는 것이다.

그리고 앞서 말했듯이 우리가 모든 존재를 분류할 때 언어로 분류하지 않으면 안 되기 때문에 모든 사물은 필연적으로 개념화되고 마는데 그 개념들은 최고류最高類에서 개체에 이르기까지 유와 종이라는 계층을 이루어 배열되어 있다. 그리고 한 유(상위 개념) 밑에는 많은 종(하위 개념)들이 속해 있기 때문에 같은 유에 속한 많은 종들을 서로 구별하기 위한 어떤 기준을 필요로 하는데, 이 기준이 될 성질을 종차種差differentia라고 한다. 따라서 한 개념은 그것의 상위 개념인 유와 그것의 종차에 의하여 규정되어지는 것이다.

즉, 유類 **+ 종차**種差 = **종개념 이라고 하는 어떤 개념의 정의**定義 **공식**이 만들어지는 것이다.

유와 종이라는 계층으로 배열된 개념들은 서로 다음과 같은 관계를 갖는다. 즉 하위 개념은 바로 그 위의 상위 개념(최근류)의 주어가 되고, 상위 개념은 바로 그 밑의 하위 개념(최근종)의 술어가 된다. 그리고 술어에 대해서 주장된 것(술어의 술어)은 그 술어의 주어에 대해서도 주장될 수 있다. 이것을 술어의 이행성移行性이라 하며, 삼단론법에 있어 중요한 기초가 되는 것이다.

예를 들어, "모든 사람은 동물이다. 소크라테스는 사람이다. 그러므로 소크라테스는 동물이다."라는 삼단 논법에서 대전제에 있는 '동물' 이란 술어는 소전제의 술어, '사람' 에 대해서 주장된 것이고(술어의 술어), 결론에서 이것은 소전제의 주어, '소크라테스' 의 술어로 되어 있는 것이다.

또, 동위개념들은 서로 다른 것의 술어나 주어가 되지 않는다. 즉, 같은 계열의 존재는 다른 존재의 술어가 될 수 없다. 그리고 위에서 말한 것처럼 최상위의 개념으로 실체를 포함한 10개의 범주가 있어, 실체를 제외한 나머지 9개의 범주가 술어로 쓰여질 수 있다.

범주론에는 그 밖에도 실체와 종차가 우연한 속성이 아니며, 실체 자체는 반대 개념을 가지지 않으며, 술어로서 종, 유, 그리고 종차는 그들의 주어와 함께 일의적一義的이라는 등의 논의와, 연속과 불연속, 동일함과 동일하지 않음을 그 대표적 특성으로 가지고 있는 양量에 대한 설명, 또 대부분 두 존재 사이에 동시에 일어나는 관계 범주에 대한 이야기, 대개는 반대 개념을 가지고 있고, 유사함과 유사하지 않음을 그 징표로 가지고 있는 질質에 대한 논의, 능동 · 수동, 적극 · 소극 등에 관한 논의로 전개되고 있으나, 무엇보다도 유와 종의 관계를 외연적으로 보아 유의 외연이 종의 외연을 포함한다는 포섭 관계, 즉 전체와 부분과의 관계가 그 기초를 이루고 있다.

그것은 아리스토텔레스 논리학에 있어 가장 중요한 추리인 삼단논법의 근본 원리인 술어의 이행성-**어떤 부분을 포함하는 전체는 그것의 부분의 부분도 포함한다**고 하는-의 핵심인 것이다. 그럼에도 우리가 늘 간과할 수 없는 것은 형식 논리란 용어에서 자칫하면 아리스토텔레스 논리학의 공허성을 발견하기 쉬운데, 실상 그의 논리학 전반에는 실체에 대한 형이상학적 사고가 면면히 흐르고 있는 것이다.

12.

우리는 범주론을 위시한 Organon 전체를 통해 철저한 아리스토텔레스의 분석적 사고를 볼 수 있다. 특히 범주론이야말로 시적이고 은유적인 스승 플라톤의 철학적 서술에 대한 비판 정신에서 나온 것으로서 플라톤적 방법론의 모호성을 최대한 제거시킨 명확하고 빈틈 없는 논리를 가진 냉철한 이성의 산물인 것이다.

물론 플라톤도 『국가』에서 태양의 빛을 바라볼 때 어떤 것에 비친 영상을 보지 않고 직접 바라봄으로써 눈이 멀어 버리는 수가 있는 것처럼, 지각만 가지고 직접 사물을 파악하려고 시도하다가는 영혼이 완전히 눈멀어 버리는 수가 있으므로 로고스의 세계로 들어가 개념들에 의해서 실재들의 진리를 탐구해야 한다고 하여 물질적인 근본 요소를 찾으려는 초기의 자연 철학자들이나 감각에 의해 사물을 이해하려는 소피스트들과는 다르게 새롭고 독특한 방법론을 전개해 나가고 있으며, 아리스토텔레스도 존재 자체를 성급하게 파악하지 않고 사고의 도구를 전제하고 있다는 점에서 두 사람 간의 유사성을 발견할 수 있으나, **플라톤 철학과는 달리 아리스토텔레스 철학에 있어서의 존재 파악은 범주적 사유에 의한 것이며,** 그는 명석한 논리적 바탕 아래 철학의 이념인 제일철학philosophia prima을 구현하기 위한 철학의 과학화를 시도했던 것이다.

13.

그러나 아리스토텔레스의 철두철미한 분석적 사유는 많은 문제점을 남겨 주었다. 분명 그의 분석적 방법은 전체를 조명해 보기 위한 어쩔 수 없는 시도였지만, 그의 논리학이 "같은 것이 같은 조건에서 같은 것에 속하면서 속하지 않을 수 없다", "모순적으로 대립하는 두 진술은 동시에 둘 다 참일 수 없다"라는 모순율과 "모순되는 두 명제 사이에 중간적인 것은 있을 수 없다"라는 배중율을 근본원리로 하는 명제론을 지니고 있는 이상, 늘 판단의 진리치는 진眞이나 위僞일 수 밖에 없으며, 이는 존재=실체=개체 라는 등식에서 나온 것으로 **실제로 영원히 있는 보편적 존재에 한해서만 적용되어질 수 있는 성질의 논리학**인 것이다.

다시 말해 아리스토텔레스의 논리학은 이미 있는 것, 주어진 것을 있는 그대로, 주어진 그대로 밝히려는 이론에 불과하고 새로운 것, 즉 전에 없었던 것을 새로 만들어 냄에 관한 논리는 아닌 것이다. 그렇다면 그렇게 방대하고 완벽한 아리스토텔레스의 논리학에 왜 그런 난점이 생기게 되었는가?

그것은 일찍이 플라톤이 이데아에로의 길을 추구하기 위해서 '상기想起'라는 보편적 원리를 가정한 것처럼, 비록 아리스토텔레스는 보편적인 것이 필연적으로 사물에 속해 있기 때문이라는 명제 아래 귀납적 증명에 크게 힘입었지만, **아리스토텔레스가 채택한 귀납적 방법에 대한 최후의 근거에는 "제일원리를 파악하는 직관적 이성이 있다"라는 커다란 형이상학적 가정이 깊숙이 도사리고 있기 때문**인 것이다.

많은 철학자들이 전통적으로 논리학이 마치 형이상학을 지배해 왔다고 생각하여 형이상학적인 것의 본질이 논리적으로 다 해명되며, 또 해명되어야만 한다고 하는 오류를 저지르고 있다. 그러나 사실은 오히려 정 반대이다. 즉 논리학을 현재의 그러한 형태로 있게끔 한 논리학의 이념을 살펴볼 때, 실상 그 이념의 밑바탕에는 이미 형이상학적인 가정을 내포하고 있지 않으면 안 된다.

논리학이 형이상학의 수단이지, 형이상학이 논리학의 수단이 아니라는 것과 그 둘은 언제나 상호 보완적인 관계에 놓여 있다는 것을 본 논고에서 줄곧 논구해 온 바 있다. 형이상학이 그 자신의 유래에 관한 투철한 지식을 갖지 못하는 이유는 논리학이 자기 자신의 본질을 충족적으로 파악할 수 없는 것과 같은 근거에서인 것이다.

참고 문헌

아리스토텔레스

단행본

1. 박종홍, 『일반논리학』, 박영사, 1971.
2. 정의채, 『형이상학』, 성바오로 출판사, 1975.

논문

1. 박영식, "기호논리학의 특수성, 형식논리학과의 대비", 『인문과학』 제21집, 연대 인문과학연구소, 1969.
2. 소흥렬, "논리적 사고와 합리적 사고", 『인문과학』 제21집, 연대 인문과학연구소, 1969.
3. 정은순, "Aristoteles의 철학적 경험과 그의 神觀", 『철학』 제10집, 한국철학회, 1976.
4. 조가경, "하이덱거와 논리학에 대한 물음", 『박종홍박사 환갑 기념논문집』, 철학연구회, 1963.
5. 조요한, "Aristoteles와 형이상학의 문제", 『철학연구』 제4집, 철학연구회, 1969.
6. 박종현 교수 『고대철학 강의 노트』.

4. 현대사회에서의 도덕적 위기와 존재와 소유의 제문제

· E. Fromm의 사상을 중심으로

1.

사람이라면 못살기를 지향하는 사람은 아마 없을 것이다. 인간이라면 어느 누구나 잘 살기를 원하고 있다. 무엇이 잘 사는 것이냐 하는 질문에 대해서는 여러 가지로 다양한 답변을 할 수 있을 것이지만 여하튼 우리 모두는 다 잘 살기를 원하고 있다. 그러한 '잘 사는 삶' 을 우리는 흔히들 '행복한 삶' 이라는 구절로 대치하여 말하고 있다. 즉 우리는 행복한 삶을 원하고 있으며, 우리의 삶이 행복하기를 바라고 있는 것이다.

그러면 무엇이 행복한 것인가? 어떻게 사는 길이 잘 사는 길일까? 과연 우리들은 지금 행복함을 느끼며 살고 있는 것일까? 아니면, 실상은 잘 살고 있지 못한데, 자기 스스로는 잘 살고 있는 것처럼 착각을 일으키며 사는 것은 아닌가?

21세기를 지향하고 있는 이 때에 인류는 역사상 그 어느 때보다도 놀랍게 발전된 과학기술 문명 시대를 향유하고 있다. 물론 각 국가와 민족, 인종 간의 빈부의 격차는 갈수록 심화되어 경제적으로 못사는 나라들이 속출하고 있기는 하지만, 전반적으로 보아 지금처럼 풍족한 물질 문명을 누린 적은 일찍이 없었다.

우리나라를 예로 들어보더라도 6 · 25 전쟁 직후의 삶과 지금의 삶을 비교해 보면 참으로 엄청난 격세지감을 느끼게 한다. 온 국민들이 먹을 것, 입을 것이 없어서 허덕이면서 미국 등지에서 보내온 구호물자에 매달려 근근히 생활해 왔던 것이 엊그제 같은데, 이제는 1년에 약 8조원이나 되는 음식물을 마구잡이로 내버리고 있으며, 그러면서도 살을 빼지 못해 안달을 하고 있는 실정이 아닌가?

각종 신문에 대문짝만하게 선전하고 있는 다이어트 관련 광고 문구는 그동안 우리들이 얼마나 먹는 것에 집착해 왔었는가 하는 것을 역설적으로 보여 주고 있다. 오죽이나 못 먹었으면 만나서 하는 인사가 '식사하셨어요?' 였으며, 손님을 초대하여 식사를 대접할 때에는 '많이 드세요!' 라고 양적인 식사 권유를 무의식적 으로 했었겠는가.

그러나 이제는 상황이 달라졌다. 더 이상 많이 먹기를 원치 않는 국민으로 변화되어 가고 있는 것이다. '식사의 양量' 이 문제가 아니라, '삶의 질質' 이 문제가 되는 시대로 접어든 것이다. 물론 우리 사회에 여전히 120만 명 정도의 절대 빈곤층이 있다고는 하지만, 4,50년 전과는 비교할 수 없을 정도로 잘 먹고, 잘 입고, 잘 쓰고 있다. 한마디로 말해 예전에 비해 물질적으로는 풍요롭게 잘 살고 있다고 이야기 할 수 있을 것이다. 그러나 과연 우리가 옛날에 비해 진정으로 잘 살고 있는 것일까?

물질적인 풍요로움을 이야기함에 있어서 굳이 복잡한 통계 수치를 들먹일 필요는 없다. 당장 시장에 나가든지, 슈퍼마켓에 가든지, 백화점에 가든지 하면 불과 몇 십년 전과는 상대가 되지 않을 정도로 많은 물품이 산더미처럼 쌓여져 있는 것을 발견할 수 있다. 헤아릴 수 없을 정도로 많은 식품류들과, 디자인도 다양한 각양각색의 의류들과 화장품들, 생활을 편리하게 하는 각종 전자 제품과 형형

색색의 보석류와 장신구류들, 건강을 위한 여러가지 스포츠 용품 및 여가 생활을 윤택하게 해주는 각종 레저 상품에 이르기까지 참으로 많은 물건들이 우리를 유혹하기도 하고, 우리를 만족시켜 주기도 하며, 우리를 애태우게도 만들고 있다.

과연 이 많은 물질들로 인해서 우리들의 삶은 충분히 충족되어졌는가? 계속적으로 생산되어 나오는 각종 물자들이 과연 인간의 삶을 풍부하게 하고, 그 의미를 더 빛나게 하고 있는가? 쉽게 말해 우리들은 지금 행복한가? 예전에는 상상할 수도 없었던 각종 패스트푸드와 가공 식품에 길들여져 가면서, 예전에는 생각지도 못했던 각종 바이오 화장품을 얼굴에 찍어 바르면서, 예전에는 꿈도 꾸지 못했던 좋은 자가용차를 몰고 다니면서 엄청난 매연 가스를 들이마시고 있는 우리들!

과연 우리들은 지금 행복한 삶을 누리고 있는 것일까?

위의 질문에 대한 대답은 그리 긍정적이지만은 않다. 우리가 과거에 비해서 더 맛있는 것을 배불리 먹고, 우리가 과거에 비해서 더 좋은 옷을 입고, 우리가 과거에 비해서 더 좋은 집에 살고 있는데, 왜 우리들은 과거에 비해서 더 힘들게 살아가고 있는 것일까?

왜 우리들은 자신을 낳아 주고 길러 주신 부모님의 가슴에 칼을 들이대며, 왜 우리는 자신이 잉태한 아이를 아들이 아니라는 이유 하나만으로 혹은 원치 않았던 임신이라는 이유로 마구잡이로 죽이고 있으며, 왜 우리는 각종 경쟁에 시달리다가 스스로 목숨을 끊는 일을 다반사처럼 저지르고 있는 것일까? 도대체 무엇이 우리가 과거보다 더 잘 살고 있다는 말일까?

저명한 사회 사상가의 한 사람인 에리히 프롬Erich Fromm은 위와 같은 여러 문제에 대해서 일찍이 그의 여러 저술을 통해서 어떤 때는 사회심리학적인 내용으로, 어떤 때는 윤리적인 내용으로, 어떤 때는 종교적인 내용으로 다양하게 논구한 바 있다.

그에 따르면 현대의 과학은 우리를 전지全知omniscient한 존재인 것처럼, 현대의 기술은 우리를 전능全能omnipotent한 존재인 것처럼 믿게 만들었다는 것이다. 그리하여 무한한 생산unlimited p-roduction, 절대적 자유absolute freedom, 무제한적인 행복unrestricted happiness이라는 삼위일체가 '발전Progress' 이라는 새로운 종교의 핵을 형성했다는 것이다. 그러나 실제적으로 그러한 '위대한 약속Great Promise' 은 점점 다음과 사실을 인식함으로써 실패로 돌아가고 말았다는 것이다. 즉,

첫째, 모든 욕망에 대한 무한정한 충족은 '잘 사는 삶well-being에 도움을 주는 것만은 아니며, 그것은 행복에로의 길도 아니고, 최대한의 쾌락의 길도 아니라는 것.

둘째, 우리가 자신의 삶에 있어서 독립적인 주인이 된다고 하는 꿈은 우리 모두가 관료주의적 기계 장치 안의 부속품이 되어 버렸다는 사실을 깨닫기 시작했을 때 끝장나고 말며, 우리의 사고와 감정, 취미 등은 정부와 산업 및 그들이 통제하고 있는 메스컴에 의해 조종당하고 있다는 것.

셋째, 경제적인 성장은 오직 선진 국가에 한정된 것이며, 선진국과 후진국 간의 간격은 계속 벌어져 왔다는 것.

넷째, 기술적 향상은 생태학적인 위기와 핵전쟁의 위기를 불러일으켰으며, 그 중 어느 한쪽의 위험 요소가 모든 문명을 종식시킬 수 있으며, 아마도 모든 생명까지도 절멸시킬지 모를 정도가

되었다는 것.

'아프리카의 성자聖者' 로 알려져 있는 알버트 슈바이쳐Albert-Schweitzer 박사는 노벨 평화상 수상식장에서 다음과 같이 선언하였다.

> 주어져 있는 상황에 과감하게 대처하기 위하여...... 인간은 초인su-perman이 되었다...... 그러나 초인적인 힘을 갖고 있는 그 초인은 초인적 이성의 수준에까지 이르지는 못했다. 그의 힘이 커지면 커질수록 그는 점점 나약해져 갔다...... 우리가 초인으로 성장하면 할수록, 우리 모두는 점점 비인간화되어 가고 있다는 사실에 대해 우리의 양심은 철저히 각성해야 하는 것이다.

2.

프롬에 따르면 '위대한 약속' 의 실패로 이끈 산업주의industrialism의 밑바닥에는 두 가지의 커다란 심리적인 전제가 있었다는 것이다. 그 첫 번째 것은 우리의 삶의 목적은 행복이며, 그 행복은 우리가 느끼는 어떠한 욕망이나 주관적인 욕심을 무조건 충족코자하는 '극단적 쾌락주의radical hedonism' 이며, 다른 하나는 어떤 산업 체제가 제 기능을 발휘하기 위해서 산출해 놓은 '자기중심주의, 이기주의, 세속적 탐욕(egoism, selfishness, greed)' 등이 그 사회를 조화와 평화로 이끌고 있다는 생각이 그것이다.

프롬은 역사적으로 볼 때 위의 첫번째 전제, 즉 '삶의 목적이 모든 인간의 욕구충족에 있다' 는 발상은 이미 아리스티푸스Aristip-pus 에 있어서 '행복이란 향유한 쾌락의 총합' 이라고 하는 주장에 잘 나타나 있다고 보면서, 그러한 주장은 다시 17, 18세기의 철학자들에 의해 다시 명백히 드러나고 있다고 본다.

토마스 홉스Thomas Hobbes에 있어서 행복이란 하나의 탐욕으로부터 또 다른 탐욕으로 끊임없이 발전하는 것이었으며, 라 메트리La Mettrie는 마취제까지도 행복의 환상을 가져다주는 것으로 추천한 바 있고, 드 샤드de Sade에 있어서는 잔인한 충동의 만족도 타당성 있는 행위로 받아 들여졌다는 것이다.

그 뒤, 18세기 이후 공리주의Utilitarianism와 같이 보다 세련된 형태의 쾌락주의가 만들어지는 한편, 칸트, 마르크스, 소로우Thor-eau, 슈바이쳐의 주장은 철저히 반쾌락주의적 흐름을 지니고 있었다. 그러나 서구사회에 있어 1차 세계대전 이후 최근에 이르기까지 극단적인 쾌락주의가 사회 전체에 만연되어 있다는 주장이다.

한편 개인적인 이기주의의 추구가 조화와 평화 및 모든 사람의 복지에 증진을 가져올 것이라는 제 2의 심리적인 전제는 이론적인 근거에서도 잘못에 빠져 있다는 것이다. 내 목표가 소유having라면 나는 더욱 많이 소유할수록 더욱 그 존재가 확실해지므로I am more the more I have, 나는 탐욕스러워질 수밖에 없으며, 모든 사람들에 대해서 적대감을 느끼지 않을 수 없게 된다.

그렇게 된다면, 자신의 고객을 속여야 하며 경쟁자를 물리쳐야 하며, 노동자들을 착취해야 한다. 그러나 그럼에도 불구하고 우리 자신은 만족할 수 없다. 왜냐하면 우리들의 욕심은 끝이 없기 때문이다.

우리들은 자신보다 더 많이 가진 사람을 시기 질투해야 하며, 자신보다 더 적게 가진 사람에 대해서는 두려워해야 한다. 그리고 모든 감정을 억누르고 자기 자신에게나 남에게나 모든 사람들이 가장 하듯이, 스스로 미소를 머금고 합리적이고 성실하며 아주 친절한 인간인 척하지 않으면 안 되는 것이다.

또 동시에 소유를 향한 열정은 끊임 없는 계급투쟁을 유발시킬 뿐인데, 계급을 철폐함으로써 계급투쟁을 종식시킬 것이라는 공산주의자들의 구실은 허구fiction에 불과하다는 것이다. 왜냐하면 그들의 체제는 삶의 목표를 철저하게 무한정한 소비의 원칙에 기초를 두고 있기 때문에, 모두가 더 많이 소유하기를 바라는 한, 계급은 형성되게 마련이고 계급투쟁은 언제나 남아 있게 마련이며, 전 세계적인 국제 전쟁은 항상 존재할 수밖에 없기 때문이다. 탐욕과 평화는 결코 공존할 수 없는 것이다.

적어도 18세기 산업혁명의 급격한 변화를 치루기 이전까지만 해도 인간 사회의 대부분의 경제 행위는 윤리적 원칙에 의해서 결정되었다고 해도 과언이 아니었다. 그러나 수많은 단계를 거치면서 형성되기 시작한 18세기 자본주의는 경제 행위를 윤리 및 인간적 가치와 분리시키게 되었으며, 경제 체제는 인간의 욕구와 의지와는 독립된 또 다른 자율적 실재autonomous entity인 것처럼 생각하게 되었다.

그리하여 이러한 경제 체제의 발전은 '무엇이 인간을 위해 좋으냐?What is good for Man?'라는 질문 대신에 '무엇이 체제의 성장에 좋은 것이냐?What is good for the growth of the system?'라는 질문에 의해서 결정되게 되었다는 것이다. 우리들은 이러한 모순점을 숨기기 위해서 체제의 성장(혹은 어느 한 대기업의 성장)은 인간을 위해서 좋은 것이라고 가정하게 되었으며, 그러한 체제가 우리들에게 요구하는 이기주의, 자기중심주의, 탐욕 등이 마치 인간 본성에 이미 내재해 있는 것인 양 조정을 해왔다는 것이다, 다시 말해 그러한 특질들이 어떤 특정한 사회적 환경의 소산이 아니고, 자연스러운 충동인 양 인식하도록 강요해 왔다는 것이다.

그러한 과정에서 또하나 심각하게 문제가 되기 시작한 것은 바로 인간과 자연과의 관계가 점점 더 적대적이 되었다는 사실이다. '자연의 변종freaks of nature'인 우리 인간들은 우리의 존재 문제를 인류와 자연과의 조화라고 하는 예언자적인 비전을 포기한 채, 자연을 정복하고 자연을 우리의 목적에 맞게 변형시킴으로써 해결하고자 했다는 것이다. 그리고 그러한 자연에 대한 정복은 점차로 자연에 대한 무차별한 파괴로 진행되어갔다. 그리하여 자연 정복 및 자연에 대한 적대감에 빠진 우리들은 천연 자원은 한계가 있으며, 그것은 종국적으로 고갈될 수밖에 없고 마침내 자연은 인간의 탐욕에 대해 반격을 가할 것이라는 사실을 까맣게 모르고 있다는 것이다.

3.

위와 같은 프롬적인 논의는 우리 사회의 근대화 과정에 있어서도 거의 비슷하게 들어맞고 있다고 봐도 과언이 아닐 것이다. 즉 6·25 전쟁 이후 4·19 혁명, 5·16 쿠데타로 이어지는 혼란스러웠던 시기를 지나 '우리도 한번 잘 살아 보세' 라는 기치를 드높이 들었던 1960년대 및 1970년대에 이르러서, 모든 가치의 기준이 '수출'과 '경제 성장' 이라는 목표에 달려 있었으며, 그러한 과정에서 우리의 GNP가 성장해 가는 사이 우리의 인간관계는 여러 가지로 악화되어 갔으며, 우리 사회에 점차로 이기주의와 물질 만능주의, 황금 숭배주의와 도덕적 퇴폐주의가 여러 가지 형태로 싹트게 되었던 것이다.

그리하여 급기야 1980년 대, 1990년 대에 접어들면서는 일찍이 한민족사에서는 겪어 보지 못했던 끔직한 일들이 사회 도처에서 전개되기 시작했는데, 속칭 수입 오렌지족이라는 새로운 용어를 탄생시킨 박한상 군의 부모 살해 사건을 필두로, 사람을 잔인하게 죽이고 불로 태우기까지 했던 지존파 사건, 역사상 그 예를 찾아보기 힘든 전두환, 노태우 두 전직 대통령의 엄청난 액수의 부정 축재 사건, 어이없이 무너져 내린 성수대교 붕괴 사건 및 많은 인명 피해를 낳았던 삼풍 백화점 붕괴 사건 등 우리 사회가 병든 흔적은 그 사례들을 이루 다 열거할 수 없을 정도로 많다고 하겠다.

경쟁 지향적이고, 출세 지향적인 '빨리 빨리' 문화는 우리나라의 교통사고율을 세계 최고로 끌어 올렸으며, 40대 사망율 역시 세계 최고를 기록하게 했다. 우리나라의 이혼율은 나날이 증가하고 있으며, 청소년 가출 문제와 자살 문제 역시 항상 신문의 사회면을 장식하고 있다. 자신을 낳아 주고 길러준 부모를 효도 관광을 시켜준다는 미명 아래 먼 곳에 갖다버리는 패륜아들이 속출하는가 하면, 자신이 임신한 태아를 인정 사정 없이 낙태시키는 일이 1년에 대략 150만 건 가까이 생겨 난다고 하니, 도대체 우리들은 고귀한 생명을 얼마만큼 경시하고 있는 것일까.

더욱이 사소한 시비들, 예를 들어 공중전화를 지나치게 오래 쓴다거나, 남의 차가 자신의 차를 추월했다거나, 주차 장소를 양보해 주지 않았다거나 하는 정도의 사소한 문제로 인명을 다반사로 살상하기까지 하는 끔찍한 사회로 변하고 있는 것이다.

도대체 이런 문제들은 왜 발생하는 것일까? 분명히 4,50년 전에 비해서 우리는 경제적으로 월등히 잘 사는 개발도상국의 선두대열에 당당히 앞장 서 있는데 왜 아직도 우리 사회의 정치적, 도덕적 타락은 계속 진행되는 것일까? 굳이 프롬의 용어를 빌린다면 아직도 우리 사회는 '건전한 사회sane society'가 되지 못했기 때문이라고 말할 수 있겠다. 그러면 건전한 사회는 어떤 사회인가? 어떻게 해야 건전한 사회가 될 것인가?

프롬은 일찍이 현대 서구 사회를 개인병리학individual pathology적으로가 아니라, 사회병리학pathology of society적인 시각에서 논의한 바 있다.

그는 우선 우리들은 과연 정상적인 정신 상태를 지니고 있는가?Are We Sane?라고 하는 심각한 질문을 던진 연후에 대부분의 우리들은 자기 자신이 정상적인 것으로 생각하고 있지만, 자신이 속해 있는 사회 전체가 건전한 사회가 되지 못하면, 그 속에 속해 있는 우리들 자신도 결코 건강한 정신상태를 유지하기 힘들다는 것을 여러 가지 측면에서 논구하고 있다.

그는 자살과 살인과 알콜 중독에 대한 도표를 제시하면서, 자살이 결코 물질적인 가난 때문에 발생하는 것이 아니며 오히려 유럽에서는 물질적인 번영이 증대하면서 자살의 발생율도 그만큼 증대하였다는 것을 증명해 내고 있다. 그는 또한 자살율이 높은 나라가 알콜 중독율이 높다는 것을 도표로 제시하면서, 정치적으로 가장 민주적이고 경제적으로 번영을 누리고 있는 유럽의 여러 나라들과 물질적으로 풍족한 미국에서 정신 장애가 가장 심각한 상태로 진전되고 있다는 사실을 지적하면서, "사람이 빵만으로는 살 수 없다

Man lives not by bread alone"는 말이 진실임을 확인하고 있다. 결국 현대 문명이 인간의 깊은 욕구를 충족시키는 데 실패하고 말았다는 주장이다.

사실 에리히 프롬은 프로이트S. Freud가 『문명과 그 불만』이라는 저서에서 아주 광범위하게 다루었던 가설, 즉 인간의 본성과 사회는 서로 상충되는 요구를 가질 수 있으며, 그에 따라 '사회 전체가 병들 수 있다' 는 문제를 새로운 시각에서 조명해 보고자 했던 것이다.

프로이트는 문화나 문명이란 인간의 여러 가지 욕구들과 대립하면서 발전된다고 믿고 있으며, 그 대립의 증대는 마침내 사회적 신경증social neurosis까지 유발시킨다고 보고 있는데, 그는 다음과 같이 말하고 있다.

> 만약 문명의 진보가 개인의 발달 과정과 아주 유사하다면, 그리고 만약 양쪽 모두에게 똑같은 방법이 적용될 수 있다면, 여러 문명의 체계, 또는 그 문명 시대, 가능한 한 인류 전체 모두가 문명화의 과정에서 빚어지는 억압 때문에, 노이로제 증세를 띠게 된다는 진단이 정당화될 수는 없을까?...... 개인의 신경증에 있어서, 우리에게 제시된 환자와 우리들이 정상normal이라고 생각하는 환경과의 차이점을 하나의 출발점으로 사용할 수는 있다. 그러나 유사하게 병들어 있는 사회에 대해서 그와 같은 배경은 유용하게 쓰일 수 없다. 따라서 거기에 적용될 다른 방법을 찾아내지 않으면 안된다...... 장차 누군가가 문명사회의 병리에 대한 연구research into the pathology of civilize d communities를 과감히 시도해 보기를 기대하고 싶다.

그리하여 에리히 프롬은 프로이트가 남겨 놓은 위와 같은 과제를 자기의 학문적 과업으로 삼고, 물질적인 풍요로움에 젖어 있는 현대 산업사회의 여러 문제에 대해서 인본주의적 정신분석학Humanistic Psychoanalysis내지 인본주의적 인간학Humanistic Science of Man의 관점에서 여러 이론을 전개시키고 있는 것이다.

4.

프롬에 따르면 현대 사회에 살고 있는 우리들은 많은 것을 소유하면 소유할수록, 또 많은 것을 소비하면 소비할수록 더 잘 살고 있는 것과 같은 환상을 지니고 있을 뿐만 아니라, 소유 양식having m-ode을 가장 당연하고 유일한 생존 양식으로 알고 그러한 인식 아래, 자신의 삶을 꾸려가고 있다는 지적이다. 그리하여 '풍요로운 사회' 는 '탐욕의 사회' 로 변모되어 가고 있으며, 그 사회 구성원의 성격도 점점 매매 지향적themarketing orientation 성격으로 바뀌어져 가고 있다는 것이다.

특히 프롬이 크게 관심을 갖고 있는 것은 위와 같은 사실 뿐만이 아니라, 오늘날의 대부분의 사회 과학자들을 위시해서 보통 일상인들은 어떤 한 사회가 제 기능을 하고 있는 한 정상이며, 병리 현상이란 개개인이 그 사회의 생활 방식에 제대로 잘 적응하지 못했을 때 일어나는 것이라고 뿌리 깊이 인식하고 있다는 사실에 있다. 그의 말을 빌리면 다음과 같다.

> 한 사회의 구성원의 정신 상태에 있어 가장 기만적인 것은 그들 구성원이 쓰고 있는 개념에 대한 합의에 의한 정당화consensual vali-

dation이다. 대다수의 사람들이 어떤 공통의 생각과 감정을 가지고 있을 경우, 그것은 당연히 타당한 것으로 인정되게 마련이다. 이것처럼 진리에서 먼 것은 없다. 이와 같은 합의에 의한 정당화는 이성이나 정신 건강과는 아무 상관도 없다...... 수백만 명의 사람들이 동일한 악惡을 공유한다고 하여 이 악이 덕이 될 수는 없으며, 모두 비슷한 오류를 많이 저질렀다고 하여 그 오류가 참이 될 수는 없다. 마찬가지로 수백만 명이 같은 형태의 정신 질환을 공유하고 있다고 하여도 그 사람들이 건전하다고 할 수는 없는 것이다.

그리하여 프롬은 건전한 사회sane society, healthy society에 대한 뚜렷한 기준이 존재하지 않는다는 사회학적 상대주의의 기본 전제를 논박하면서 인류에게 알맞는 정신 건강의 보편적 기준을 제시하고자 상당한 노력을 경주하고 있는 것이다.

즉, 프롬의 발상에 의하면 어떤 사회에 잘 적응해서 별탈없이 살아가는, 흔히들 정상인이라고 일컫는 사람들이 모여 사는 사회라고 해서 곧 그 사회가 정신적으로 건강한 사회는 아니라고 본다. 어떤 사회의 구성원들이 서로 사랑하지 않고 적의를 품고 있다거나, 서로 창조적 관계를 맺지 못하고 불신풍조가 만연되어 있다거나, 이성의 능력을 제대로 발휘하지 못하고 자아감각을 상실하거나 했을 때에 그 사회는 아무리 물질적으로 만족스럽고 산업화가 최고의 수준에 가 있다 하더라도 '병들어 있는 사회'요, '불건전한 사회'요, '소외된 사회'라는 주장을 펴고 있다.

불행하게도 우리들은, 어떻게 자기가 소속되어 있는 사회에 잘 적응adjustment할 수 있느냐, 그렇지 못하느냐에만 관심을 가질 뿐, 그 적응에 필요한 방법이 건강한 것인지 병적인 것인지에 대해서는 별 신경을 쓰고 있지 않다는 것이다. 그러한 자세를 취하면서 현대인은 점차로 소유 지향적 성격을 띠게 된다고 그는 보고 있다.

프롬은 우리의 일상 생활에서 벌어지고 있는 소유 지향적 특성과 존재 지향적 특성을 여러 가지 측면에서 잘 그려내 보이고 있는데 그 내용을 따라가 보면 대략 다음과 같다.

즉 우리가 무엇을 배우는 '학습 과정Learning' 에서도 소유 양식을 가지는 학생은 무조건 배운 것을 단단히 기억하거나 노트에 조심스럽게 간직함으로써 '배운 것' 을 고수하고 있을 뿐이다. 어떤 새로운 것을 창조해 내려고 하지 않고, 오직 배운 것만을 소유하고 있을 뿐이다. 반면에 존재 지향적 학생은 수동적인 자세를 취하는 것이 아니라, 그들이 배운 것에 대해서 능동적인 반응을 나타낸다.

그들의 마음에는 새로운 질문과 새로운 개념과 새로운 전망이 생산적으로 생겨나며, 강의 받기 이전과 강의 받은 이후의 삶은 완연히 달라진다. 그들에게 있어서 학습 과정이란 그 자체로 살아 있는 과정이 되는 것이다.

기억Remembering에 있어서도 두 개의 생존양식은 차이를 보이고 있는데, 소유 지향적 사고 안에서의 기억은 단어와 단어와의 결합을 단지 기계적으로 연결을 시키고 있으면서 순수하게 논리적인 양상을 보이는 반면에, 존재 지향적 사고에서는 말 · 개념 · 광경 · 회화 · 음악 등을 능동적으로 상기시키며, 개념적인 결합에 있어서도 기계적인 결합이 아닌 살아 있는 결합을 맺어나간다는 것이다.

대화Conversing에 있어서 소유지향적 특성은 예를 들어, A는 X라는 의견을 '가지고', B는 Y라는 의견을 '가지고' 서로 만났을 때, 그 견해 자체가 하나의 소유물이기 때문에 양쪽 모두는 자신의 견해가 바뀌거나, 혹은 상대방의 의견이 변화될 것을 기대하지 않는다는 것이다. 왜냐하면 견해가 변화된다는 것은 자신의 견해의 '상실' 을 의미하며, 자신의 빈곤을 뜻하기 때문이라는 설명이다.

반면에 존재 지향적 대화자들은 자기중심적 태도를 초월해 있기 때문에 상대방의 의견에 많은 관심을 보이면서 보다 새로운 견해를 모색해 낸다는 것이며, 자신의 견해가 바뀌어지는 데 대한 어떠한 두려움도 갖고 있지 않다는 것이다. 대화가 끝난 뒤에도 어떤 승리감이나 혹은 슬픔을 지니지 않고 기쁜 마음으로 헤어질 수 있다는 말이다.

독서Reading에 있어서 소유지향적 인간은 책을 읽는다는 것이 곧 그 책의 전체 내용을 소유하는 데 그 목표를 두고 있다. 소설 읽는 것을 예로 들면, 소유지향적 인간은 호기심을 중심으로 주인공이 죽었는가 살았는가, 여주인공이 유혹당했는가 저항했는가, 행복한 결말을 맺었는가 불행한 결말을 맺었는가에 온갖 초점을 맞추어 놓고 있다는 것이다. 그들은 소설 속의 인물에 대한 진지한 이해와 다양한 인간성에 대한 통찰을 통한 자신의 변화에는 별 관심이 없다는 말이다.

그러나 존재 지향적 인간은 단순히 책의 내용을 암송하는 데 머무는 것이 아니라, 그 책의 저자에 대해 끊임 없는 질문을 하고, 책을 읽는 과정을 통해 저자와 계속적인 대화를 거듭하면서 과연 그 작가가 머리로만 말하고 있는 것인지, 아니면 머리와 가슴으로 함께 말하고 있는 것인지를 가려낼 줄 안다는 것이다. 그러한 과정을 거쳐 때로는 작가보다 더 완전하게 그 책을 이해할지도 모른다는 주장이다.

권위의 집행Exercising Authority에 있어서 소유 양식과 존재 양식에 있어서의 차이는 우선 그 권위가 어떤 의미를 지닌 권위인가에 따라서 다르다고 본다. 즉 그 권위가 힘power에 바탕을 두고 있으면서 그 권위에 종속된 사람을 착취하는 비합리적 권위irrational authority인가, 아니면 능력competence에 바탕을 두고 있으면서 그 권위에 의존하는 사람의 성장에 도움을 주는 합리적 권위rational authority인가에 따라 두 양식의 차이가 있다는 사실이다.

지식의 소유와 참된 앎Having Knowledge and Knowing에 있어서도 두 양식은 근본적인 차이를 보이고 있는데, 우선 존재 지향적인 참된 앎은 석가모니, 유대의 예언자, 예수, 에카르트, 프로이트, 마르크스와 같은 사상가들의 통찰력을 통해서 알 수 있다고 프롬은 보고 있다. 참된 앎은 우리들의 상식적인 지각만을 통해서는 확실히 알 수 없다는, 환상의 분쇄shatteing of illusion에서 비롯되는 것이다. 올바른 앎은 환상에서 깨어나는 것disillusionment ; Ent-tauschung이다. 참된 앎이란 뿌리에까지, 다시 말해서 근거에까지 도달하기 위해서 표면을 뚫고 탐구하는 것이다. 그야말로 현실을 있는 그대로 직시하는 것을 뜻한다.

석가모니 즉 깨달은 자는 사람들에게 일상으로부터 깨어나서 물질의 추구가 행복에 이른다는 환상으로부터 해방되기를 바라고 있으며, 유대의 예언자들은 사람들이 현실 생활에서 떠받들고 있는 우상이 실상은 그들의 손으로 만든 것이며 환상이라는 사실을 깨달으라고 목청을 높이고 있고, 예수는 세상사에 얽매어 있는 우리에게 '진리를 알지니 진리가 너희를 자유케 하리라' 고 호소하고 있다. 에카르트는 '참된 앎이란 어떤 특별한 생각이라기보다 모든 껍질을 벗어 버리고, 사심 없이 하나님을 만나고 그를 파악할 때까지 그 분에게로 달려가는 것이다' 라고 주장한 바 있다.

존재 양식에 있어서 이상적인 앎은 '더 깊게 아는 것' 인데 반하여, 소유 양식에서의 이상적 앎은 '더 많이 지식을 갖는 것' 이다.

그런데 불행하게도 우리들의 교육은 지식을 그것을 획득한 뒤에 따라오는 사회적 명성 혹은 재산의 양과 대체로 비례하는 하나의 재산으로 소유케 하도록 하는 훈련에 치중하고 있다. 오늘날의 학교는 학생들에게 인간 정신의 가장 고귀한 위업을 심어 준다고 크게 떠들고는 있지만, 실상은 그럴싸하게 꾸며진 '총괄적인 지식의 껍데기상자knowledge packages' 만을 전해 주고 있을 뿐이라고 프롬은 비판하고 있다.

신앙Faith에 있어서도 위에서와 마찬가지로 두가지 양식에 있어서 차이점이 존재하는데 먼저 소유 지향적 삶에 있어서 '믿음' 이란, 자신의 안락한 삶을 위하여 맹목적으로 지니고 있는 해답이며, 규모가 큰 집단에 편입하기 위한 단순한 입장권에 불과하다. 그들에게 있어서, 우리가 체험할 수 있는 가장 높은 가치의 상징인 하나님은 단지 우상에 불과하다. 그 우상은 일종의 사물에 불과하기 때문에 그들은 그것을 소유할 수 있고, 그 우상에 복종함으로써 그것은 그들을 소유하게 된다.

존재지향적 삶에 있어서 믿음이란 어떤 관념에 대한 믿음이 아니라, '내적 지향' 즉 일종의 태도라고 이야기할 수 있다. 어떤 믿음을 '가지고 있다' 라기보다는 믿음 '속에 있다' 고 표현하는 것이 더 나을 것이다. 구약 성경에 나와 있듯이, 하나님은 인간들이 가질 수 있는 다양한 여러 신들에 대한 전적인 부정이요, 인간이 만들어 내는 모든 우상들에 대한 전적인 부정인 것이다. 엄격히 말해 하나님은 어떠한 이름도 가지고 있지 않으며, 어떠한 이미지도 만들어 내서는 안된다는 태도가 존재 지향적 믿음의 자세인 것이다. 하나님에 대한 믿음은 내적 체험을 통해서 생겨나는 끊임 없는 '능동적 자기 창조의 과정continous, active process of self-creation'이며, 에카르트가 말했듯이 우리 안에서 예수가 부단히 태어나는 과정인 것이다.

사랑loving에 있어서도 그것이 소유 양식에서 말해지는가, 아니면 존재 양식에서 말해지는가에 따라서 두 가지 상이한 의미를 지니게 된다. 우리는 사랑을 소유할 수 있는가? 만약 그렇게 할 수 있다면 사랑은 하나의 사물이어야만 한다. 그러나 사랑이 어떤 사물일 수는 없다. 그것은 추상 명사이며, 실제로 존재하는 것은 '사랑의 행위' 만이 있을 뿐이다. 그것은 사람이나 나무, 그림이나 사상 등에 대한 돌봄, 앎, 반응, 긍정, 즐거움 등을 뜻한다. 사랑은 그의(그녀의 또는 그것의) 생명력을 증대시키고, 소생시키는 것을 의미하고 있다. 그것은 자기를 재생시키고 자신을 증대시키는 하나의 과정인 것이다.

그런데 소유 양식에서 사랑이 경험될 때, 그것은 그 사람이 '사랑하고 있는' 대상을 제한하고 감금하고 통제하는 것을 의미한다. 그것은 생명을 주는 것이 아니라 상대방의 목을 조르고 질식시키며, 죽이는 행위가 되고 만다. 그리하여 사람들은 사랑하고 있지 않다는 사실을 숨기기 위하여 사랑이라는 단어를 잘못 사용하고 있는 것이다.

프롬은 부모와 자식 간의 사랑, 부부 간의 사랑 등에 있어서 진정한 사랑을 찾기는 쉽지 않다고 말하면서, 우리들은 서로 간에 있어서 사랑을 '소유'할 수 있다는 생각이 진정한 사랑을 가로막고 있다는 사실을 깨닫고 있지 못한다고 주장한다.

그러나 이러한 모든 것들의 문제는 단순히 각 개인에게 있는 것이 아니라, 그들이 지니고 있는 소유 구조나 존재 구조에, 그리고 궁극적으로는 그들이 속해 있는 사회 구조에 그 근본 원인이 있다는 것이다.

5.

우리는 여기에서 프롬이 말하고 있는 소유 양식과 존재 양식을 보다 정확히 규명할 필요를 느끼게 된다. 그가 말하고 있는 소유 양식의 핵심은 무엇이며, 그가 주장하고 있는 존재 양식의 실체는 무엇인가?

프롬에 따르면, 사유 재산이나 이윤이나 힘을 그 존재의 지주로 삼고 있는 자본주의 사회에서는 취득하는 것, 소유하는 것, 이윤을 남기는 것이 개인의 신성하고 양도할 수 없는 특권으로 되어 있는데, 여기에서는 재산의 근원이 무엇이냐 하는 것은 문제가 되지 않는다고 본다. 즉 내가 내 재산을 어디서 어떻게 벌었느냐, 또 내가 그 재산을 갖고 어떤 일을 하느냐 하는 것은 내 개인의 문제일 뿐 다른 어느 누구도 간섭할 수 없는 일이며, 내가 법을 어기지 않는 한 내 권리는 제한받지 않으며 절대적인 것이라는 원칙 아래 소유 지향적인 구조가 자연스럽게 형성되어 간다는 것이다.

그러나 문제는 그러한 소유 지향적 생존 양식은 우리가 소유하고 있는 것은 영속적이며 파괴될 수 없을 것이라는 잘못된 환상에 근거를 두고 있다는 것이다.

소유 양식에 있어서 '나'는 '내 자신'이 아니고, '내가 가지고 있는 어떤 것'이 된다. 다시 말해 '나는 X를 가지고 있기 때문에 나다 I am I because I have X'라는 정의를 만들어 내게 된다. 소유 양식에 있어서 나와 내가 가지고 있는 것 사이에는 어떠한 살아 있는 관계란 성립되지 않는다.

또한 그러한 소유 관계는 내가 어떤 것을 소유하고I have it 있는 것인 동시에, 그것이 나를 소유하고It has me 있는 관계가 만들어지게 되며 이러한 관계는 주어와 목적어 모두를 사물로 변형시키고 만다. 그리하여 그 둘의 관계는 살아 있는 관계가 아니고, 죽어 있는 관계가 성립하게 된다는 말이다.

결국 소유 양식이란 오늘날 대부분의 사람들이 취하고 있는 생활 양식으로 삶의 초점을 사물에 두고 있으면서, 세계 자체를 일종의 소유 대상으로만 보고, 재산 획득과 이익 추구에만 전념하며, 타인에 대한 우월성에서 행복을 느끼고 있는, 소비 지상주의적 태도를 의미한다 하겠다.

이에 반해 존재 양식이란 무엇보다도 인간을 그리고 생명을 중시하는 생활 태도를 의미하고 있다. 그런데 우리가 여기에서 주의를 기울여야 할 것은 소유 양식은 언어로 표현하기가 수월하지만, 존재 양식은 그렇게 쉽지 않다는 사실이다. 왜냐하면 소유 양식은 '물건'을 그 대상으로 하기 때문에 표현해 내기가 그리 까다롭지 않지만, 존재 양식은 '경험'과 관계하기 때문에 표현해 내기가 그리 쉽지 않다는 것이다. 실상 인간의 경험이란 원칙적으로는 표현 불가능한 것이다. 존재란 다만 그 경험을 나누어 가짐으로써 전달이 가능한 것Being is communicable only by sharing my experience 일 수밖에 없다.

그럼에도 불구하고 프롬이 그리고 있는 존재 양식의 특성을 간추리면 다음과 같다. 즉 존재 양식은 그 선행 조건으로 독립성, 자유, 그리고 비판적 이성을 지니고 있는 생존 양식으로 자기 중심성이나 이기심을 버리고, 다시 말해 그 자신을 공허하게 혹은 가난하게 함으로써 스스로 내면적 능동성inner activity을 지니게 되는 삶에 대한 태도를 뜻한다.

존재 양식을 지니게 되었을 때, 우리들은 모든 것을 사랑할 수 있게 되며, 같이 공유할 수 있으며, 받는 것보다 주는 것에서 행복을 찾을 수 있으며, 죽어 있는 사물에 생기를 불어 넣어 소생시켜 낼 수 있고, 세계와 복종과 지배의 관계가 아닌 참된 실존적 관계를 맺을 수 있게 된다는 것이다.

존재 양식에 속해 있는 사람들은 '소유라고 하는 목발cruches of having' 을 쓰지 않으면 쓰러져 버릴 수밖에 없는 소유지향적 생존 양식에 속해 있는 사람들을 진정으로 도울 수 있는 자들인 것이다.

현대 사회의 특성을 이해하는데 있어 무엇보다도 중요한 것은 초기 자본주의 시대부터 20세기 후반에 이르기까지의 '사회적 성격so-cial character' 의 변화를 인식하는 일이라고 프롬은 강조한다.

그에 따르면 16세기부터 19세기 말까지의 중산층을 지배했던 성격 구조는 권위주의적 · 고착적 · 저장적 성격이었는데, 이것이 그 뒤 점차로 매매지향적 · 시장지향적 성격과 혼합되거나 대치되어 왔다는 것이다. 그리하여 인간을 그 인격으로 대우하는 것이 아니고, 일종의 상품처럼 취급하는 사회적 성격이 형성되어 왔다.

그 사회에 있어 인간이 왜 사는지, 어떤 방향으로 살아야 할지는 별로 중요한 의미를 지니지 못 하게 된다. 단지 항상 바쁘게 움직여야 하며, 더 많은 일거리를 획득해야 하며, '나야 말로 당신이 원하는 바로 그 상품'이라는 원리 아래 사는 것이야 말로 가장 이상적인 삶이라는 환상에 빠져 있을 뿐이다.

올바른 이성적 작용이 없는, 오직 지능만을 강조하는 사회는 인간과 인간끼리의 관계도 서로가 서로를 소비하는 관계로 전락되어 버렸고, 그에 따라 부모와 자식 관계, 부부 관계, 연인 관계, 사제 관계, 친우 관계, 동료 관계 등 모든 인간 관계가 깨어져 가고 있다.

그러면 이에 대한 해결책은 무엇인가? 프롬에 따르면 먼저 인간과 사회 성격을 변화시켜야 한다는 것이다. 소유 양식의 우위를 존재 양식의 우위로, 매매 중심적 사회성격을 사랑과 이성이 가득찬 창조적이며 생산적인 사회 성격으로 개조시켜야 한다는 주장이다.

프롬은 21가지에 달하는 새로운 인간상의 조건을 제시하면서, 그 나름의 '인간주의적 공동체 사회주의humanistic communitarian socialism'에 관한 다양한 이론을 전개시키고 있다.

물론 지금까지 살펴 본 인간 생존 양식에 관한 프롬적 소유 양식과 존재 양식은 모든 인간의 삶을 지나치게 단순화시킨 문제가 있으며, 과연 그러한 이분법적인 사고가 현대 사회의 많은 문제를 올바르게 해결할 수 있겠느냐 하는 이의를 여러 각도에서 제기할 수 있겠으나, 그럼에도 불구하고 예리히 프롬이 우리에게 보여 준 현대 산업 사회가 지니고 있는 내적 모순점에 대한 지적과 두 존재 양식에 대한 예리한 분석은 도덕적 상대주의에 물들어 있고, 자아 상실에 빠져 있는 많은 현대인들의 자기 정체성 회복에 적지 않은 기여를 한 것만은 틀림 없는 사실이라 하겠다.

프롬의 다음과 같은 호소는 현대인이라면 누구나 깊이 있게 음미해 보아야만 할 것이다.

> 존재에 있어 내 안전에 대한 유일한 위협은 실상은 내 자신 안에 도사리고 있다. 삶에 대한 신념의 결여, 자신의 생산적 능력에 대한 믿음의 부족, 퇴행적 성향, 내적인 나태함과 자신의 삶 전체를 타인에게 무조건 떠맡기려는 안이한 의지 등, 그 위협은 우리 안에 내재해 있는 것이다.

5. '마음의 병에 대한 치유' 로서의 철학에 대한 소고

· 철학적 상담과 임상 철학에 대한 연구를 중심으로

I.

우리 인생은 보는 시각에 따라 다양하게 정의내릴 수 있겠지만, 한마디로 말해 '문제의 연속 과정' 이라고 볼 수 있다. 다시 말해 우리가 살아간다는 것은 끊임없이 많은 문제와 만나게 되고 그 문제를 이해하고 해결해 나가는 과정이라고 볼 수 있다는 말이다.

그런데 그 인생의 문제라는 것이 쉽게 풀릴 수 있는 문제도 많이 있지만, 쉽게 풀리기 어려운 문제도 많이 있을 수 있다. 예를 들어, "배가 고프다"거나, "돈이 떨어졌다"라는 상황이 발생했을 때에는 음식을 먹음으로써, 돈을 벌어들임으로써 그 문제를 해결할 수 있지만, "나는 왜 존재해야만 하는가?", "어떻게 사는 것이 올바른 삶인가?", "왜 우리는 도덕적 삶을 선택해야 하는가?"와 같은 문제는 그리 간단한 문제가 아니다. 그런 문제들은 상당히 풀기 어려운 문제들이지만, 또한 그것들을 도외시하면서는 살아갈 수 없는 그런 문제들인 것이다.

이런 난제들을 우리는 흔히들 '철학적 문제' 라고 부르고 있다. 어찌 보면 우리 인간들은 여타의 존재들과는 달리 가장 어려운 철학적 문제를 인식하면서 그 문제를 풀려고 애를 쓰는 유일한 동물인지도 모른다. 우리들이 많이 제기하고 있는 철학적 문제란 어떤 것들이 있는가? 아마 다음과 같은 질문들이 가장 대표적인 철학적 문제들일 것이다.

"인간의 본질은 무엇인가?"

"정신과 물질은 근본적으로 다른가, 아니면 서로 환원되어질 수 있는 것인가?"

"영원히 변하지 않는 실재는 존재하는가, 존재한다면 그것은 도대체 무엇인가?"

"우리가 알고 있는 것은 확실한 것인가, 확실하다면 그 근거는 무엇인가?"

"선악의 기준은 무엇인가?"

"이 세상은 우연히 만들어진 것인가? 아니면 어떤 목적에 의해서 만들어진 것인가?"

"우리가 살아야 하는 이유는 무엇인가? 존재 이유는 있는가? 없는가?"

"절대자는 존재하는가? 존재한다면 우리는 그 존재를 어떻게 알 수 있는가?"

"가치란 주관적인가, 아니면 객관적인가, 또 그런 가치란 인간이 만들어 낸 것인가?"

"아름다움과 추함의 구분은 무엇을 기준으로 나눌 수 있는가?"

"왜 인간은 사회 안에서 살아야 하며, 그렇다면 이상적인 사회는 어떤 사회인가?"

"우리는 그런 이상적인 사회를 만들 수 있는가? 아니면 공상에 불과한 것인가?"

"역사의 흐름은 맹목적인가? 아니면 어떤 목적을 향해 진행하고 있는 것인가?"

"죽음으로 인간의 삶은 끝나는 것인가? 아니면 죽음 뒤에 다른 삶이 존재하는가?"

우리들이 살아가면서 제기하고 있는 이런 문제들은 사실 한량 없이 많지만 하나 같이 쉬운 문제들이 아니다. 그렇다고 그냥 놓아 둘 수만도 없는 문제들이다. 우리가 어떤 존재인지, 왜 태어났는지, 어떻게 살아야 잘 사는 것인지 하는 문제들은 어느 정도 인생을 이해할 나이에 접어들면 계속해서 씨름해야 할 난제들인 것이다.

그리하여 일찍이 현대 철학의 선구자 가운데 한 사람인 비트겐슈타인L. Wittg enstein은 철학적 문제를 다루는 것은 마치 어떤 **질병**illness을 다루는 것과 비슷하다고 얘기하고 있다. 그에 따르면 철학적 문제란 고통스러운 질문이요, 일종의 정신 질환에 비교할만한 고뇌인 동시에 **지적인 불안**intellectual discomfort이라는 것이다. 그리하여 모든 질병이 그렇듯이 철학적 질병도 그것을 치료하기 위해 그 질병 자체를 진단하고 그 병의 원인을 제거해야 한다는 것이다.

그는 풀기 어려운 철학적 문제를 갖고 씨름하고 있는 우리의 모습을 하나의 비유를 통해서 설명하고 있는데, 그것이 그 유명한 **파리잡이 병**의 비유이다. 즉, 철학적 미로에 갇혀서 헤매고 있는 인간은 마치 파리잡이 병 속에 갇힌 –들어갈 때는 쉽게 들어갔지만, 출구를 찾지 못해서 쩔쩔매고 있는–파리와 비슷하다는 것이다. 철학이 해야 할 일은 바로 그 당황하고 있는 파리에게 병에서 벗어날 수 있는 출구를 보여 주는 데 있다는 것이다.

본 논문은 이러한 비트겐슈타인적인 철학관을 바탕으로 근자에 논의되고 있는 철학적 질병에 대한 새로운 해결책으로서의 '철학적 상담philosophical counseling' 및 '임상철학clinical philosophy'에 관련된 내용을 하나 하나 논구해 보고자 한다.

II.

비트겐슈타인이 철학적 작업을 정신 치료에 비유하긴 했지만, 그에 따르면 정신 치료와는 또 다른 기술이라는 것이다. 즉, 철학적인 고통으로부터 해방되기 위해서 먼저 언어적 혼란으로부터 야기되는 심오한 형이상학적 문제에 지치도록 몰두하면서 철학적 수수께끼의 근원을 파헤치려는 엄청난 지적 노력이 전제되어야 한다는 것이다.

그리하여 그 난제 속으로 우리가 파고들어 갔을 때, 그 문제들이 지니고 있는 문제성을 선명하게 깨닫게 되고, 그 정점에 다다라서야 세계를 올바르게 볼 수 있게 된다는 것이다.

이러한 비트겐슈타인적인 철학관을 더욱 진전시켜 나간 모습을 우리는 1980년대 이후에 게르트 아헨바하Gerd Achenbach, 슈로밋 셔스터Shlomit C. Schuster, 루 매리노프Lou Marinoff 등에 의해서 새롭게 전개되고 있는 철학적 실천PhilosophischePraxis, phi-losophical practice 및 철학적 상담Philosophische Beratung, philosophical counseling 작업에서 찾아볼 수 있다.

이들에 따르면 철학이란 학문은 단순히 이론만 따지는 학문이 아니요, 얼마든지 현실 문제를 해결해 낼 수 있는 실천적인 작업이라는 것이다. 더 이상 철학이라는 학문을 상아탑 속에 가두어 둘 것이 아니라, 많은 철학적 문제로 인해서 인생에서 방황하고 있는, 쉽게 말해 철학적 병을 앓고 있는 중생들에게 새롭게 답을 제시해 주고, 새로운 길을 안내해 주는 길잡이 역할을 감당해야 한다는 것이다.

정신과 의사들이 정신병을 치료하듯이, 철학자들이나 철학적 상담가들은 정상인들이 지니고 있는 철학적 병에 대해서 다양한 철학적 지혜를 통해 치료해 주어야 한다는 것이다.

미국 내 '철학적 실천가협회APPA' 회장을 맡고 있는 매리노프에 의하면 인간이 지니고 있는 어떤 질환은 단순히 과거의 심리 치료나 정신 분석, 혹은 정신 의학만으로는 다 치료될 수 없는 '마음의 병'이 있을 수 있으며, 인생의 근본적인 문제와 연관된 마음의 병은 철학적 실천이나 철학적 상담을 통해서 치유될 수 있다고 본다.

정신병은 실제적으로 신경 조직이나 두뇌의 손상 등, 심각한 육체적 손상이나 심리적인 타격 등에 의해서 발생하는 병인데 반해, 철학적 마음의 병은 정상적인 보통 사람들에게서 발견될 수 있는 질환이라는 것이다. 예를 들어,

- 도덕적 딜레마
- 직업 상의 윤리적 갈등
- 신념과 경험 사이의 부조화
- 이성과 감정 간의 갈등
- 의미 · 목적 · 가치의 위기
- 자아 정체성 문제
- 자녀 양육의 전략
- 직종 변경에 따른 불안
- 인생 목표의 달성 불가능 문제
- 갱년기의 변화
- 인간 관계 문제
- 사랑하는 사람의 죽음 및 자신의 죽음 문제

등과 같은 문제들은 우리들이 일상 생활에서 흔히 겪을 수 있는 문

제들인데, 이러한 문제로 인한 정신적 내지 심적 질환이 발생했을 때도 많은 사람들은 무조건 심리 치료나 정신과 치료에 의존하려고 하는데, 철학 실천가 내지 철학 상담가들에 의하면 그런 방식으로는 온전하게 치유되기 어렵다는 것이다. 특히 문제가 되는 것은 철학적으로 심각한 문제가 되는 것을 단순히 심리 치료나 정신 분석이나 정신과 치료에 맡겼을 경우, 문제가 풀리기는 커녕 오히려 문제를 더 악화시킬 수 있다는 것이다.

예를 들어 "나는 누구인가? 내 인생의 목적이 무엇인가?"와 같은 문제를 가지고 심각하게 고민하고 있어 일상의 삶에 잘 적응하지 못하고 있는 어떤 사람이 있다고 가정할 때, 단순히 정신 질환으로 판단하여 약물 치료를 한다거나, 과거 유아기 때에서만 그 질환의 원인을 찾아 나선다거나, 가족 간에 받았던 내적인 상처에 대한 분석만 해서는 그 사람의 정신적 문제를 다 치료할 수 없다는 것이다. 즉, 어떤 정신적 문제나 마음의 병과 관련해서는 철학적 상담과 철학적 치유가 필요하다는 것이다.

III.

실제로 많은 정신질환자에 대한 철학적 상담의 경험을 갖고 있는 매리노프는 그의 경험을 바탕으로 PEACE라고 하는 다섯 단계의 접근방식을 제시하고 있다.

1) 문제Problem 2) 감정Emotion 3) 분석Analysis 4) 명상Contemplation 5) 평정Equilibrium

1~2 단계에서 우선 자신의 문제가 무엇인지를 파악하게끔 한다.

어떤 경우 문제를 재해석하기도 하지만, 이 단계에서는 그리 큰 어려움은 없다. 그리고 3~4단계에서 문제를 전반적으로 검토하여야 하는데, 이 부분에 있어서는 혼자의 힘보다는 다른 인도자를 필요로 하게 된다는 것이다. 특히 3단계에서는 종래의 심리학이나 정신 의학보다 한 단계를 더 높여서 새롭게 문제를 인식하게 되며, 4단계에 접어들어서는 이미 철학의 영역에 깊숙이 들어오게 된다는 것이다.

그리고 마지막 단계에 가서는 1~4단계에서 배우고 깨달은 것을 자신의 인생에 실제로 적용하여 새로운 평안의 길로 접어들게 된다는 것이다.

그렇지만 철학적 상담은 과학이라기보다 예술이기 때문에 어떤 한 두가지 기술에 의해서 전개되기보다는 상담에 응하는 개인의 사정에 따라 아주 다양하게 접근할 수 있다는 것이다.

실제로, 평범한 일상 생활 속의 문제를 철학적 지혜로 해결하려는 그의 시도는 아주 다양한 내담자의 상황을 보아서도 그 접근법이 얼마나 다양한지를 알 수 있다. 즉,

- 의미 있는 사랑을 하고 싶지만, 한밤중에 라디오 토크쇼를 진행하고 있어서 고민하고 있는 어떤 방송인의 경우,
- 동거하고 있는 남자의 아기를 임신하고자 하는 데 그 남자가 반대하고 있는 경우,
- 결혼 생활 자체에 대해서 깊은 회의에 빠진 여성의 경우,
- 일자리를 갖고 싶어하는 아내와 그것에 반대하는 남편과의 갈등

상황,

- 이혼 문제로 고민하는 여성,
- 공통의 관심사가 없는 부부 관계,
- 남편이 다른 여성에게로 떠난 뒤 갖게 되는 실패작 인생관,
- 무기력증에 걸린 여성,
- 성폭행 당한 여동생으로 인해 정신적 마비를 느끼는 언니,
- 지나친 간섭으로 인해 어머니와 갈등하는 여학생,
- 퇴행성 신경 장애를 겪고 있는 어머니에 대한 봉양 문제로 고민하는 아들,
- 직업상 상사와 갈등을 겪고 있는 방송인,
- 남편 사망 뒤 성적 욕구만을 충족시키기 위해 남성 편력을 가졌던 미망인,
- 모든 일에 염증과 강박 관념을 갖기 시작한 물리 치료사,
- 새로운 직업 선택을 앞두고 고민하는 보건센터 사무원,
- 자선 단체에 모금을 하지 않았지만 공짜로 얻게 된 복권이 당첨되었을 경우, 그 상품의 소유권 문제로 고민하는 학생,
- 어린 딸을 위해 시골에서 살 것인지, 아니면 원만한 부부관계를 위해 대도시에서 살아야 할지에 대해서 고민하는 엄마,
- 에이즈 호스피스 제도를 극구 반대하는 읍장의 태도 결정 문제,
- 오랜 수도자 생활을 한 끝에 우울증으로 고생하는 수도사,
- 노상 강도에게 돈을 강탈당한 뒤 신을 원망했던 신자,
- 환경 보호 관련 영화를 만들려는 계획을 포기하고 절망에 빠진 여성,
- 따돌림 당하고 학습 의욕마저 상실한 외국인 여학생,
- 나이 들어 죽음을 두려워하며 자살을 시도하는 80세 가까운 노인

등에 이르기까지 아주 다양한 인생 문제를 그의 철학적 상담 기법인 PEACE의 방법으로 해결해 보고자 시도하고 있다. 그리하여 그 모든 경우에 있어서 자신 및 타 철학 상담가들의 임상 경험을 소상히 나열하고 있는 것이다.

그 한 예로 매리노프는 빈센트Vincent라는 전문 작가의 상담 케이스를 먼저 우리에게 선보이고 있다.

빈센트는 자신의 사무실을 기념품, 사진, 상장 등으로 장식하고, 사무실 벽에 유명한 고갱의 그림 사본을 걸어 두었는데, 그 그림은 해변에 있는 여성의 반라의 몸을 그린 그림이었다. 그런데 그 그림을 불쾌하게 여긴 여성 동료 한 사람이 그 회사 사장에게 그 그림을 떼어낼 것을 요구하였고, 그 사장은 회사의 성희롱 지침에 입각해서 빈센트에게 그 그림을 떼라고 지시하였다. 빈센트는 항의하였지만 별 효과는 없었고, 결국 그는 그 회사를 그만두든지 아니면 그 그림을 떼어 내든지 선택해야만 했다. 빈센트는 두 가지 선택 모두 마음에 들지 않았지만, 고민 끝에 그래도 피해가 적은 방안, 즉 그림을 떼어 내기로 결정을 했다. 그러나 그 뒤 그도 예기치 못한 사태가 발생했는데 그는 자기 자신에 대해서 분노와 무력감, 그리고 배신감을 느끼기 시작했던 것이다.

이러한 빈센트의 경우 매리노프는 그의 PEACE기법을 활용하여 다음처럼 해결하고자 했다.

1단계 ● 문제

빈센트의 문제는 간단히 말해 불공정하다는 느낌에서 오는 고통의 문제이다. 그는 자신이 부당하게 그림을 떼어 내라는 강요를 받았고, 개인적 예술의 취향 문제로 직장 문제가 위협받아서는 안된다고 느꼈던 것이다. 그의 감정은 그가 불공정한 대우를 받았다는 데에 기인한 것이다. 따라서 분노나 무력감 등의 감정이 근본 문제가 아니라, 불공정한 대우 자체가 문제인 것이다.

2단계 ● 감정

빈센트는 자신의 감정을 건설적으로 표출할 수 있는 직접적인 방법을 알지 못했다. 그러나 그는 그렇게 화를 내거나, 자기 배신감 등을 느끼고 싶지도 않았다. 하지만 회사 조직은 그를 기분 좋게 만들 만한 어떤 치유책도 내놓지 않았다.

3단계 ● 분석

모든 대안을 고려한 끝에, 그는 최선책을 선택했다. 그는 자신의 직업을 사랑했으며, 그림 문제 때문에 사직했다면, 그는 여전히 불공정의 느낌을 지니고 있으면서 실업자로 전락했을 것이다. 화를 내면서도 직장을 갖고 있는 것이 화도 나고 직장도 놓치는 것보다는 훨씬 나은 것이다. 만약 그가 갑부라면 사장을 고소하여 법정 투쟁도 감행할 수 있었겠지만 그에게는 그럴 만한 재력이 없었다. 상상 안에서 복수를 해 봄으로써 만족할 수도 있겠지만, 그것은 현실적인 대안은 아니다. 만약에 빈센트가 그의 상사를 위협하고 직장 동료에 대해서 공격했다거나, 난폭해져서 사무실 안에서 총기를 난사했다면 그는 공정함을 찾기는 커녕 감옥에 갇혀 있어야 할 것이다. 어떤 경우에도 빈센트의 선택은 그가 할 수 있는 최선의 것이었다.

4단계 ● 심사숙고

빈센트씨와 함께 상담하면서 매리노프는 기분 상함offense과 피해

harm 간의 차이점을 철학적으로 이해하도록 주문했다. 우리들은 흔히 모욕당함과 일방적으로 피해를 입는 것을 혼동하는 경우가 많은데, 빈센트의 경우 자신이 일방적으로 피해를 입었다고 생각하지만, 이미 그도 상대방의 마음을 상하게 할 수 있는 그림을 벽에 걸어 놓음으로써 문제를 야기시켰다는 사실을 인지해야 한다는 것이다.

즉, 그가 불공정하다고 생각하는 것은 자신이 일방적으로 당했다고 여겨서인데, 실제에 있어서는 상대방(여성 동료)에게 이미 기분을 상하게 한 부분이 본인 자신에게 있었다는 사실을 인정해야 한다는 것이다.

두 번째로 빈센트를 깨닫게 했던 것은 이러한 불공정함은 회사 전체를 운영하기 위한 제도 상의 문제이지, 결코 빈센트 한 개인을 향한 것이 아니라는 사실이다. 결국 빈센트는 이러한 상황이 불법적인 경우라고까지 생각할 필요는 없게 되었다.

5단계 ● 평정

빈센트는 다시 직장에 복귀했으며, 더 이상 자신의 동료나 상사에게 대해서 나쁜 감정을 지니지 않게 되었고, 그들의 예술 취향에 신경 쓰지 않게 되었다. 매리노프는 마지막으로 빈센트씨에게 다음과 같은 조언을 해 주었다.

“자신의 사무실 벽에 걸고 싶은 그림 10개 정도의 리스트를 만들어서, 자신의 여성 동료들에게 먼저 보여 주고, 그들이 모욕을 느끼지 않는 그림 하나를 선택하게 하라. 그렇게 하면 모든 사람들이 그 장식품에 대해서 만족하게 여기게 될 것이다.”

매리노프의 빈센트에 대한 철학적 상담은 이렇게 이루어졌고, 과거의 심리 치료나 정신분석에서의 치료 기법과는 전혀 다른 차원으로 심리 치료가 이루어질 수 있었다. 그는 빈센트의 유년 시절, 성적 환상, 꿈, 오이디프스 콤플렉스 등의 개념을 전혀 쓰지 않으면서도 성공적으로 빈센트가 지니고 있는 심적 고통을 제거할 수 있었으며, 심리학이나 정신 의학으로는 쉽게 다루기 힘든 불공정과 같은 철학적 개념에 대한 이해는 오로지 철학자의 도움으로서만 가능하다는 것을 보여 주었다.

그에 따르면 철학적 실천practicing philosophy은 바로 우리들의 내면적 우주를 탐험하는 것이며, 철학적 상담자는 내담자 자신이 자신의 상황을 파악하고, 보람된 삶을 살아갈 수 있도록 도와 주는 중매장이와 비슷하다는 것이다.

사실 서양 철학의 대부격이라 할 수 있는 소크라테스가 바로 철학적 상담자의 대표적 모델이라는 것인데, 우리가 흔히들 말하는 소크라테스적 산파술이 바로 철학적 상담에서는 중요한 의미를 지니고 있다. 즉, 어떤 사람이 중요한 철학적 문제를 갖고 씨름을 하고 있을 때, 옆에서 -마치 산파가 임산부를 도와서 아기를 잘 낳게 하는 것처럼- 그가 내면 속에 지니고 있는 지혜를 꺼내는데 도움을 주는 것이 곧 철학적 상담인 것이다.

우리가 여기에서 주목해야 할 것은 19세기 이후 지금까지 철학적 작업이라는 것이 위와 같은 소크라테스적 철학함을 잊고, 거의 철학자 혼자서 자신이 관심을 갖고 있는 철학적 주제에 대해서 이론적 논구를 진행해 온 것에 비해 오늘날 철학적 상담이나 철학적 실천을 강조하는 이들은 가능한 한 철학적 전통이 지니고 있는 심오한 지혜들을 할 수 있는 한 일상 생활의 여러 측면에 응용하고자 노력했으며, 그에 따라 많은 성과를 거두고 있다는 사실이다.

Ⅳ.

우리는 이러한 철학적 실천 운동을 소위 '임상 철학clinical philo-sophy'이라고 부르는 새로운 형태의 철학적 작업에서도 엿볼 수 있다.

김영진은 그의 저술『철학적 병에 대한 진단과 처방 – 임상철학』안에서 세상의 질병을 크게 세 가지로 나누고 있는데, 첫째는 육체적인 병이요, 둘째는 정신 의학적(신경 정신과적)병이요, 셋째는 철학적 병이라는 것이다. 즉, 각종 암, 폐병, 맹장염과 같이 인간의 신체와 직접적으로 연관된 병은 육체적 병이요, 우울증, 정신 분열증, 조울증과 같은 경우는 정신 의학적 병이요, 잘못된 윤리관이나 가치관 혹은 논리적 모순이나 오류에 의해서 발생하는 병이 철학적 병이라는 것이다.

그에 따르면 철학적 병에 대한 정의는 다소 모호해서 논란의 여지가 있기는 하지만, 철학적 병에 대한 올바른 진단과 그에 따른 적절한 치료와 처방은 개인은 물론이요, 사회 전체에도 크고 작은 도움을 준다는 것이다. 그리고 그러한 철학적 병에 대한 진단, 치료 및 처방을 내리는 철학의 분야를 임상 철학이라고 명명한다는 것이다. 사실 이러한 임상 철학은 그에 걸맞는 명칭이나 체계를 일찍 가지지 못했을 뿐 이미 인류 역사의 시작 이래 많은 철학자들에 의해서 실천되어 왔다고 본다.

그렇다면 철학적 병이란 대체 어떤 것일까? 김영진에 따르면

첫째, 철학적 병은 육체적 병과는 아주 다르다고 할 수 있다. 고혈압, 당뇨, 암, 폐병, 피부병과 같이 육체적 증세가 나타나는 병

은 아니므로, 먹는약이나, 주사, 수술 등을 필요로 하지 않는 병이다.

둘째, 철학적 병은 임상 심리학이나 신경 정신과에서 다루는 심리적 내지 신경 정신과적 병과는 비슷한 점도 있지만 다른 점이 더 많다고 할 수 있다. 임상 심리학이나 정신 의학에서 다루는 병 혹은 정신 장애는 우울증, 공포증, 강박증, 불안증, 조증, 조울증, 편집증, 정신 분열증과 같은 것이 있는데 이런 병들은 근본적으로 철학적 병의 범주에 들어가는 병은 아니다.(그렇지만 신경 정신과 병을 치료하는데 철학적 병을 치료하는 방법이 적용될 수 있으며, 또 그 역도 성립가능하다고 본다.)

셋째, 철학적 병은 가치 지향적(혹은 가치 담지적) 특성을 지니고 있다. 그리고 철학적인 병이란 개념 대신에 철학적 장애라고 해도 무방하다고 본다.

넷째, 철학적 병은 육체적 병이나 정신과적 병이 주로 앓는 사람이 직접적인 고통을 당하는 것과는 달리 철학적 병은 주로 다른 사람에게 고통과 어려움을 주는 병이다. 그리고 사회에도 나쁜 영향을 준다. 예를 들어 어떤 사람이 폐암을 앓는다고 할 때 그 환자 가족에게 아픔과 슬픔을 주기도 하지만, 그 병으로 인해서 가장 직접적인 아픔과 고통을 느끼는 사람은 환자 자신이다. 그러나 대부분의 경우 철학적 병은 일차적으로 그 병을 가진 사람보다는 다른 사람이나 사회에 고통과 나쁜 영향을 준다. 이것이 철학적 병과 다른 종류의 병과의 중요한 차이점이다. 따라서 이웃과 사회에 피해와 고통 등을 주지 않기 위해서 철학적 병에 대한 연구가 중요하다.

다섯째, 철학적 병이 무엇인가를 가장 잘 밝히는 방법은 무엇보다도 구체적으로 철학적 병이 무엇인지 그 사례를 들고 설명하는 것이다.

김영진은 여기에서 구체적인 사례를 네 가지로 들고 있다.

1) 광신주의Fanaticism – 가장 심각한 철학적 병으로서 헤어Richard M. Hare가 지적한 것과 같이 광신적인 나치즘과 파시즘이 대표적인 철학적 병의 모습이다. 또한 아프가니스탄의 탈레반이나 알 카에다에서도 철학적 병을 발견할 수 있으며, 철학적 이상ideal이나 종교적 원리주의에 빠져 다른 이상이나 교리를 완전히 부정하는 경우도 심각한 철학적 병에 걸려 있다고 본다. 이들은 철학적 치료와 함께 정신과적 치료도 동시에 받아야 한다.

2) 잘못된 도덕관이나 가치관에서 연유한 병 – 예를 들어 '여자와 북어는 사흘에 한 번씩 때려야 한다'는 발상을 갖고 있는 사람들은 잘못된 철학적 병에 걸려 있다고 본다. 이런 생각을 갖고 있는 사람들은 자신이 잘못된 생각을 갖고 있다고 반성하지 않고, 여자들이 잘못했을 때는 때리는 것이 당연하다는 잘못된 가치관을 갖고 있다는 것이다. 헤어의 방식대로 철학적 진단을 하면 그들은 자신들의 믿음에 대한 정당한 근거를 밝히지 못한 채 무반성증unthinking subservience에 빠져 있다는 것이다.

3) 잘못된 철학적 개념에서 연유한 병 – 예를 들어 '진보는 좌파이고, 좌파는 빨갱이다'는 발상은 잘못된 것이며, 철학적 병의 좋은 사례가 된다. 또 비슷한 사례로, '보수는 힘센 사람이 좀 마음대로 하자는 것이고, 진보는 더불어 살자는 것이다. 합리적 보수, 따뜻한 보수, 별놈의 보수를 다 갖다 놔도 보수는 바꾸지 말

자는 것이다' 라는 주장도 진보에 대한 오해처럼, 보수주의에 대한 오해에서 비롯된 철학적 병의 한 예라는 것이다. 왜냐하면 개혁에는 진보적 개혁만 있는 것이 아니라, 보수적 개혁도 있기 때문이다.

4) 논리적 모순을 범하는 철학적 병 – 논리학의 중요한 원리 또는 법칙으로 모순율, 동일률, 배중률 등이 있는데 우리가 어떤 문제를 논의하거나 따질 때 이러한 법칙을 어기게 되면, 합리적인 결론을 도출할 수 없고, 서로간의 정상적인 의사소통이 불가능해진다.

여섯째, 육체적인 병과 정신적인 병을 얘기할 때, 경미한 병, 약간 심각한 병, 아주 심각한 병이 있는 것처럼, 철학적 병에도 경미한 철학적 병, 약간 심각한 철학적 병, 아주 심각한 철학적 병이 있다. 즉 감기와 암과의 차이처럼 철학적 병에도 정도의 차이가 있을 수 있다.

마지막으로 철학적 병을 분류하는 방법을 여러 가지로 생각해 볼 수 있는데, 전통적인 철학의 분류에 따라 형이상학, 논리학, 인식론, 윤리학 등과 같은 분야에 따라 철학적 병을 분류하는 것이 이상적이다.

V.

위와 같은 철학적 병에 대한 정의를 바탕으로 김영진은 의리義理 개념에 대한 잘못된 오해로 인해서 우리 사회에 많은 병폐가 있음을 지적하였고, 중고등학교에서 많이 볼 수 있는 왕따 문제 또한 잘못된 도덕 의식의 산물이요, 집단 폭력이고, 인권 유린이며, 정신적 살인이요, 개인주의를 배반하는 것이기에 심각한 철학적 질병이라는 것이다.

그리고 개인주의individualism와 이기주의egoism을 혼동하면서 개인주의를 이기주의와 동일시하여 개인주의를 배척하거나 비난하는 것은 잘못된 사고 방식이며, 이로 인해 철학적 병이 유발되었다는 것이다. 한국의 민주주의가 아직도 미성숙한 이유는 바로 미성숙한 개인주의로 인함이며, 앞의 왕따 문제도 개인주의의 미성숙에서 그 원인을 찾을 수 있다는 것이다.

앞에서도 언급했듯이 보수와 진보 개념에 대해 오해가 많아 사상적 혼란을 초래하고 있는데, 바로 그것이 한국 사회가 지니고 있는 철학적 병이라는 지적이다. 우리 사회가 민주주의를 지향하는 사회요, 민주주의 사회가 관용의 원리를 허용하는 사회라면 건전한 보수와 건전한 진보가 잘못된 수구주의와 과격한 진보주의 대신 각각 올바른 모습과 특징을 갖고 국민에게 접근해야 하며, 소위 수구 꼴통이나 가짜 진보, 광신주의 등은 우리 사회에서 물러나게 해야 한다는 주장이다.

또, 우리 사회에는 도덕적 판단을 잘못하게 하는 세 가지 철학적 질병이 있는데 그것은 다음과 같다. 첫째, 보편성 또는 보편화 가능성의 원리를 지키지 않는 철학적 병, 둘째, 보편성과 일반성을 구별하지 못하는 철학적 병, 셋째, 도덕과 예절을 제대로 구별하지 않아 올바른 도덕적 판단을 못하게 하는 철학적 병 등이 그것이다.

소위 '너의 의지의 준칙이 항상 동시에 보편적 법칙으로서 타당하도록 행동하라' 는 칸트의 정언 명법을 도덕적 판단이나 도덕 원리에 적용시켜 보았을 때, 예를 들어 두 독재 정권이 있는데 한 독재 정권에 대해서는 도덕적으로 나쁘다고 판단하고, 다른 독재 정권에 대해서는 나쁘다는 도덕 판단을 내리지 않는다면, 이는 잘못된 도덕 판단을 내리는 철학적 병에 걸렸다고 볼 수 있다는 것이다.

그리고 도덕 원리가 단순하고 짧을수록 보편성을 가지며 옳은 것이라는 잘못된 판단 하에, 현실과 구체성을 고려하지 않은 채 아주 단순한 도덕 원리를 끝까지 주장하는 광신주의적 태도도 잘못된 철학적 병이어서, 많은 사회적 갈등을 야기시키기 때문에 올바른 진단과 적절한 처방을 모색해야 한다는 것이다.

도덕과 예절을 구별하는 문제에 있어서 많은 학자들의 주장처럼, 도덕과 예절 가운데 도덕이 예절보다 우선성overridingness을 가져야 하는데 도덕과 예절을 구별하지 않는 사회에서는 거꾸로 예절이 도덕보다 우선성을 가지게 되고, 그 결과 도덕적 기강이 바로 잡히지 않는 사회적 병폐가 생기게 된다.

즉 예절의 형식적인 측면만을 강조하다 보면 올바른 도덕적 판단을 내리기 어렵게 된다는 것이다.

이외에도 김영진은 자유의 올바른 의미를 모르고 관용의 한계를 모르는 철학적 병, 민족 지상주의, 통일 지상주의를 내세우는 잘못된 민족주의에서 비롯된 철학적 병, 성性에 대한 오해에서 비롯된 잘못된 성도덕으로 인한 철학적 병, 사실과 가치를 제대로 구별하지 못해서 생기는 철학적 병, 인간적인 대접을 받지 못하거나 도덕적으로 정당화될 수 없는 일을 오랜 세월 당할 때 생겨나는 화병도 철학적 병의 하나로 보고 있다.

특히 김영진의 임상철학이 우리의 관심을 끄는 부분은 '논리적 모순과 연관된 철학적 병'을 설명하는 내용 가운데 나오는 정신과 의사인 벡A. Beck이 제시하고 있는 인지 치료법 관련 부분이다.

벡은 논리학의 모순 개념이나 모순율을 활용하여 우울증에 걸려 자살하려고 하는 한 여자 환자를 치료하는 데 큰 효과를 보고 있는데 환자와 치료사 사이에 전개되고 있는 핵심 내용은 다음과 같다.

1) 남편이 없으면 나는 아무 것도 아니에요. 나는 남편 없이는 행복할 수 없어요.
2) 나는 남편과 항상 싸웠어요. 나는 훨씬 더 나빠졌어요.
3) 나는 남편을 만나기 전에는 인간다운 인간이었어요.
4) 그러나 나는 남편을 만난 다음부터는 아무 것도 아닌 인간이 되고 말았어요.

간추려진 대화 내용으로 미루어 볼 때 우리들은 환자가 말하고 있는 1)과 2) 사이에 논리적 모순이 있는 것을 쉽게 간파할 수 있다. 또 1) 과 4) 사이에도 모순이 존재함을 알아낼 수 있다. 즉, 그녀는 다음과 같은 잘못된 믿음 체계를 지니고 있음을 벡은 지적한다.

1) 행복하기 위해 남편이 필요하며, 인정을 받기 위해서도 남편이 필요하다.
2) 결혼의 끝은 자신의 행복의 끝이다. 결혼의 끝은 처참한 상실이다.
3) 남편 없이는 미래도 없다.

그리하여 벡은 그녀에게 먼저 그녀가 지니고 있는 믿음들 사이에 모순이 있음을 직시하게 하여 모순된 생각을 버리게 하고, 다음으로 위의 1)에서 3)까지 나타나는 그녀의 잘못된 결혼관을 버리고 올바른 결혼관을 심어줌으로써 우울증에서 벗어날 수 있도록 도와주었으며, 그 후 남편과 이혼한 뒤에도 아주 행복한 삶을 영위할 수 있게 되었다는 것이다.

여기에서 보는 것처럼 철학의 중요한 분야인 논리학과 인식론을 효과적으로 활용하면 신경 정신과 병을 치료하는 데에도 큰 도움을 줄 수 있다는 사실이다.

VI.

지금까지 우리는 '마음의 병' 내지 '철학적 병'과 관련된 치유법으로서의 '철학적 상담'과 '임상철학'에 대해서 매리노프와 김영진의 학설을 중심으로 그 핵심 내용들을 논구해 보았다. 우리는 여기에서 몇 가지 중요한 공통점과 차이점을 발견할 수 있었으며, 그러한 공통점과 차이점은 앞으로 우리들이 마음의 병과 철학적 병에 접근하기 위해서 어떤 자세가 더 필요한 것인가에 대한 새로운 통찰을 갖게 되었다.

우선 철학적 상담이나 임상철학이 지니고 있는 공통점은 다음과 같다.

첫째, 지금까지 철학은 상아탑 안에서 극히 추상적인 문제들을 다루는 아주 난해한 학문이라는 틀을 깨고, 두 작업 모두 철학이 지극히 현실적인 문제를 다루고 있다는 점.

둘째, 두 작업 모두 철학이 공허한 개념의 유희가 아니라, 어느 학문보다도 훨씬 실용적이고, 유용한 학문이라는 것을 다양한 사례에서 여실히 드러냈다는 점.

셋째, 두 작업이 공히 철학적 문제에 놓여 있는 상황을 진단과 분석과 치료를 필요로 하는 일종의 질환으로 파악하고 있다는 점.

또, 여러 가지 차이점 또한 발견되었는데 다음과 같다.

첫째, 철학적 상담이 상당히 개인적인 문제들에 초점을 맞춰 놓고 있는 데 비해서 임상 철학은 상당 부분 그 스케일이 크다는 것이다. 어찌 보면 개인 심리학과 사회 심리학의 차이처럼 문제나 질환을 다루는 부분이 어떤 면에서는 공통된 부분도 있지만, 그렇지 않은 부분도 상당히 많음을 알 수 있다. 철학적 상담은 개인적인 깨달음이나 자아 발견, 인생의 목적 파악 등에 중점을 두었는데 비해, 임상철학의 상당 부분은 사회 전반에 깔려 있는 잘못된 관점을 전반적으로 수정하고자 하는 시도가 엿보이고 있다.

둘째, 철학적 상담이 전통적인 철학적 텍스트들이나, 철학적 지혜를 활용하여 우리들이 일상 생활에서 흔히 겪을 수 있는 철학적인 난제들을 극복하려는 데 반하여, 임상 철학은 분석 철학적 방법이나 인지 치료법 등을 중시하고자 했다는 점이다. 철학적 상담은 어찌 보면 각 문제 상황에 봉착한 케이스에 따라, 전철학사적全哲學史的 지식과 지혜를 총동원하고 있다는 느낌을 받았는데 비해, 임상철학은 임상 심리학과 정신 의학간의 학제적 교류를 통해서 철학적 병을 치유하고자 하는 태도를 보이고 있다.

두 철학적 작업에 대해서 연구하면서 몇 가지 남는 문제점을 지적하고 싶다. 우선 매리노프가 전개시킨 철학적 상담 기법은 상당 부분 불교 철학적 성향을 알게 모르게 띠고 있다. 특히 그의 주저인 Plato not Prozac의 끝 부분에 가서는 아주 노골적으로 불교 철학을 중시하고 있는데, 과연 어떤 한 사상에 편향된 주장이 마음의 병을 치유하는 치유책으로서 보편성을 띨 수 있을까 하는 의구점이 남는다.

임상 철학의 도입은 우리에게 많은 철학의 가능성을 남기고는 있지만, 여전히 철학적 병에 대한 선명한 인식과 그러한 질병에 대한 보다 분명한 철학적 치유 방안이 아직은 부족한 느낌을 떨쳐 버릴 수가 없다. 이 부분은 철학하는 우리 모두의 과제가 아닐까 싶다.

그러나 어찌 되었든 철학적 상담이나 임상 철학이 지니고 있는 앞으로의 무한한 가능성은 '오늘날 철학이 과연 무엇을 할 수 있는가?' 하고 끊임없이 철학 안팎에서 제기하고 있는 철학의 위기 논란을 잠재우는 데 한몫을 단단히 할 것은 의심할 여지없이 확실하다 하겠다.

김영진, 『철학적 병에 대한 진단과 처방 – 임상철학』, 서울: 철학과 현실사, 2004.

Lahav, Ran, Essays on Philosophical Counseling, University Press of America, 1995.

Malcolm, N., Ludwig Wittgenstein: A Memoir , London, 1958.

Marinoff, Lou, Plato not Prozac: Applying Eternal Wisdom to Everyday Problems, New York: Harper Collins Publishers, Philosophical Practice, Academic Press, 2001.

The Big Questions: How Philosophy Can Change Your Life, .

Wittgenstein, Ludwig, Tractatus Logico-Philosophicus, trans. by D. F. Pears and B. F. McGuiness, New York: The Humanities Press, 1971.

Wittgenstein, Ludwig, Philosophical Investigations, trans. by G. E. M. Anscombe, New York: Macmillan, 1953.

Raabe, Peter, B., Philosophical Counseling : Theory and Practice, Praeger Publishers, 2000.

Issues in Philosophical Counseling, Praeger Publishers, 2002.

Schuster, Shlomit C., "What Do I Mean When I say 'Philosophical Counseling'," in Perspectives in Philosophical Counseling, Doorwerth: Verening Filosofische Praktijk, 1977.

般若波羅蜜多心經반야바라밀다심경

觀自在菩薩관자재보살 行深般若波羅密多時행심반야바라밀다시 照見五蘊皆空조견오온개공 度一切苦厄도일체고액

舍利子사리자 色不異空색불이공 空不異色공불이색 色卽是空색즉시공 空卽是色공즉시색 受想行識수상행식 亦復如是역부여시

舍利子사리자 是諸法空相시제법공상 不生不滅불생불멸 不垢不淨불구부정 不增不減불증불감

是故시고 空中無色공중무색 無受想行識 무수상행식 無眼耳鼻舌身意무안이비설신의

無色聲香味觸法무색성향미촉법 無眼界무안계 乃至내지 無意識界무의식계

無無明무무명 亦無無明盡역무무명진 乃至내지 無老死무노사 亦無老死盡역무노사진

無苦集滅道무고집멸도 無智亦無得무지역무득 以無所得故이무소득고

菩提薩陀보리살타 依般若波羅密多故의반야바라밀다고 心無絡碍심무가애 無絡碍故 무가애고

無有恐怖무유공포 遠離顚倒夢想원리전도몽상 究竟涅槃구경열반 三世諸佛삼세제불

依般若波羅密多故의반야바라밀다고 得阿秕多羅三仁三菩提득아뇩다라삼먁삼보리

故知般若波羅密多고지반야바라밀다 是大神呪시대신주 是大明呪시대명주 是無上呪시무상주 是無等等呪시무등등주 能除一切苦능제일체고 眞實不虛진실불허

故說般若波羅密多呪고설반야바라밀다주 卽說呪日즉설주왈

揭諦揭諦아제아제 波羅揭諦바라아제 波羅僧揭諦바라승아제 菩提모지 娑婆訶사바하

위대한 지혜에 이르는 경

관자재보살이 깊은 반야바라밀다를 행할 때, 다섯가지 쌓임이 모두 공한 것을 비추어 보고 온갖 괴로움과 재앙을 멸도했느니라.

사리자여, 물질이 공과 다르지 않고 공이 물질과 다르지 않으며, 물질이 곧 공이요, 공이 곧 물질이니, 느낌과 생각과 의지 작용과 의식도 또한 그러하나니라.

사리자여, 이 모든 법의 공한 모양은 나지도 않고 없어지지도 않으며 더럽지도 않고 깨끗하지도 않으며 늘지도 않고 줄지도 않느니라.

그러므로 공 가운데에는 물질도 없고 느낌과 생각과 의지작용과 의식도 없으며, 눈과 귀와 코와 혀와 몸과 뜻도 없으며, 형체와 소리 냄새와 맛과 감촉과 의식의 대상도 없으며, 눈의 경계도 없고 의식의 경계까지도 없으며, 무명도 없고 또한 무명이 다함도 없으며, 늙고 죽음 없고 또한 늙고 죽음이 다함까지도 없으며, 괴로움 괴로움의 원인과 괴로움 없어짐과 괴로움을 없애는 길도 없으며, 지혜도 없고 얻음도 없느니라.

얻을것이 없는 까닭에 보살은 반야바라밀다를 의지하므로 마음에 걸림이 없고, 걸림이 없으므로 두려움이 없어서 뒤바뀐 헛된 생각을 아주 떠나 완전한 열반에 들어가며, 과거, 현재, 미래의 모든 부처님도 이 반야바라밀다를 의지하므로 아뇩다라삼먁삼보리를 얻느니라.

그러므로 알라. 반야바라밀다는 가장 신비한 주문이며, 가장 밝은 주문이며, 가장 높은 주문이며, 무엇에도 견줄 수 없는 주문이니, 온갖 괴로움을 없애고 진실하여 허망하지 않느니라.

그러므로 반야바라밀다의 주문을 말하노니 주문은 곧 이러하니라.

(가자 가자 진리를 향하여 가자 평안의 저 언덕으로) 깨달아지이다.

참고 자료

국내서

손병홍, 『논리학』, 소피아, 2004
김영건 외 9명, 『철학으로 가는 길』, 문음사, 1996
김윤 편저, 『철학을 좋아하게 만드는 책』, 참샘, 1991
박덕은 편저, 『쉽고 재미있는 철학이야기』, 서지원, 1997
송광용, 『꼬리에 꼬리를 무는 철학』, 디자인 하우스, 1994
위기철, 『철학은 내 친구』, 청년사, 1994
이왕주, 『철학풀이, 철학살이』, 민음사, 1995
이한우, 『철학은 99개의 눈을 가졌다』, 자작나무, 1997
임병수 · 조승옥, 『철학 개론』, 법문사, 1980
조정옥, 『알기 쉬운 철학의 세계』, 철학과 현실사, 1998
철학교재편찬회 편, 『철학』, 형설출판사, 1995
최병섭, 『벗겨본 철학, 입혀본 철학』, 크리스찬 서적, 1998
한국철학사상연구회, 『삶과 철학』, 도서출판 동녘, 1994

번역서

에케하르트 마르텐스, 『어린이와 함께 철학하기』, 박승억 역, 소피아, 2000
오레스트 생드롬●프레데릭 파제. 『내게 맞는 철학자는 누구』 정순현 역, 소피아 2002
레이먼드 스멀리언, 『미래로 가는 철학여행』, 삶과 함께, 1990
리차드 오스본, 『만화로 보는 철학여행』, 넥서스, 1994
바이세델, 『철학의 뒤안길』, 이기상 · 이말숙 역, 서광사,
브라이언 매기, 『위대한 철학자들』, 수선철학회 역, 동녘,
빗토리오 회슬레 · 노라 K, 『철학이 알고 싶어요』, 문학사상
에바 졸러, 『아빠와 함께 떠나는 철학여행』, 김현자 · 김주일 역, 인북스, 2000

외국서

Sober, Elliott, Core Questions in Philosophy, Macmillan Pub. Co., 1991.

Frost, S. E., Basic Teachings of the Great Philosophers, Anchor Books, 1989.

Titus, Harold and Pepp, Maylon, The Range of Philosophy, EWP, 1974

Solomon, Robert, The Big Questions, HBJ, 1990

Solomon, Robert, Introducing Philosophy, HBJ, 1993

Christian, James, Philosophy : an Introduction, Rinehart

Osbone, Richard, Philosophy for Beginners, Writers and Readers Pub. Inc., 1992

Lawton, Philip and Bishop, Marie - Louise, Living Philosophy, Canfield Press, 1977

철학관련 사이트

철학 문화 http:/www.philosophy.co.kr

한국철학회 http://yu.ac.kr/kimsoo/kpa/ini/index.html

철학교육연대 http://philedu.org/

중국철학회 http://philosochina.org/

불교경전(달마넷

http://dharma.dharmanet.net/sutras/index.html

노장철학

http://user.chollian.net/`muae/mu1/dodug/도덕경.html

기독교관련 http://www.e-preaching.or.kr/OtherLinks.htm

설교모음 http://www.c3tv.co.kr

QT관련 http://www.onnuritv.com

한국학(동방미디어) http://weblib.dbmedia.co.kr